쎄느강은 좌우를 나누고
한강은 남북을 가른다

프랑스라는 거울을 통해 본 한국 사회의 초상

쎄느강은 좌우를 나누고 한강은 남북을 가른다

홍세화 지음

한겨레출판

개정판에 부쳐

『쎄느강은 좌우를 나누고 한강은 남북을 가른다』의 초판이 나온 지 꼭 9년이 지났다. 내가 귀국한 지 꼭 9년이 지났다는 얘기다. 한겨레출판(당시 한겨레신문사 출판부)에서 이 책을 펴낼 때 출판기념회를 열었는데 그 자리에 프랑스에 머물던 나와 아내를 초청했다. 1999년 6월 14일, 꼭 20년 3개월 만에 한국 땅을 밟았고 4주 동안 머문 뒤 프랑스로 돌아갔다. 그 다음 해부터 매년 한 차례 귀국하여 한 달쯤 머무르곤 하다 2002년 1월에 영구 귀국하여 오늘에 이르렀다. 두 아이는 프랑스에서 살고, 아내는 1년 중 절반은 한국에서, 나머지 절반은 프랑스에서 산다. 사람은 생각하는 동물인지라 프랑스말로 성찰하고 추론하는 아이들과 한국말로 성찰하고 추론하는 나는 헤어져 살아야 한다.

지난 9년은 김대중 정부 4년과 노무현 정부 5년의 9년이기도 하다. 내가 귀국할 수 있었던 것도 따지고 보면 김대중 정부가 성립된 덕이라고 할 수 있는데, 이제 이명박 정부 시대가 되었다. 이른바 '잃어버린 10년'을 말하는 세력의 눈으로 보면, 나는 10년 전으로 되돌아가야 될 것 같기도 하다.

그래도 프랑스로 되돌아가지 않아도 되는 까닭은 그들이 말하는 '잃어버린 10년' 동안 정치권력의 권위주의는 약화되었고 물리력 행사의 가능성이 그만큼 줄었기 때문일 것이다. 물론 권위주의 정치권력이 약화된 이상으로 시장권력은 강화되었지만 말이다.

개정판에서는 몇몇 부분을 수정하거나 삭제했을 뿐 전체 흐름과 뼈대는 그대로 놔두었다. 애당초 개정판을 낼 생각을 가질 수 있었던 것은 책 내용 중에 프랑스 쪽 얘기가 많은데, '빨리빨리'의 우리와 달리 큰 변화가 없다는 점이 작용했다. 가장 중요한 변화는 '프랑' 대신 단일통화 '유로'가 사용된다는 점인데, 개정판에서 프랑을 유로로 바꾸지 않았다. '1유로=약 6.56프랑'이라는 것만 밝히기로 하자.

이 글을 쓰는 중에 휴대전화에 문자 메시지가 떴다. "광우병 쇠고기 수입 반대 촛불시위에 동참하라"는……

2008년 5월
서울 마포에서
홍세화

초판 서문

창작과비평사에서 『나는 빠리의 택시운전사』가 출간된 지 어언 4년이 흘러갔다. 그 책은 국내에서 전혀 예상치 못했던 반응을 얻었다. 97년에는 일본어 번역판도 나왔다. 〈아사히신문〉에 근무하는 요네즈 토쿠야라는 분이 번역하여 미스즈 서방에서 출간되었는데 제목을 『코리언 드라이버는 파리에서 잠자지 않는다』라고 붙였다. 국내에선 영화로 만든다는 얘기도 있었고, IMF가 막 시작되어 몹시 어려운 시기에 한목 임진택의 연출로 연극 무대에 올려지기도 했다.

나는 나의 첫 번째 책이 국내의 책방에 진열되어 있는 걸 보지 못했다. 일본어판이 나온 해 가을에 나는 아내와 함께 일본 땅을 처음 밟았다. 우리는 나리타 공항에서 도쿄 시내까지의 풍경을 보며 정겨움을 느꼈다. 한의원(漢医院), 부동산(不動産) 등 한자로 된 간판들마저 우리를 반기는 듯했다. 우리들 것과 닮은 것만이 눈에 보였기 때문일까, 지붕의 선(線)이 직선이라는 것말고는 우리들의 풍경과 너무 닮았다. 도착한 날 저녁, 그날 처음 반갑게 만난 요네즈 토쿠야 씨와 함께 그곳 출판사 분들의 초대를 받아 식당에 갔다. 그런데 예약해놓은 자리가 2층이어서 우리는 신발을 벗어야 했다. 신발끈을 풀려고 고개를 수그렸는데 느닷없이 콧등이 시큰해왔다. 신발 벗고 식당에 들어간 게 20년 저쪽의 일이었다. 서울에서 마지막으로 신발을 벗고 들어갔던 집이 명동 콩나물밥집이었는지 무교동 뒷골목의 낙지볶음집이었는지 알 수 없었다. 어쨌든 식당에 들어가기 위해 신발끈을 풀면서 콧등이 시큰해지리라곤 나 자신도 예상치 못했다.

일본에 있는 동안 아내와 나는 동해를 반대편에서 바라보았다. 현해탄은 말이 없었고 현해탄을 바라보는 우리도 말이 없었다. 그때 우리가 갖고 있던 '종이(여행증명서)'로는 파리에서 유라시아 대륙의 반대쪽 끝인 일본까지 갈 수 있었으나 거기서 현해탄은 건널 수 없었다. 일본의 시골에서 추수를 끝낸 논에 뛰어들기도 했던 나는 도쿄에 있는 한 책방에서 내 책의 일본어판을 한 권 샀다. 출판사에서 보내준 게 있었지만 한 권 사 보고 싶었다. 한목 임진택이 연출한 연극은 집에서 비디오로 보았는데 무척 쑥스러웠다. 당시에 국내에 있었다 해도 연극 공연장 근처에는 얼씬도 하지 못했을 것이다.

『나는 빠리의 택시운전사』는 내 처지로선 제법 큰 돈을 일생 처음 벌게 해주었다. 또 생전 처음으로 인터뷰라는 것도 하게 되었다. 예전에는 사람들이 일부러 찾아오지 않기도 했는데 책이 나온 뒤에는 일부러 찾아와주었다. 나는 흐뭇했고 즐거웠다. 나의 인간적 가치가 사람들의 시선과 판단 속에 덧칠되고 있었다. 『나는 빠리의 택시운전사』가 베스트셀러가 될 수 있었던 데에는 사람들의 속성인 호기심이 적지 않게 작용했음을 알고 있다. 멀쩡하게(?) 생긴 사람이 한국에서 내로라 하는 학교를 다녔음에도 남의 땅에서 정치적 망명이라는 것을 했고 특히 택시운전을 했다는 게 자못 신기했을 것이다. 무대가 파리였다는 것도 아주 중요한 요소였다. 예컨대

'나는 베를린의 택시운전사'나 '나는 도쿄의 택시운전사'와 비교해보면 그 차이를 금방 알 수 있다. 나는 이래저래 파리의 덕을 톡톡히 보았던 셈이다. 그리하여 사람들에게 호기심을 불러일으켜 알려진 것인데, 나는 그것으로 나의 인간적 가치가 높아진 듯 착각하고 있었다.

어떤 사람이 책을 써서 알려졌다고 하여 그 사람의 인간적 가치가 높아지는 것은 아닌 게 분명하고, 책을 쓰기 전이나 후나 그 사람의 정체성이 바뀌는 것도 아닐 터이다. 그럼에도 나는 겉으로는 헛된 욕심, 거짓 껍데기를 항상 경계해야 한다고 말하면서 속으로는 은근히 과포장된 자신을 즐기고 있었다. 그러자 옛날에 갖고 있었던 긴장감이 제풀에 풀어졌고, 성장하기 위해선 끝없이 자기 허물을 벗어야 한다는 가르침마저 슬그머니 저 멀리 내팽개쳤다. 『나는 빠리의 택시운전사』가 나 자신을 망가뜨리고 있음을 알면서도 오뉴월 태양 아래 게을러빠진 육신을 뒹굴리며 오수(午睡)를 즐기듯 그 책이 가져온 뜻밖의 결과를 즐기고 있었던 것이다.

나는 '글을 쓰겠노라'고 했던 약속, 나 자신에 대한 약속이면서 독자들에 대한 약속을 여지없이 어겼다. 그 동안 〈말〉지나 〈한겨레〉 등에 이따금 기고했고 출판사 당대의 의뢰를 받아 『진보는 죽은 사상인가』를 번역하기도 했다. 또 이것저것 잡독을 많이 했다. 그러나 내가 약속을 지키지 못했던 것은 분명한 사실이었다. 그렇게 나는 게을렀고 그 위에 첫 책의 성공이 준 부담까지 짊어지고 있었다. 그 역시 헛된 이름, 헛된 욕심에 대한 집착에서 온 것이었다.

물론 『나는 빠리의 택시운전사』가 나에게 부정적인 즐거움만 주었던 것은 아니다. 특히 '똘레랑스'가 국내에서 관심을 불러일으켰고 토론 주제가 되었던 일은 나에게 더없는 즐거움을 주었다. '관용(寬容)'이라는 말이 예전에 비해 사람들의 입에 자주 오르내린다는 소식도 나에겐 큰 즐거움이었고, 국내 어디엔가에 '똘레랑스'라는 이름의 찻집이 생겼다는 얘기조차도 나에겐 즐거움이었다. 글을 쓴 사람에게 그런 일보다 더 큰 즐거움은 없을 것이다. 그 즐거움이 나태해진 나에게 용기를 불어넣어 주었고 또 채찍질도 해주었다.

나는 이번 책을 쓰면서 줄곧 『나는 빠리의 택시운전사』를 잊어버리고자 노력했다. 그 이전 상태, 즉 '책의 택시운전사'가 아니라, '현실의 택시운전사'로 돌아가지 않으면 안 된다고 생각했다. 현실의 택시운전사 시절, 즉 글을 쓸 시간은커녕 읽을 시간조차 없었던 때를 끊임없이 돌이키며 마음을 다져먹곤 했다. 그렇게 각오를 깊이 새기곤 했으나 실행에 옮기기는 쉽지 않았다. 그렇지만 그런 각오마저 없었다면 이 책은 끝내 햇빛을 보지 못했을 것이다. 허물은 그렇게 두터웠고 그 허물로부터 스스로 헤쳐나오기에 오랜 시간이 필요했던 것이다. 이 책으로 나 자신에게 용서를 구하듯 독자의 양해를 구해본다.

원래 이 책의 모체가 되었던 글은 1996년 〈한겨레〉에 기고했던 '내가 본 프랑스, 프랑스인'이라는 연재물이었다. 당시 한 주제당 원고지 5매 정도로 썼는데, 그 분량으로는 표면적인 현상을 소개하는 정도에도 미치지 못했다. 사회 문화적 현상에 대한 분석이나 배경을 밝힐 수 없었다. 특히 '한국의 사회현실'과 견주어보지 않는 '프랑스, 프랑스인'은 나에게 별 의미가 없는 것이었다. 그래서 나는 그 연재물을 무시하고 거의 다시 썼다. 그러므로 이 책은 '내가 본 프랑스, 프랑스인'을 뻥튀기한 게 아니다. 뻥튀기된 부분이 있다면 그것은 '내가 본 프랑스, 프랑스인' 중에서 코레앵으로서의 '나'의 부분이다. 결국 모체는 '내가 본 프랑스, 프랑스인'이었고 또 그런 사정 때문에 한겨레신문사 출판부에서 책이 나오게 되었지만 이 책은 원래 내가 쓰고자 했던 '한국 사회와 프랑스 사회의 만남'이란 주제에 더 충실한 것이라고 말할 수 있다.

한국 땅의 젊은 벗들과 토론을 벌이지 못한다는 것은 나에게 고통에 가까운 아쉬움이다. 나는 한국의 젊은 벗들이 보다 더 나은 사회를 위하여 싸우며 앞으로 나아가는 모습을 곁에서 지켜보지 못했다. 이 책을 통하여 그 아쉬움을 조금이라도 풀어보고 싶다. 책을 통한 '두 젊은이의 만남'이라고 나 할까? 즉 과거에 한국 사회를 살았던 젊은이가 오늘 한국 사회를 사는 젊은이에게 프랑스 사회를 통해 말을 걸고 싶은 것이다. 첫 번째 젊은이는 이제 젊음을 잃었다. 그렇지만 오늘의 젊은이에게 토론을 제기하며 대화를 나누고 싶은 것이다.

금년으로 한국을 떠난 지 어언 20년이 되었다. 강산이 두 번이나 변했고 나는 30대와 40대를 온통 쎄느강에 흘려보냈다. 당연히 나는 오늘의 한국을 속속들이 알지 못한다. 나는 서울 강남을 알지 못하고 압구정동이 어디에 붙어 있는지 알지 못한다. 삼풍백화점이 어디 있는지, 성수대교가 어디에 있는지 알지 못한다. 서울을 방문했던 한 프랑스 친구가 '희뿌연 밤 하늘 아래 사방에서 반짝반짝 빛나는 네온 사인 십자가'가 가장 인상적이었다고 말했는데, 나는 그 네온 사인 십자가가 어떻게 생겼는지조차, 어떤 색깔인지조차 알지 못한다. 그렇게 나는 오늘의 한국을 알지 못한다. 그런데 나는 나 자신부터 알지 못한다. 내가 점점 더 알 수 없고 알지 못하는 한국을 20년 동안 하염없이 바라보고 있는 나 자신을 알 수 없고 알지 못하는 것이다. 다시 말해, 나는 나무 하나하나는 보지 못했지만 한국 사회라는 숲을 20년 동안 보아왔다.

그래서 감히 말하건대, 그 숲에는 온통 탁류가 흐르고 있다. 그 거대한 탁류는 세 가지 냄새를 뿜어내고 있다. '하나'는 공격성마저 띤 뻔뻔스러움이라는 것이다. 지금 한국 사회의 어디에서 수치심을 찾을 수 있단 말인가. '둘'은 약삭빠른 냉소가 마냥 묻어 나오고 있다는 것이다. 오늘날 올바른 길이 무엇인지 모르는 사람이 어디에 있는가. 그러나 올바른 길을 가봐야 자기만 손해라는 사실을 모르는 사람이 또 어디에 있는가. 그리하여 결국 손해보지 않는 쪽을 택하지 않는 사람이 어디에 있단 말인가. 마지막 '셋'은 절망과 체념의 신음 소리가 배어 나오고 있다는 것이다. 정직하고 청렴하게 살아가는 사람들은 무시당하거나 도태되고 기회주의적인 사람들이 대우받는 사회가 되지 않았는가. 말깨나 하고 글깨나 쓰는 사람은 대부분이 썩어 있고(그래야만 글깨나 쓰고 말깨나 할 수 있는 사회가 되었는지 모른다), 그보다 더 썩은 자들의 뻔뻔스러움과 공격성이 통하고 있는 사회에서 힘없고 돈 없고 이름도 없는 사람들은 절망하고 체념할 수밖에 없지 않은가. 그리하여 한국 사회라는 숲에서는 온갖 병든 나무들이 제각기 슬픈 춤을 추어대고 있다. 막다른 골목에 이른 절망들과 체념들은 '강요된 굴종'이란 춤을 힘없이 느리게 추고 있고, 얼굴에 냉소를 머금은 소시민들은 '적당한 타협'이라는 약삭빠른 춤을 추고 있으며, 수치심조차 모르는 기름낀 얼굴들은 산허리를 깎은 데서 골프채를 휘두르며 허리춤을 추고 있다.

급기야 그 숲에서는 어린 나무들조차 탁류에 물들지 않을 수 없게 되었다. 이 심각한 문제의식 때문에 나는 더욱 젊은 벗들에게 토론을 제기하고 싶은 것이다. 나무가 꽃을 피우고 열매를 맺으려면 수분을 빨아올리지 않으면 안 되고, 인간의 자아실현은 생존을 조건으로 하는 것이다. 그런데 온통 탁류가 흐르는 숲에서 나무들이 생존하려면 탁류를 빨아들일 수밖에 없지 않은가. 그 어떤 나무도 탁류에서 해방되기 어려운 현실이 아닌지 묻고 싶은 것이다. 예컨대 '우리들'의 박노해가 '사람만이 희망이다'라고 했을 때 우리에게 희망인 사람이 한국 사회에서 자라날 수 있는지 나는 묻고 싶은 것이다. 이와 같은 문제의식이 한낱 기우에 지나지 않기를 바라면서도 나는 내가 살았고 살고 있는 프랑스 사회를 거울삼아 토론을 제기하고자 하는 것이다. 그것이 이 책의 출발점이다. 내가 특히 젊은 벗들에게 토론을 제기하는 까닭은, 그래도 젊은 벗들에게 희망을 걸고 있기 때문이다. 이 책에 담긴 글에 대한 매몰찬 비판을 기대한다. 다만 그 비판이 "프랑스 사회를 추켜세우고 한국 사회를 지나치게 비판하였다"라는 단순한 차원에서는 벗어난 것이길 바란다. 두 아이가 똑같이 행동하였을 때 남의 자식은 칭찬하라고 했고 제 자식은 야단치라고 했다. 하물며 제 자식이 뒤떨어져 있음이 분명히 보이는 데에야. 그리하여, 비판과 반론을 주고받으며 한바탕 토론을 벌여 보자.

끝으로, 이 책이 나오기까지 도움을 준 세 분에게 감사의 마음을 전하고 싶다. 한겨레신문사 출판부의 이기섭님은 나의 게으름을 끊임없이 확인시켜 주었다. 나도, 이 책도, 우선 이기섭님에게 감사를 드려야 할 것이다. 그리고 두 학형인, 이밥 씨와 김죽 씨는 초고를 읽고 솔직한 의견을 말해주어 나에게 큰 도움을 주었다. 이 자리를 빌어 두 분께 고마운 마음을 전하고자 한다.

1999년 5월
파리 교외 쿠르브부아에서
홍세화

차례

개정판에 부처   5

초판 서문   7

제1부   그도 프랑스야!   17
— 개성인가, 유행인가   19
— 권위주의는 가라   28
— 6천만의 개성이 빚은 나라   42
— 나를 찾아서   62

제2부   프랑스 사람들 이야기   79
— 프랑스의 일반사람들   81
— 우리는 먹고 당신들은 집어넣는다   94
— 철학 카페에서 토론 한마당   105
— 삶의 다양한 풍경   116
— 자동차와 지하철   143
— 프랑스 사회의 이면   158

제3부   한국 사회와 프랑스 사회의 만남   183
— 스승은 수치심부터   185

─ 교육 현실의 두 모습	191
─ 수학과 글쓰기	201
─ 접촉과 거리	207
─ 불쌍한 한국어	214
─ 외규장각도서 반환문제를 보는 눈	229
─ 서울 평화상	235
─ 똘레랑스에 붙인 두 개의 사족	240

제4부 남북과 좌우   249

─ 사회정의는 질서에 우선한다	251
─ 사회주의에 대하여	279
─ 쎄느강은 파리를 좌우로 나눈다	286

제5부 그대에게로 가는 길을 나는 안다   291

─ 슬픈 대륙의 발라드	293
─ 젊은 벗, 그대에게로 가는 길을 나는 안다	314

제1부

—

그도 프랑스야!

여기에 각기 다른 전형을 보여주는 두 개의 동물농장이 있다. 한 동물농장에서는 갖가지 동물들이 각기 개성을 갖고 창의력을 발휘하면서 온건한 분위기 속에서 오손도손 살고 있다면, 다른 동물농장에서는 생긴 모습도 같고 성질도 같은 한 종류의 동물들이 서로 으르렁거리며 살고 있다. 모습이 너무 똑같고 성질도 너무 똑같기 때문인지, "너의 고향은 어디지?" "당신은 어느 학교를 나왔소?" "선생의 가문은 어떻게 되시오?" "그대는 고작 힘없는 암컷이로구면"이라고 따지고 구분하며 편가르기를 일상사로 삼고 있다. 그리하여 개성과 창의력이 피어나기도 전에, 모든 동물의 가치는 자궁에서 이미, 그리고 어떤 학교를 다녔는가에 의해 일찍이 규정되어 버린다. 이 동물농장에서 개성과 창의력을 꽃피우기 어려운 것은 당연한 일이 아닐까.

개성인가, 유행인가

파리는 유행의 도시?

눈이 마음의 창이라면 옷차림은 몸가짐의 창이다. 눈빛으로 그 사람의 마음을 읽을 수 있다면, 옷차림으로 그 사람의 몸가짐을 알 수 있다. 실제로 우리들은 옷차림을 통하여 그 사람의 몸가짐뿐만 아니라 마음가짐을 어느 정도 읽을 수 있다.

파리에는 온갖 옷차림이 항상 공존한다. 개성이 다르고 미에 대한 감각이 서로 다른 사람들이 제각기 '자기에게만 어울리는 자기만의 옷맵시'를 추구하기 때문이다. 파리에 온 한국 여성 중에 "유행의 도시라더니 옷차림이 제멋대로이고 후줄근하니 형편없다"고 말하는 사람을 종종 만나게 된다. 이는 '옷과 그 옷을 입은 사람의 어울림'을 보는 눈이 없어서 나온 평가에 지나지 않는다. 옷만 볼 뿐 옷의 주인을 보지 않으니 앙상블(조화)을 보지 못하는 것이다.

한국에선 기이한 옷차림이나 기이한 행동을 하는 사람들을 가리켜

'개성있는' 사람이라고 말하는 것 같다. 이는 잘못된 인식이다. 기이한 것은 기이한 것에 지나지 않는다. 개성은 '자기'가 있고 그 바탕 위에 그 나름의 생활철학이 있어야 한다. 파리의 유행과 서울의 유행이 서로 다른 모습을 보이는 것은 자기가 있고 없고와 생활철학이 있고 없고의 차이에서 온 것이다. 나는 한국 여성의 미(美)를 감식해내는 능력이 태생적으로 프랑스 여성에 비해 뒤떨어진다고 보지 않는다. 뒤떨어지게 태어나지 않았는데 자기를 잃어버리고 자기 나름의 생활철학 없이 줄곧 유행만을 바라보고 흉내내고 쫓아왔기 때문에 미적 감식안이 퇴화되었다고 생각하고 있다.

대부분의 한국 여성들이 파리를 '유행의 도시'로 알고 있다. 그러나 파리는 한국에서 말하는 식의 '유행의 도시'가 아니다. 파리는 다만 새로운 스타일의 옷이 소개되는 곳일 뿐이다. 파리의 모든 여성에게 새로 나온 옷을 사입을 경제적 능력이 있는 것도 아니다. 경제적 능력이 있는 사람도 새로 나온 옷이 자신과 어울리지 않는다고 판단되면 사입지 않는다. 또한 경제적 여유도 있고 또 자신과 어울린다고 판단되어도 서울이나 도쿄처럼 이 사람 저 사람이 모두 그 옷을 입으면—이것이 한국이나 일본에서 말하는 유행인데—절대로 입고 다니지 않는다. 유행이 지나 남들이 입지 않을 때를 위해 사두긴 하겠지만 말이다. 옷치장도 결국 프랑스의 사회학자 피에르 부르디외가 말한 '구별짓기', 즉 '나는 너희들과 다르다'는 것을 보이기 위함인데 왜 남과 똑같은 옷치장을 하겠는가. 그것은 메디오크르(médiocre, 평범한 사람, 보잘것없는 사람)들이나 할 일이고 스노브(snob, 유행을 따르는 속물)들이나 할 일이다.

이처럼 서울의 유행은 파리와 아주 다른 모습을 보이고 있다. 옷차림뿐만이 아니다. 똑같은 얼굴화장과 그 위에 똑같은 머리모양을 하고 있다. 머리칼 색깔은 원래 똑같은데 색깔을 바꾸면서까지 똑같이 하고 있다. 그 위에 성형수술까지 동원하여 얼굴을 똑같이 만들고 있다. 이런 한국 여성들을 보고 프랑스인들은 "예쁜 인형 같다. 그러나 개성이 없다"고 말할 것이다. 같은 말을 반복한 셈인데 '인형 같다'는 말에 이미 '개성이 없다'는 뜻이 들어 있기 때문이다. 이 말에는 비웃음이 들어 있다. 그것도 아주 치명적인 비웃음이. 개성을 중시하는 사람들이 개성이 없다고 말한 것으로 알 수 있지 않은가.

이 여자가 그 여자인가, 저 여자인가?

실제로 한국의 젊은 여성들이 얼마나 똑같은 옷치장과 몸치장 그리고 얼굴치장을 하고 있는지, 그리고 성형수술까지 똑같이 하고 있는지 나 스스로 확인할 수 있었다. 최근에 한국영화를 비디오로 보면서였다. 영화의 제목은 잊었는데 한석규 씨가 의사로 나오는 코미디물이었다. 가벼운 마음으로 비디오를 보기 시작했는데 곧 문제가 생겼다. 바람둥이 역할로 나온 한석규 씨의 상대자로 서너 명의 여성이 등장하는데 모두 한 사람 같고 누가 누구인지 도무지 분간할 수가 없었다. 등장인물을 분간할 수 없으니 자연 이야기의 전개를 따라갈 수 없었다. 나는 함께 비디오를 보던 아내에게 연신 물었다. "이 여자가 아까 나왔던 그 여자인가?" 하고. 아내는 같은 여성이어서인지 나보다는 좀 나았지만 그래도 이 여자가 그 여자인지, 저 여자인지 긴가민가하다고 했다. 겨우겨우 비디오를 끝까지 본 뒤, 혼자 곰곰이 생각해보았는데 기가 막힌다고 해야 할지 참담하다고 해야 할지 알 수 없었다. 내가 유럽 땅에 너무 오래 산 탓일까?

　나는 프랑스에 처음 도착했을 때 프랑스인들을 쉽게 분간하지 못하였다. 그렇지만 나는 아시아인이 유럽인들을 분간하는 것보다 유럽인들이 아시아인들을 분간하기가 더 어렵다고 생각한다. 아시아인들의 생김생김이 평면적이고 눈동자와 머리칼의 색깔이 똑같기 때문이다. 독일에 사는 교포 중에는 이 점을 이용하여, 남의 여권을 가지고 여행한 사람도 꽤 많다고 들었다. 들킨 사람이 하나도 없었다고 한다. 하긴 사진을 놓고 보면 남자는 모두 현상수배중인 간첩 같고 여자는 모두 현상수배중인 여간첩 같다. 그래서 오히려 더 다르게 보이도록 애써야 할 듯한데 한국의 젊은 여성들은 서로 다투어 똑같은 모습이 되려고 노력과 돈과 시간을 들이고 있으니 나로선 도저히 이해할 수 없는 일이다. 그리하여 "이 여자가 그 여자인가, 저 여자인가?"가 되었다. 이 일을 어찌할 것인가? 그런데 이 고민은 나만의 것은 아닌가 보다. 최근 프랑스에서는 '저승사자의 고충' 이야기가 이 입에서 저 귀로 전해지고 있다.

　20세기를 만나 하늘에 계신 저승사자는 무척이나 바빴다. 자기를 찾아온 사람들과 그들의 살아 생전의 품행성적표를 대조하여 천당으로 보낼지 지옥으로 보낼지 결정해야 하는데 사람들이 한꺼번에 몰려오니 도무지 정신을 차릴 수가 없었단다. 한 차례 욕을 치른 뒤 '휴우! 이젠 나도 좀 쉬어 보자' 했는데, 이게 웬걸, 또 사람들이 마구 몰려오더란다. 그래서 또 정신없이 일을 치렀단다. 이렇게 1차대전과 2차대전으로 무지무지하게 바빴던 저승사자는 그 뒤에도 코레와 베트남을 비롯하여 이곳저곳에서 쉴 새 없이 찾아오는 사람들로 또 정신없이 보냈단다. 게

다가 바다에 배 타고 나갔다가 찾아오는 사람, 히말라야에 올라갔다가 찾아오는 사람, 남극 북극으로 간 사람, 공중으로 치솟았다가 찾아오는 사람들까지 일일이 챙기려다 보니 들이쉰 숨을 내뱉을 시간도 없었단다. 그런데 이때까지만 해도 너무 바빠 쉴 틈이 없어서 그랬지 다른 고충이 생기리라곤 저승사자도 예상하지 못했단다. 체르노빌이 터지고 찾아오는 사람들은 모습이 너무 변형되어 성적표 대조가 거의 불가능하더란다. 그래도 저승사자의 타고난 능력과 히로시마와 나가사키의 기억을 되살려 겨우겨우 처리하였단다. 그래서 다시 '휴우!' 하였는데 이게 웬 날벼락인가. 20세기가 끝나면서 저승사자는 드디어 기술적 실업을 스스로 선언하게 되었단다. 이젠 지긋지긋한 저승사자 노릇을 그만두고 실업보험금이나 타먹겠다고 한단다. '돌리'가 복제되고 앞으로 인간도 복제되어 '이 사람이 그 사람인가, 저 사람인가?' 정도가 아니라 '이 사람이 그 사람이고, 그 사람이 저 사람이고, 저 사람이 이 사람이 되겠으니' 아무리 재주가 용한 저승사자인들 두 손을 번쩍 들 수밖에 없었다는 얘기였다.

개성의 죽음

하늘 나라에서 다시 지상으로 내려오자.

그러면 파리에 비해 서울이 유행에 더 민감하고 또 유행을 잘 따르는 이유는 무엇인가? 이 질문에 대하여, 획일화된 사회와 다양성 사회의 차이라고 간단히 설명할 수도 있을 것이다. 혹은 프랑스 사람들에 비해 한국 사람들의 개성이 약하기 때문이라고 말할 수도 있을 것이다. 그러나 이런 설명은 결과론에 지나지 않는다. 나는 한국 사회가 '가난하고 힘없는 사람에겐 개성도 없는' 그런 사회가 되어버렸기 때문이라고 말하겠다. 즉 프랑스에선 경제적으로 가난해도 개성이 살아 있을 수 있는 데 반해, 한국 사회에선 경제적으로 가난하면 개성이 설 자리가 아예 없다는 얘기다.

물질만능과 배금주의가 극도에 달함으로써 가난하고 힘없는 사람은 무능력한 사람이거나 무가치한 사람이 되어버렸는데 무능력하고 무가치한 사람의 개성에 하등 무슨 가치를 인정해주겠는가? 유행을 따르지 않았다간—그것은 곧 가난을 보이는 게 되는데—개성이 있기는커녕 무가치한 인간으로 비치게 된다는 것이다. 그래서 모든 사람이 가치없고 능력없는 인간이 아니라는 것을 보이기 위하여 한결같이 유행을 따르게 되었다는 것이다. 요컨대 물질만능과 배금주의가 개성의 꽃피우기를 애당초 불가능하게 만들고 있는 것이다. 특히 한국 사회의 부유층과 지배층 사이에 만연된 사치풍조는 한국 사회의 '개성의 죽음'과 밀접하게 관련되고 있다.

앞서 잠깐 말한 피에르 부르디외에 따르면, 상류층이나 지배계급은 "나는 너희들과 다르다"는 '구별짓기' 전략을 편다고 한다. 예컨대 한국의 부유층이나 지배층이 골프를 치는 것이나 그들 사이에 혼인을 하는 것은 그런 구별짓기 행위라고 할 수 있다. 그런데 한국의 부유층과 지배층은 이 구별짓기 전략을 수행하는 데 프랑스의 상류층에 비해 뜻밖의 어려움을 겪는다. 어찌보면 역설적인 것 같지만 역설이 아니다. 프랑스의 상류층과 비교해보면 곧 알 수 있다.

프랑스의 상류층에겐 그들 나름의 전통이 있다. 부의 일부를 사회봉사 활동기금, 자선기금, 시민운동단체 연대기금 등으로 기부함으로써 사회에 환수하는 전통을 갖고 있는 것이다. 그리고 "오른손이 하는 일을 왼손이 모르게 하라"는 그리스도의 가르침 그대로 사회 환수를 과시용으로 하지 않는다. 즉 프랑스 상류층의 사회 환수 전통은 오래된 가톨릭 전통과 사회의 일원으로서 당연히 가져야 되는 사회적 책무의식이 만나서 생긴 것이다. 그들은 이름 밝히기에 관심조차 없고, 따라서 각종 언론들도 밝히지 않는다. 한국의 신문에서 볼 수 있는 것과 같이 일회성이고 과시용인 수해의연금류하고는 거리가 먼 것이다.

또 그들은 자녀들을 어릴 때부터 기숙학교나 수녀원부속학교에 보내 엄격하게 교육시키고 검약과 절제 그리고 성실의 미덕을 배우게 한다. 이것 또한 전통으로 자리잡혀 있다. 그래서 부유층이나 지배층의 자식 중에서 한국의 오렌지족이나 김현철 같은 인물은 출현하기 어렵다. 그런 인물이 어쩌다 나오면 그 부모는 상류사회 안에서도 손가락질을 받게 되어 소외되는 쓴맛을 보아야 한다. '신흥부자'를 프랑스 말로 '누보 리쉬(nouveau riche)'라고 하는데, 이 말에는 경멸적인 뉘앙스가 다분히 들어 있다. 부유층들이 가져 마땅한 전통을 갖고 있지 않기 때문이다. 신흥부자에게 전통이 있을 리 없다.

한국의 부유층은 모두 신흥부자이고 지배 엘리트들도 모두 신흥이다. 그들에겐 사회 환수의 전통도 없고 자녀교육을 엄격히 시키는 전통도 없다. 부와 권력말고는 아무것도 내세울 게 없으며 그 부와 권력도 갑자기 얻은 것이다. 그렇기 때문에 한국의 상류층은 중산층이 항상 넘볼 수 있는 대상이다. 적어도 심리적으론 그렇다. 상류층들도 이 점을 느끼고 있다. 그래서 더욱 상류층의 '구별짓기' 노력은 필사적이다. 중산층은 중산층대로 죽기 살기로 쫓아가 그들과 똑같이 행동하려 든다. 그런 데다가 한국에 스스로 중산층이라고 믿는 사람들이 얼마나 많은

가. 희화적(戲畵的)으로 말한다면 부유층이 앞서 달리는데 수많은 중산층들이 "나도! 나도!" 하면서 뒤쫓아 달려가는 형국이다.

부유층이 이들 중산층들을 뒤로 젖히고 앞으로 도망칠 수 있는 방법, 즉 스스로 구별지을 수 있는 방법은 중산층보다 많은 돈을 뿌려 사치로 치닫는 길말고는 아무것도 없다. 또 쫓아오면 더 앞서 나가고 그래도 또 쫓아오면 더 앞서 나가고……. 앞서 달리는 부유층 사이 속에서도 이 구별짓기 경주는 나름대로 또 하나의 희화를 그리며 전개된다. 이 희화 속에서 우리는 '거품' 현상을 목격하게 되는 것이다. 부정부패와 권력의 남용 현상도 이 그림 속에서 파악할 수 있다.

이같은 상황에서 아무리 "개성을 살리자"고 외쳐 봐야 별 효과가 없다. 그런 주장을 하기에 앞서 물질만능과 배금주의의 폐해에 대해 심사숙고하고 사회의 각계 지도층이 솔선수범하여 스스로 근검하게 살면서 남다른 개성을 보여주어야 한다. 오늘과 같은 시기에 가난하더라도 꿋꿋하게 살 수 있는 것조차 이미 남다른 개성을 요구하고 있다. 바로 그러한 개성이 이 시대의 가장 위대한 개성인지도 모른다. 지금 우리에게 필요한 사람은, '수천억을 횡령하여 치부한 보통사람'의 정반대편에 있는 것이다.

이제 한국 땅에서 '보통사람'에 관한 신화는 사라져야 한다. 보통사람이 '위대한 한국'을 아무리 외쳐 봐야 한국이 위대해지지 않는다. 위대한 인물이 나와야 나라가 위대해질 수 있는 것은 아주 쉬운 산수 문제와 같다. 드골도 '위대한 프랑스'를 외쳤다. 그러나 그는 자기와 같은 우익의 반대에도 알제리에서 물러날 줄 알았으며, 그 자신이 군인 출신이었음에도 '종교적 양심에 따른 병역거부권'을 합법화하는 용단을 내릴 줄도 알았다. 뿐만 아니라 국제정치에서 주도권을 휘두르는 미국에 최대한 딴죽을 걸면서 프랑스의 국익과 영향력을 최대한으로 올리는 데에도 뛰어난 능력을 발휘하였다. '위대한 프랑스'가 구호로 그치지 않고 실제로 빛을 발휘할 수 있었던 것은 반대자조차 위대성을 발견하는 드골 같은 사람이 정치지도자로 있었기 때문이다.

권위주의는 가라

최고의 권위를 죽이다

　장모님이 돌아가셨을 때 우리는 원불교 파리교당의 도움을 많이 받았다. 원불교 파리교당은 파리 남쪽 교외 장티이라는 곳에 있고 길상사라는 절도 파리 동쪽 교외에 있다.
　프랑스에서는 지금 불교에 대한 관심이 잔잔하게, 그러나 꾸준히 높아가고 있다. 특히 티베트의 달라이 라마는 프랑스의 지식인, 문화인 사회에서 특별한 대우를 받고 있으며 대중적인 인기도 누리고 있다. 불교는 프랑스에서 가톨릭(65% 정도), 회교(5% 정도), 개신교(2% 정도) 다음으로 유대교를 따라잡아 네 번째 종교(1% 이상)로 자리잡아가는 중이다.
　프랑스에서 이렇게 불교에 대한 관심도 높아가고 그에 따라 절도 늘어나는 추세인데, 그러나 백담사 같은 절은 생기지 않을 것이다. 혹시 생기더라도 그곳에서 한용운 선생이 전두환 씨의 행적에 가려지는 일

같은 불상사는 일어나지 않을 것이다. 돈의 권위도, 권력의 권위도 그 자체만으로는 인정되지 않는 땅이기 때문이다. 어떤 돈인가, 어떤 권력인가가 더 중요하다.

프랑스인들은 지상 최고의 권위를 죽였던 역사적 경험을 갖고 있다. 1793년 1월, 루이 16세는 단두대 앞에서 "나는 죄없이 죽는다"고 말했다. 그는 스스로 죄가 없다고 말했지만 당시 '최고의 권위'를 갖고 있다는 죄가 있었다. 혁명가 로베스피에르는, "나는 그에게 아무런 원한이 없다. 그러나 그는 죽어야 한다"고 말했다. 프랑스대혁명은 루이 16세를 죽이면서 당시 지상 최고의 권위를 죽였던 것이다.

막스 베버가 독일에 프랑스대혁명과 같은 역사적 경험이 없다는 것을 아쉬워했던 이유는 그가 '권위의 폭력'에 대해 생각했기 때문이다. 혁명은 폭력이다. 그러나 그것은 일시적이다. 이에 반해 권위의 폭력은 상시적이다. 1971년 한국에서 3선개헌 뒤에 치른 대통령선거 때의 일이었다. 나는 나중에 장모님이 될 분에게 누구를 찍었느냐고 여쭤 보았다. 대답은 아주 간단했다. "대통령을 찍었지"였다. '박정희'가 아니라 '대통령'이었다. 그보다 8년 전엔 윤보선 씨를 찍었던 분이다. 그때도 "대통령을 찍었지"였던 셈이다. 장모님의 행위는 막스 베버의 시각으로 보면, 대통령의 권위가 행한 폭력의 결과이다. 최고의 권위를 죽인 경험을 갖고 있는 프랑스인들에게 장모님의 행위와 같은 일은 기대하기 어렵다. 이 점을 막스 베버가 부러워했던 것이다.

권위는 왕이나 대통령에게만 있는 게 아니다. 우리는 가정, 일터, 학교 등 사회 곳곳에 자리잡고 있는 권위에 의식적·무의식적으로 지배받고 있다. 가부장의 권위, 교장·교감의 권위, 판검사의 권위, 교수의 권위, 국회의원의 권위, 공직자의 권위, 상사의 권위, 사회 명사의 권위

등이 그것들이다. 정부든 기업이든 단체이든 거의 모든 조직구성이란 게 알고보면 권위를 쌓아올린 구조이며, 조직구성표란 권위구조표와 별 차이가 없는 것이다.

이런 권위들과 만나면 우리는 먼저 '주눅' 부터 든다. 프랑스에선 이런 주눅을 보기 어렵다. 나는 궁지에 몰린 영국인 남녀를 구해주었던 적이 있다. 내가 그들을 구해줄 수 있었던 것은 영국인들에겐 부족한 '권위에 대한 도전의식'을 프랑스인들은 강하게 갖고 있음을 알기 때문에 가능했다.

영국인 남녀를 도와주다

한국에서 유럽의 원단 생산업체들의 수입대리점을 경영하고 있는 한 선배와 함께 원단 견본 쇼장에 갔을 때 벌어진 일이었다. 세계에서 가장 크고, '프르미에르 비종(première vision, 첫선)'이라는 이름을 가진 이 원단 쇼는 파리의 북쪽 샤를르 드골 공항 근처에 있는 프랑스 최대의 쇼장(le Parc des Expositions)에서 봄 가을 일년에 두 번 열린다.

나는 그때 쇼장의 한쪽에 마련된 휴게소에서 선배와 영국 생산업체의 남녀 직원이 상담하는 것을 지켜보고 있었는데 갑자기 주위에서 플래시가 터졌다. 현장 증명사진을 찍힌 것이다. 네댓 명의 관리자들이 우르르 다가오더니 우리에게 본부로 같이 갈 것을 요구했다.

에이전트인 선배에겐 별 잘못이 없지만, 영국인 남녀가 쇼장 참가업체에 소속되지 않았다는 게 문제였다. 다른 업체들은 모두 비싼 참가비를 내고 참가했는데 참가업체가 아닌 외부 사람들이 견본을 내보이며 영업행위를 하다 발각된 것이니 문제가 될 만도 했다. 영국인 남녀는 당황하여 아무 말도 못하고 벌개진 얼굴로 그들을 따라갈 차비를 차렸다.

이때, "우리보고 가자고 하지 말고 책임자를 이쪽으로 오라고 하라"고 나선 사람은 나였다. 프랑스 땅에선 프랑스 사람처럼 행동해야 하지 않는가. 내가 버티자, 관리자들은 휴대전화로 본부와 통화를 하더니, 본부로 가야 한다고 거듭 요구하였다. 처음보다는 기세가 조금 누그러진 듯했다. 잠시 엉거주춤했던 영국인 남녀가 순순히 따라가니 선배와 나도 뒤따라가지 않을 수 없었다. 본부에 도착했을 때, 영국인 남녀의 모습은 그야말로 고양이 앞의 쥐였다.

쇼장 본부의 중간책임자는 중년 여성이었는데 영국인 남녀의 견본 가방과 200프랑짜리 쇼장 입장권까지 빼앗고 인적사항을 적더니 쇼장에서 당장 떠나라고 호통을 쳤다. 물론 프랑스 말이었다. 영국인 남녀 중에 여자는 프랑스 말을 못했고 남자는 조금 할 줄 알았다. 그가 프랑스인이라면 당연히 대들 상황이었다. 아무리 자기에게 잘못이 있다고 해도 그런 위압적인 태도에 다소곳이 수그러드는 프랑스 사람은 거의 없다. 그러나 우리의 주인공은 아직도 여왕과 귀족들을 모시고 있는 영국인이었다. 겨우 한다는 소리라는 게 오후에 참가업체의 한 사람인 친구와 약속이 돼 있는데 그때까지만 남아 있게 해 달라고 사정하는 것이었다. 그가 잘못을 시인하면서 사정조로 나오자, 프랑스인 중간책임자의 기세는 더욱더 올라갔다. 관리자들을 부르더니 영국인 남녀를 쇼장 바깥으로 당장 쫓아내라고 지시하는 것이었다. 바야흐로 영국인들이 맥없이 쫓겨날 참이었다.

나는 더 이상 보고 있을 수 없었다. 나는 이렇게 대들었다. "당신들은 똘레랑스도 없느냐. 프랑스가 똘레랑스의 나라 아닌가? 코레에서 온 에이전트와 이 영국인들이 어디서 만날 수 있겠는가? 쇼장에서 만나는 것은 당연한 일이 아닌가." 내가 이렇게 따지고 들자, 상대방은 조금 수그러들었다. 제3자가 나섰고 프랑스인들이 스스로 자랑하기도 하는 똘레랑스를 방패로 내세웠기 때문이다. 그래도 상대방은 참가업체가 아닌 사람은 쇼장에서 영업행위를 할 수 없고 발각되면 쫓겨나게 돼 있다는 규정을 내세우며 자기는 규정에 따를 수밖에 없다고 주장했다.

나는 속으로 쾌재를 불렀다. 나는 "그 규정이 어디 있고 또 어디에 부착해 놓았느냐?"고 따졌다. 그리고 영국인에게 그런 규정을 본 적이 있느냐고 떠보았다. 그는 물론 본 적이 없다고 대답했다. 내가 상대방에게 따지고 든 것은 프랑스인과 독일인의 서로 다른 점도 착안한 것이었다. 즉 독일인은 규정에서 한 치도 벗어날 수 없지만 프랑스인은 규정에서 벗어날 수 있다는 차이점과, 또 하나는 독일인들은 규정을 철칙처럼 지키는 만큼 그 규정을 사람들에게 철저히 인지시키는 데 반해, 프랑스인들은 어차피 잘 지켜지지 않는 규정이므로 잘 인지시키지도 않는다는 점이다. 실제로 그 규정은 쇼장의 어디에도 부착되어 있지 않았다. 상대방은 심지어 그 규정이 적혀 있는 문서조차 찾아내지 못했다. 서류철을 뒤지던 상대방이 오히려 곤경에 빠지게 되었고, 결국 그 날의 해프닝은 나의 판정승으로 끝났다. 영국인 남녀는 견본 가방만 맡겼다가 나중에 찾아가기로 했을 뿐, 입장권을 돌려받아 쇼장에 남을 수 있었다. 1년 뒤에 참가업체의 일원이 되어 스탠드를 갖게 된 영국남자를 다시 만났다. 그는 순진하게 웃으면서 무척 반가워했다.

그런데 이 일화에서 가장 놀라워했던 사람은 나의 선배였다. 평소에 숫기도 없는 나의 어디에서 그런 도전적인 기세가 나왔는지 알 수 없었던 것이다. 아마 나 자신이 영국인의 처지였다면 그러지 못했을 것이다. 그러나 무엇보다도 권위에 도전하는 프랑스인들의 기질을 모르고 있었다면 그러지 못했을 것이다.

불쌍한(?) 프랑스 경찰

프랑스의 직업인 중에서 경찰관의 자살률이 가장 높다면 놀랄 사람도 있겠다. 그런데 최근의 실상이 그렇다. 프랑스 사회에서 경찰은 아무도 부러워하지 않는 불쌍한 존재들이다. 유치원생을 빼면 아무도 알아주지도 않고 고마워하지도 않으며 그들의 권한을 우습게 여겨 경외감을 갖지 않는다. 프랑스에 온 초기에 아직 어렸던 아이들이 말을 잘 안 듣거나 울음을 그치지 않으면 "저기 경찰 온다!"고 말했던 기억이 있다. 첫 서너 달 동안은 통하는 듯하더니 나중에는 아이들도 눈치를 챘는지 전혀 통하지 않았다. 최근에 실업과 청소년들의 폭력이 심각한 사회문제로 대두되면서부터 경찰들은 문제영화였던 〈증오(la haine)〉에서도 잘 나타난 바와 같이, 경멸, 불신의 대상까지 되고 있다. 특히 도시빈민지역에서 그렇다.

프랑스의 경찰은 격무에 비해 봉급도 박한 편이어서 신참이 7,500프랑 정도이고 고참이 되어도 1만 프랑 정도에 지나지 않는다. 한국과 달라서 부수입이 생기는 나라도 아니다. 사정이 이렇다 보니 신념으로 경찰이 되겠다는 사람은 거의 없고 단지 실업을 피해 경찰이 되는 사람이 대부분이다.

최근에 불어닥친 실업률의 증가는 이런 경향을 더욱 부채질하여 고

학력자가 경찰로 취업하는 결과를 가져왔다. 신참들과 이들보다 학력이 낮은 고참들 사이에 불협화음이 일어났다. '경찰은 머리가 빈 사람'이라는 사회통념까지 있어 신참들은 자아상실감을 느끼게 되었고 자살까지 하는 일이 생겨났다. 그들이 특히 괴로워하는 것은 비정상적인 근무시간이다. 배우자나 가족과 함께 시간을 보내기 어렵다는 근무 여건은 프랑스 사회에선 더욱 나쁜 조건이 되기 때문이다.

그래서 경찰들도 데모를 벌인다. 경찰들이 시위에 나서고 이 시위경찰들을 경찰이 가로막는 모습은 한국인에겐 몹시 희한한 모습일 것이다. 시위경찰의 요구는 주로 경찰직에 대한 사회적 가치 고양, 경찰관 처우개선, 공공서비스 부문의 사기업화 반대 등이다. 1995년에 시위에 참가했던 '자주경찰 노조(FASP)'의 위원장 장 루이 아라졸은 한 잡지와의 대담에서 다음과 같은 말을 하였다. 불쌍한 경찰이라지만 할 말은 다 하고 있다.

"공공적자를 줄이기 위한 것이라는 정부의 긴축 재정이 꼭 평등하게 적용되고 있는 것은 아니다. 공무원 비용이 국가에 큰 재정 부담을 준다고 떠들며 공직 비용을 줄이고 있는 한편, 그 필요성에 대하여 말할 가치도 없는 핵실험에는 수백억을 날려버리고 있는 데서도 알 수 있다."

경찰이 자크 시라크 대통령의 핵실험 강행을 정면으로 비난한 것이다.

자크 시라크는 프랑스 공화국의 대통령이다

프랑스 〈르 몽드〉 신문의 필자 소개에 얽힌 재미있는 얘기를 해보자.

〈르 몽드〉에는 '토론-지평선(débats-horizons)'란이 있다. 매일 전면으로 두 면 정도를 할애하여 꽤 큰 비중을 주는 란이다. 지식인, 문화인, 정치인, 시민운동가, 사회운동가들은 〈르 몽드〉의 이 지상토론란을 이용하여 각 현안에 대한 주장과 토론을 활발하게 벌이고 있다. 프랑스인들뿐만 아니라 외국의 학자나 정치인도 사안에 따라 참여함으로써 '르 몽드(Le Monde, 세계)' 다운 면모를 보인다. 프랑스가 남태평양에서 핵실험을 강행했을 때는 뉴질랜드의 수상도 토론에 참여하여 프랑스를 질타하였다. 최근에는 피노체트 재판과 관련하여 창작과비평사가 한국에 소개했던 칠레 출신의 작가인 아리엘 도르프만의 글도 실렸다.

꼭 유명인의 글만 실리는 것은 아니다. 실업자 투쟁이 있었을 때는 당사자인 실업자의 글도 실렸다. 그때의 필자 소개가 재미있었다. 항상 글 제목 아래 글쓴이의 이름(다니엘 벤사이드라고 하자)을 적고 글 끝에 "다니엘 벤사이드는 파리 8대학의 교수이다"라는 식으로 소개하는데, 실업자의 글 끝에는 "뒤퐁 씨는 실업자다"라고 아주 솔직히 소개했다.

자크 시라크 대통령도 당선된 후 한 차례 〈르 몽드〉에 기고한 적이 있다. 나는 글 내용도 궁금했지만 〈르 몽드〉가 자크 시라크도 소개할 것인지, 그리고 소개한다면 어떻게 소개할 것인지도 꽤 궁금했다. 역시 그의 글 끝엔 "자크 시라크는 프랑스 공화국의 대통령이다"라는 필자 소개가 붙어 있었다. 다른 필자와 똑같은 문안의 필자 소개였다.

나는 그 소개 글을 읽으면서 미소가 배시시 흘러나오는 것을 참을 수 없었다. 나중에 들으니 대통령실에서 불편한 심기를 〈르 몽드〉에 전했다고 한다. 자크 시라크가 대통령이라는 사실을 모르는 사람이 어디 있으며 특히 〈르 몽드〉의 '토론-지평선'을 읽는 사람 중에 모르는 사람이 어디 있겠느냐는 것이었다. 그러나 〈르 몽드〉는 끄떡도 하지 않았다.

〈르 몽드〉의 '토론-지평선' 란에서는 대통령부터 실업자에 이르기까지 모두 평등하다는 것이다.

한국 대통령이 〈한겨레〉의 토론면인 '왜냐면'에 자신의 정치철학에 관하여 글을 싣는 것을 상상해보는 것만으로도 즐겁다. 그리고 〈한겨레〉가 글쓴이를 "민주공화국 대한민국의 대통령이다"라고 소개한다고 상상해보니 더욱 즐겁다.

이름조차 권위적인 교감제도

프랑스 땅에 오래 살면서 내 의식이 은연 중에 프랑스 사회의 영향을 많이 받았다는 것을 느낄 때가 있다. 한국 사회가 권위의식으로 꽉 차 있음이 눈에 확 들어오는 것도 그런 때에 속한다. 옛날에는 그냥 지나쳤을 한국의 제반 의식과 형식주의가 온통 권위주의적인 의식이며 권위주의적인 형식주의라는 게 선명하게 보이는 것이다. 예컨대 김대중 대통령이 취임 1주기를 맞아 기자회견을 했을 때 국무총리 이하 장관들이 함께 배석한 모습은 지극히 권위주의적인 모습이었다. 나는 프랑스에서 그런 모습을 본 적이 없다.

물론 알맹이가 있고 정당성이 있는 권위는 필요하다. 그러나 알맹이가 없는 헛된 권위, 정당성이 없는 권위는 사회의 암(癌)과 같아서 사회의 건강한 발전을 가로막는다. 오늘날의 한국 사회는 온갖 잡스러운 권위들에 짓눌려 '나'마저 상실해가는 현상까지 보이고 있다. 이 희비극적 현상에 대해서는 조금 뒤에 '나를 찾아서'라는 글을 통하여 다루기로 하고 여기서는 좀 엉뚱하게 들릴 수 있는 하나의 제언을 하고자 한다.

 한국의 각급 학교의 교감으로 계신 분들께는 대단히 죄송스럽지만 교감제도를 당장 없애라는 긴급 제언이다. 내 눈에 한국의 교감제도가 권위주의 제도라는 게 뚜렷이 보이기 시작한 것은 꽤 오래 된 일이다. 그것이 꼭 프랑스의 각급 학교에 교감이 없다는 사실을 알고 생긴 인식이 아니다. 내 판단으로 한국의 교감제도는 한국의 민주주의 발전에 커다란 걸림돌이 되고 있다. 거의 독소(毒素)와 같다고까지 말할 수 있다. 자라나는 세대들에 대한 교육과 관련되기 때문에 그렇다. 그래서 나는 강하게 주장하고자 한다. "교감제도를 당장 없애라!"고.

 교감(校監)이라는 말 자체가 이미 권위적이다. 차라리 부교장(副校長)이라고 하면 어감상으로 덜 권위적일 것이다. 그러나 명칭은 문제의 기둥줄기가 아니라 잔가지에 속하는 것이다. 가장 중요한 문제점은 교감제도가 구조적으로 권위적인 제도라는 데 있다. 교감은 교장과 일반교사들 사이에 하나의 단계로서 존재한다. 그는 자신의 권위를 지키면서 교장의 권위를 더욱 높이는 역할을 맡고 있다. 교감은 교장과 일반교사들이 서로 만나는 것조차 가로막고 있다. 교장은 교사들과 학생들에게 '내리는' 말만 할 뿐이다. 일반교사들이 '올리는' 말은 나오기 어렵게 되어 있고 어렵사리 나오는 말조차도 교감 선에서 차단되기 십상이다. 한마디로 교감제도는 상의하달(上意下達)만 가능케 하고 또 그렇게 굳혀주는 제도인 것이다.

 지금의 교감제도 아래에서는 교육을 실제로 담당하는 일선교사들이 학생들을 가르치고 또 학생들과 함께 호흡하면서 발견되는 문제점들을 학교행정 책임자에게 직접 전달하고 개선점을 건의하는 통로가 거의 막혀 있다. 이보다 더 비민주적인 구조가 어디에 또 있을까 싶다. 이런 구조에서는 학생들에게 '민주교육'도 펴기 어렵고 '참교육'도 펴기 어렵다. 또 이런 학교에 다니면서 학생들은 알게 모르게 권위의식에 물들게 된다. 스승은 스스로 스승다움을 보이고 가르칠 때 스승의 권위를 획득할 수 있다. 이러한 스승의 권위를 위해서도, 허울뿐인 권위의식을 키우는 교감제도는 당장 없애고 교사대표제로 대신해야 마땅하다.

실제로 교사대표제는 학교를 민주적으로 개혁하는 관건 중의 하나이다. 일선 교사들의 언로가 열리면 땅에 떨어진 사기도 자연 올라갈 것이고, '참교육 펴기'를 현실적으로 어렵게 만들고 있는 각종 잡무에서 해방되는 길도 이 교사대표제를 통하여 열릴 것이다. 피에르 부르디외의 표현을 빌리자면, '국가의 오른손'의 명령, 지시를 받아오기만 했던 '국가의 왼손'들이 앞으로는 자기 목소리를 내야 하지 않겠느냐는 것이다.

홍 택시운전사입니다

프랑스에 살다가 19년 만에 귀국한 딸아이가 처음 겪었던 어려움은 사람들에 대한 호칭 문제였다. 김 교수님, 강 박사님, 고 상무님, 정 과장님, 최 계장님, 양 사장님, 박 변호사님, 황 감독님, 유 프로듀서님, 조 원장님, 권 기자님…… 아이는 너무 혼란스러워서 머리가 아프다고 했다.

200여 년 전 대혁명 당시 프랑스 민중은 봉건적 신분질서를 무너뜨리고 모든 사람에게 시민(citoyen)이란 호칭을 사용할 것을 결의했고 실천에 옮겼다. 말하자면 시민 김, 시민 강, 시민 고, 시민 정 등이 되었던 것이다. 지금도 무슈, 마담, 마드모아젤이라는 호칭밖에 없다. 예컨대 대통령도 '무슈 대통령'이라고 부르면 된다. 다만 변호사와 공증인은 '매트르(maître)'라고 부르고 의사는 '독퇴르(docteur)'라고 부른다. 호칭만으로 부족한 것일까. 판검사와 변호사는 복장으로 권위를 나타내고, 의사는 알아볼 수 없게 휘갈겨 쓴 처방전으로 권위를 나타낸다는 말도 있다.

요즈음 나는 한국 사회의 호칭 관습과 관련하여 옛날과 달라진 점을 발견하였다. 20년 전에도 직위나 직업을 밝혀 호칭하기도 했다. 그렇지만 자기자신을 소개할 땐 "김수동입니다" 하고 이름을 주로 밝혔다. 그런데 지금은 거의 "김 차장입니다" 또는 "김 변호사입니다"라고 직위나 직업을 밝히고 있다. 직장 일로 아는 사이가 아니라 개인적으로 아는 사이인데도 "김 차장입니다"라고 말한다. 나에게는 김수동일 뿐이고 차장이란 직위는 아무런 상관이 없다. 그런데도 이미 버릇이 되어서인지 언제나 '김 차장'이다. 그래서 어떤 때는 사람을 만나는 게 아니라, 직업·직위를 만나고 신분을 만나고 있다는 느낌까지 들 때가 있다.

이런 행위는 자기 PR과는 다른 차원의 것이다. '나'가 없어지고 그 자리에 신분적 권위의식이 의식적·무의식적으로 들어서고 있다고 보여진다. '김수동이라는 인간'보다는 '김수동이 가지고 있는 것'을 더 중요하게 보는 사회의 산물이라 할 수 있다. 이런 사회에서 개성은 꽃을 피우지 못한다. 인간적 자부심도 생겨날 수 없다. '김수동다움'이 '김수동의 소유물과 직업, 신분, 지위'에 종속되기 때문이다. 이 사실은 한국인과 프랑스인을 사귀어 보았던 내 경험으로도 확인되었다.

나는 한국인을 소개받아 만나기도 했고 프랑스인을 소개받아 만나기도 했다. 사람을 처음 만나게 될 때 그 사람이 '어떤' 사람인지 궁금한 것은 인지상정이다. 그런데 한국인과 만났을 때 나의 궁금증은 인사를 나누고 명함을 받는 순간 90% 이상이 날아가 버린다. 명함 다음에 나오는 얘기는 거의 뻔한 것들이어서, 말은 사람이 하지만 그 내용은 명함이 말하는 것에서 크게 벗어나지 않는다.

이에 반해, 프랑스인과 만났을 때는 명함을 받는 데서부터 궁금증이 시작된다. 직업이나 직위와 전혀 어울리지(?) 않는 인생관, 가치관이 마음대로 튀어나오기 때문이다. 여기에는 정치적 이념의 폭이 완전히 열려 있는 사회와 반쪽뿐인 사회라는 차이의 영향도 있겠다. 하지만 그것이 둘 사이의 차이를 모두 설명해주는 것은 아니다. 김수동의 소유물, 직업, 신분, 지위가 이미 인간 김수동을 덮어버리고 있다면, 뒤퐁의 소유물, 직업, 신분, 지위는 인간 뒤퐁의 일부분에 지나지 않는다는 차이에서 온 것이다.

이 차이에서 우리는 한국 사회가 권위주의적이면서 인간관계조차 그 흥미를 없애는 경향을 보이고 있음을 알 수 있다. 명함이 모든 것을 말해주는 인간관계란 권위주의적이기도 하지만 흥미도 없는 인간관계이기 때문이다. 직업적인 얘기말고 무슨 얘기를 나눌 것인가. '인간적인, 실로 인간적인' 인간관계는 설 자리가 없어진 것이다. 이 점에서 볼 때, 설사 비합리적이라 하더라도 한국인들에게 끈끈한 정(情)이 남아 있는 것은 오히려 다행스런 일이라고 하지 않을 수 없다. 그것마저 없다면 사람을 만나는 것과 로봇을 만나는 게 무슨 차이가 있겠는가.

나에게는 명함이 없다. 명함에 쓸 말도 없다. 나는 어떻게 나 자신을 소개해야 할까? "홍 택시운전사입니다"라고 해야 할까? 지금은 택시운전을 하지 않으니 "홍 택시운전사였습니다"라고 해야 하나? 택시운전을 다시 또 할 예정이면 "홍 택시운전사였고 홍 택시운전사일 겁니다"

라고 해야 하나? 나에게 붙여준 호칭을 보고 혼자 웃은 적이 있다. 이따금 〈말〉지나 〈한겨레〉에 글을 보내는데 편집자는 글쓴이를 그냥 '홍세화'라고 하면 부족하다고 생각했던지 꼭 『나는 빠리의 택시운전사』 지은이'라고 소개하곤 했다. 하긴 그것말고는 소개할 것도 없다. 그러다가 책이 나온 지 오래 되자 그나마 시효가 지나버렸다. 그래서일까, 〈한겨레〉는 '객원 칼럼니스트'라고 소개하였고 〈뉴스플러스〉는 '재불(在佛)작가'라고 소개하였다. 나는 졸지에 '객원'이지만 칼럼니스트가 되었고 또 '재불'인 작가가 된 셈이다. 칼럼니스트에 작가라…… 나로선 참으로 과분한 호칭이고 계층 상승인데, 한편 뭐라고 소개해야 할지 잠시 고민했을 편집자에게 미안한 생각도 든다. 남들처럼 떳떳하게(?) 그리고 분명하게 내세울 직업도, 직위도 없으니 말이다. 그런데 "파리의 택시운전사였다"고 하면 안 되는 이유는 무엇일까. 직업에 귀천이 없다면서. 더욱이 나에게는 "그는 노동자였다"가 "그는 한국의 대통령이었다"보다 훨씬 더 고귀하게 들린다.

6천만의 개성이 빚은 나라

프랑스는 개인

"영국은 제국이고, 독일은 민족이며, 프랑스는 개인이다."

프랑스의 역사가 쥘 미슐레는 세 나라의 특징을 이렇게 한마디로 요약했다. 『프랑스 혁명사』라는 대작을 후세에 남긴 쥘 미슐레의 이 말은 한 세기 이상 지난 오늘날에도 그대로 적용된다. '제국(empire)'이었던 영국이 제국의 영향력을 미국에 넘겨주어 '왕국(royaume)'으로 격이 낮아졌다는 사실만 덧붙이면 될 것이다.

프랑스의 인구는 2008년 1월 현재 63,753,140명이다. 미국·러시아 등에 비해 훨씬 적고 일본의 절반도 안 되며 남북한을 합친 인구보다 천만 명 가까이 적다. 이렇게 인구로는 열세이지만 문학·사상·예술 등 특히 개인의 창조성이 요구되는 분야에선 프랑스인들이 뛰어나다는 사실을 누구도 함부로 부정하지 못한다. 이처럼 숫적인 열세를 뛰어넘어 남다른 창조력을 발휘할 수 있는 까닭은 무엇일까? 6천만의 개성이 서로 다르므로 모두 자원이 될 수 있기 때문이다. 프랑스인들 모두가 각기 다른 개성을 가지고 있다는 것을 강조하기 위해 "프랑스는 6천만으로 나누어져 있다"라는 표현도 하고 있다. 남한 인구가 4,500만이라면 "남한은 4,500만으로 나누어져 있다"라고 말하는 것과 같다. 그래서 우리가 예컨대 "뭉치면 살고 헤어지면 죽는다"고 말한다면, 프랑스인들은 당장 "뭉치면 죽고 헤어져야 산다"고 응수할 것이다.

요컨대 프랑스인들은 모두 개인주의자들이다. 개인주의자들에게 가장 중요한 것은 당연히 '나'다. 그래서 항상 나를 앞세운다. "나는 생각한다. 그러므로 나는 존재한다"에서건, "나는 저항한다. 그러므로 나는 존재한다"에서건 나의 존재에 관한 문제가 다른 어떤 문제보다도 첫 번째로 제기된다. 주체인 나가 있고 나 이외의 모든 것을 객체로 보는 데카르트적 전통은 '프랑스의 영광'을 끊임없이 주장하여 프랑스 대(大)민족주의자라는 혐의를 받기도 했던 드골에게서도 그대로 나타난다. 그는 '프랑스의 영광'을 주장할 때도 항상 "나, 드골은……"을 앞세웠다. 드레퓌스 사건으로 더욱 유명해진 에밀 졸라의 경우도 마찬가지였다. 드레퓌스 사건의 주인공은 에밀 졸라가 아니라, 유대인이란 이유 때문에 억울하게 간첩 누명을 뒤집어썼던 드레퓌스 대위였다. 그렇지만 에밀 졸라의 고발문은 "드레퓌스는 억울하다!" 등으로 시작되지 않는다. 잘 알다시피 "나는 고발한다!"로서 사건 자체로 보면 제3자인 에밀 졸라의 나가 앞섰다.

드골 대통령은 프랑스인들을 가리켜 세상에서 가장 통치하기 어려운 국민이라고 말했다. 이 세상의 어느 국민들보다 구심점을 향하기보다는 원심력에 더 끌리는 사람들이라 하겠으니 통치자의 처지에서 보면 실로 통치하기 어려운 국민임에 틀림없다. 그런데 흥미있는 점은 그렇게 말한 드골 자신이 누구보다도 그런 프랑스를 사랑했고 또 그런 프랑스 사람들을 좋아했다는 것이다. 이 점을 엿볼 수 있는, 장 폴 사르트르와 관련된 유명한 일화가 있다.

알제리 독립과 프랑스

장 폴 사르트르가 1964년에 노벨문학상 수상을 한 마디로 거부하였을 때, 세계의 참새들 중에는 그의 행위를 가리켜 알베르 카뮈보다 나중에 상을 주는 것에 대한 분풀이라고 해석하기도 했다. 사르트르보다 여덟 살 어린 카뮈에게 7년 일찍 노벨문학상을 주었던 것은 사실이지만, 그런 따위의 해석은 역시 참새들다운 해석이라 하겠다. 사르트르와 카뮈는 둘 다 실존주의자라고 불리기도 하지만 둘 사이에는 다른 점이 분명히 있었다. 바로 그 차이가 사르트르에게 노벨상 수상을 거부케 했다고 말할 수 있다. 두 사람은 알제리 문제에 대해서도 서로 다른 태도를 보였다.

알제리 전쟁은 프랑스의 현대사에서 '비쉬 정권'과 함께 가장 '어두운' 역사로 자리매김되고 있고, 드골과도 떼어놓을 수 없는 역사적 사건이다. 이 문제는 오늘의 프랑스를 알기 위해서도 짚고 넘어가지 않으면 안 된다.

2차대전이 끝났을 때, 프랑스는 탈제국주의의 길을 걷는 대신에 과거의 식민지들을 재빨리 추스르는 길을 택했다. 일본제국주의에 의해 쫓겨났던 인도차이나를 다시 식민지화하려고 나서, 전쟁이 끝나면 당연히 독립되리라고 기대했던 인도차이나인들을 철저히 배반하였다. 그러므로 베트남에서 호치민이 이끄는 민족해방전선이 제국주의 프랑스에 대항하여 독립전쟁을 일으킨 것은 아주 당연한 일이었다. 이윽고 1954년에 디엔 비엔 푸에서 프랑스군은 민족해방전선군에게 완전히 옥쇄당했고 결국 인도차이나에서 물러나지 않을 수 없었다(그 바톤을 이어받은 게 미국이었고 곧 우리가 잘 알고 있는 베트남전쟁으로 치닫게 된다. 프랑스 제국주의를 몰아낸 베트남 민족은 다시 미제국주의와 싸우지 않으면 안 되었던 것인데 이때 한국은 제국주의 편에 가담했다).

베트남에서 프랑스가 패배하여 물러났다는 소식은 당연히 알제리인들의 독립 의지를 더욱 불태우게 했다. 베트남에 투입되었던 병력들이 알제리에 재투입되어, 제국주의 군대의 '칼'은 늘어났지만 알제리인들의 독립 의지는 오히려 충천했다. 그런데 당시의 프랑스는, 비록 베트남에서 치욕적인 패배를 당하고 물러났다고 하지만, 알제리에서는 쉽게 물러날 상황이 아니었다. 즉 알제리로부터의 철수에는 '싫음' 뿐만 아니라 '어려움'이 겹쳐 있었던 것이다. 기름이 나오지 않는 프랑스는 천연가스가 무궁무진하고 기름도 나오는 광활한 땅 알제리를 놓치기 싫었으며, 동시에 알제리 땅에 거류하는 100만이 넘는 프랑스인들을 비롯한 유럽인들을 어떻게 처리할 것인가도 여간 어려운 문제가 아니었다. 그 위에 거리가 아주 먼 인도차이나와 달리, 지중해만 넘으면 닿는 코앞의 땅이라는 것도 놓칠 수 없는 중요한 요인으로 작용하였다.

프랑스의 일반 국민들에게도 알제리와 인도차이나는 달리 인식되고 있었다. 즉 알제리는 식민지가 아니라 '자기 땅'이라는 인식이었다. 그것은 인도차이나가 식민성(植民省) 관할이었던 반면에, 알제리는 행정 구역상으로 프랑스 본토와 마찬가지로 두 개의 도(道)로 되어 있었다.

따라서 내무부 관할이었다는 차이에서도 알 수 있다. 이렇게 프랑스인들에게 알제리 땅은 완전한 '자기들의 땅'이었다. 물론 알제리인들의 눈으로 보면 실로 가당찮은 '그들의 땅'이었지만.

"프랑스의 알제리!"

알제리인들의 독립 의지에 반대하여, 알제리 내의 프랑스인들은 말할 것도 없이 이 구호를 외쳤다. 결사적인 식민지 유지를 선언했던 것이다. 그런데 역사의 장난은 참으로 묘한 것이어서 이들 '식민지 결사 유지'파 중에는 파리코뮌 전사들의 손자, 증손자들도 포함되어 있었다. 파리코뮌 때 '앵테르나시오날(인터내셔널)'을 외쳤던 코뮌 전사들의 일부가 식민지땅 알제리에 추방되었는데 추방지에서 제국주의자들의 씨를 뿌린 셈이 되었으니 역사의 아이러니라 하지 않을 수 없다. 한편 프랑스 국내에서는 공산당 등의 좌파를 제외하곤 거의 모두 식민지 유지를 지지했다. 예컨대 프랑수아 미테랑도 골수 식민지 유지파에 속했다. 프랑스는 완전히 둘로 갈라졌다. 유지파와 철수파 사이의 골은 드레퓌스 사건 때나 1930년대 극우파와 싸웠던 인민전선 때보다 훨씬 더 깊고 날카로웠다. 급기야 알제리에서 독립전쟁이 일어났고 그 진전 상황에 따라서는 프랑스에서도 좌우 사이에 시민전쟁이 일어날 수 있는 급박한 상황으로 치닫게 되었다(지금은 프랑스 공산당의 지지율이 3% 정도에 머물지만 당시에는 30% 상당의 지지를 얻고 있었다).

이 심각한 위기의 순간에 다시 등장한 인물이 바로 드골이었다. 2차 대전의 위기에서 프랑스를 구했던 인물이 13년을 기다린 뒤에 두 번째로 프랑스를 구하기 위해 나선 것이다. 그는 국민들의 부름에 응하면서 대통령중심제 헌법 개정을 요구하여 관철시켰고 스스로 대통령에 올랐다. 바로 제5공화국이 시작된 것이다.

드골 대통령은 취임하기 전부터 이미 알제리에서 철수하는 길밖에 없음을 인식하고 있었다. 따라서 그의 고민은 알제리 민족해방전선을 진압하는 데 있지 않았고, 결사적인 식민지 유지세력을 어떻게 잠재울 것인가와 피에느와르(pied-noir, 알제리의 프랑스인)들을 어떻게 문제없이 환국시킬 것인가에 있었다. 우선 드골은 알제리를 방문하여 그 유명한 "나는 당신들을 이해했습니다(Je vous ai compris)"라는 말로 알제리의 프랑스 사람들을 안심시켰다. 그러나 이 말이 실은 절묘한 정치적 표현이었음이 나중에 밝혀졌다. 그는 "알제리는 프랑스다!"라고 말하지 않았다. 그의 '이해했다' 라는 말이 실상은 '물러날 수밖에 없는 상황임을 이해했다' 는 게 '명예로운 철수' 정책으로 가시화되었다. 이 철수정책으로 드골은 '자칼의 복수' 로도 잘 알려져 있듯이 암살될 뻔한 위기를 겪기도 했다. 알제리에서 식민지 유지파들이 결국 쿠데타도 일으켰지만 곧 진압되었고 드디어 1962년에 알제리는 독립을 획득하여 130년 간에 걸친 식민지 신세에 종지부를 찍었다.

피에느와르들은 주로 프랑스 남부 미디 프로방스 지방으로 환국하였다. 대량의 환국 조처가 그런대로 순조롭게 진행될 수 있었던 배경에는 당시 호경기를 누리고 있던 프랑스의 경제상황이 중요하게 작용하였다. 나중에 프랑스의 현대 역사가들은, "당시에 드골이 없었다면 프랑스의 내전은 피할 수 없었다"며 우파의 수장이면서도 우파 여론을 다스려 잠재웠던 그의 위대성을 강조하기도 한다. 알제리전쟁은 지금까지도 프랑스의 정치판에 영향을 미치고 있다. 극우파 국민전선의 우두머리인 장 마리 르펜은 알제리에서 공수부대원으로 활동한 자였고, 국민전선은 피에느와르들이 많은 미디 프로방스 지방에서 가장 많은 지지율을 획득하고 있다. 국민전선의 영향력이 최정점에 달했던 1990년대 후반 국민전선파가 시장에 선출된 툴롱, 마리냔, 오랑쥐 등은 모두 이 지방에 속하는 도시들이다. 많은 피에느와르들이 알제리 땅에서 쫓겨난 원한을 아직도 품고 있는 것이다.

그도 프랑스야!

알제리 독립전쟁이 시작된 1957년은 알베르 카뮈가 노벨문학상을 받은 해였다. 그는 "조국을 배반할 수는 있으나 자신을 길러준 어머니를 배반할 수는 없다"는 논리를 펴면서 식민지에도 반대하지만 알제리에서 프랑스인들이 쫓겨나는 것에도 반대한다는 애매한 입장을 취했다 (소설 『페스트』로 알 수 있듯이 카뮈는 알제리 출신 프랑스인이다). 카뮈가 인간관계와 명분 사이에서 주저했다면 사르트르는 단호했다.

사르트르는 말과 글로 식민지의 반인간성, 반역사성을 강력하게 외쳤다. 뿐만 아니라, 스스로 알제리 독립자금 전달책으로까지 나섰다. 당시 프랑스의 대표적인 지성이 프랑스에 살고 있는 알제리인들이 갹출한 독립지원금이 들어 있는 돈가방의 전달 책임자를 자원했던 것이다. 프랑스 경찰의 감시를 피해서 그의 책임 아래 국외로 빼돌린 자금은 알제리인들의 무기 구입에 필요한 돈이기도 했다. 그러므로 그의 행위는 문자 그대로 반역행위였다. 당연히 사르트르를 법적으로 제재해야 한다는 소리가 드골 측근들의 입에서도 나왔다. 이에 대해 드골은 이렇게 간단히 대꾸했다.

"그냥 놔 두게. 그도 프랑스야!"

'그도 프랑스야!' 이 한마디에서 우리는 20세기의 프랑스를 대표하는 두 사람을 만나고 또 그 두 사람이 가장 프랑스적인 프랑스인이라는 사실과 만난다. 사르트르가 프랑스에서나 나올 수 있는 사상가, 문필가였다면 드골 역시 프랑스에서나 나올 수 있는 정치 지도자였다. 어쩌면 드골이 한 수 위였는지 모른다. 그의 위대성은 "그도 프랑스야!"와 "나는 당신들을 이해했습니다"의 두 마디에 농축되어 있다고까지 말할 수 있다. 그는 "그도 프랑스인이야!"라고 말하지 않았고 "그도 프랑스야!"라고 말했다. 둘 사이에는 말의 묘미 이상의 차이가 있다. 예컨대 "한총련 학생들도 한국인이야!"와 "한총련 학생들도 한국이야!"의 사이에는 실로 큰 차이가 있지 아니한가.

학교의 왕따는 사회의 산물

여기서 잠깐 한국에서 요즈음 커다란 사회 문제의 하나로 나타나고 있는 왕따 현상에 대하여 살펴보도록 하자.

솔직히 말해서, 내 자식들이 프랑스에서 교육을 받을 수 있었던 것은 강요된 이방인의 삶의 일정 부분을 메꾸어주고도 남는 것이었다. 아이들은 가난한 외국인의 자식이었다. 그러나 아이들은 프랑스의 학교와 사회에서 왕따를 당하기는커녕 기도 죽지 않고 자랄 수 있었다. 아이들이 잘나서가 아니라 왕따가 없는 사회이기 때문이다. '만약 한국에 남아 있었다면'이란 생각을 잠시라도 할라치면 나는 곧 착잡해지고 만다. 한국 사회에서 내 아이들은 왕따 대상 제1호에 가까웠을 터이다. 남의 나라에서 당하지 않는 왕따를 제 나라에서 당한다면 그것은 서글픔 이상의 것이다.

왕따란 결국, "너는 우리가 아니야!"라는 주장에서 비롯되는 행태이다. 반역행위에 가까운 행위를 하는 사람까지 '그도 프랑스야!'라고 말할 수 있는 사회에 왕따가 설 자리는 없다. 몇 해 전까지만 해도 왕따 현상은 일본에만 있는 것으로, 즉 남의 일로만 알고 있었다. 그러던 게 지금은 오히려 일본보다 더 심한 지경에 이르고 있다. 항상 좋은 것보다 나쁜 것이 먼저 수입되고 또 수입된 뒤에 더 심해지는 경향을 갖고 있다.

단언하건대, 한국의 왕따 현상은 학교에서 비롯된 게 아니다. 사회에서 비롯된 사회의 산물이다. 왕따 현상을 분석해보면 우선 성적에 대한 스트레스, 가혹한 입시경쟁, 장래에 대한 불안 등 어린 학생들로서는 실로 감당하기 어려운 억압체제에서 비롯된 것이다. 줄기차게 억압받음으로써, 욕구불만의 덩어리가 돼버린 학생들이 그 욕구불만을 기형적으로 돌출시켜 나타난 것이 왕따라는 것이다. 따라서 왕따는 학교 책임이 아니라 그런 학교를 온존시키고 있는 한국 사회의 책임이다. 이 점에서 한국의 왕따가 한국과 비슷한 입시경쟁 체제를 갖고 있는 일본에서 수입된 것은 이상한 일이 아니다.

그러나 그것 하나만으로 한국의 왕따 현상을 모두 설명할 수 없다. 그보다 더 중요한 요인이 있다. 사회에 없는 왕따를 학생들이 만들어내지 못하기 때문이다. 따라서 학교의 왕따는 사회 안에 왕따가 있음을 반증하는 것이다. 예컨대 '국민의 정부'가 들어서기 전까지 호남 사람들이 당했던 게 다름아닌 사회적 왕따였다.

인간은 사회적 동물이나, 저급하고 비열한 사회적 동물이다. '사촌이 땅을 사면 배 아파하는 것'은 결코 한국인의 특성이 아니다! 인간은 누구나 사회 안에 살면서 자기보다 못한 인간이 있기를 기대한다. 자기는 중심에 있기를 기대하고 다른 사람은 주변에 있기를 기대한다. 자기가 주변에 있어도 더 주변에 있는 사람이 있기를 기대한다. 부자는 왜 부자인가. 가난한 사람이 있어야만 부자를 느끼는 것이다. 소수 외국인을 차별하고 멸시하고 내쫓을 때 내국인의 마음은 왠지 모르게 편하고, 차별받는 지역에 속하지 않는 사람들은 왠지 모르게 즐겁다. 이런 저열한 인간의 속성이 있기 때문에 우리에겐 똘레랑스 이상의 것이 필요한 것이다. 정치가, 종교인, 교육자, 언론인, 학자들의 임무가 바로 여기에 있다. 끊임없이 문제를 제기하고 확인하여 사회적 불평등과 모순이 사회 속에 뿌리를 내리지 못하도록 싸워야 하는 것이다.

그게 바로 왕따라오!

학생들의 욕구불만 해소 행태로서의 왕따는 그들이 보고 느끼는 사회현상을 의식적·무의식적으로 따르면서 나타난다. 예컨대 일본 학교의 이지메는 재일 한국인, 재일 조선인과 부라꾸민(部落民)을 차별하고 따돌리는 일본 사회, 그런 차별과 따돌림을 당연하게 받아들이고 있는 일본 사회와 밀접하게 연관되어 있다. 일본 사회의 다수 여론이 이를 묵인·방조하고 있고, 재일 한국인, 재일 조선인과 부라꾸민은 이런 현실에 체념하고 있다.

프랑스에서도 극우파 국민전선은 북아프리카 아랍인들에 대한 차별의식을 불러일으키고 있다. 그러나 프랑스의 다수 여론은 그들을 따르지 않을 뿐만 아니라, 끊임없이 반격을 하고 있다. 비록 아직도 사회적 불평등과 모순이 프랑스 사회 곳곳에 스며들어 있지만 그것들은 공격성을 띠지 못하고 수세에 있다. 따라서 북아프리카 출신 아랍인들은 체념하지 않을 수 있다. 이 점이 일본과 다른 점이고 바로 이 점에서 이지메가 있고 없고의 차이가 나온 것이다. 요컨대 왕따 현상은 "너는 우리가 아니야!"라는 주장과 당하는 사람의 체념이 합쳐져서 나타난 것이다. 여기서 우리는 한국의 왕따가 일본에서 수입된 두 번째 이유를 알게 된다. 정리하자면, 왕따란 한국과 일본, 두 나라 사회가 공유하고 있는 '가혹한 입시경쟁체제'와 '차별하는 사회에 대한 다수의 묵인, 방조와 당하는 사람의 체념'이 만나서 나타난 것이다.

한국에서 결식 아동에게 '거지밥을 먹는다'고 왕따시키는 무서운 아이들이 어떻게 나왔는가를 보자. '가난이 죄이고 부끄러운' 사회가 되었기에 나오는 것이다. 그런 아이들이 나오리라곤 내가 어렸을 때에는 상상조차 할 수 없었다. 옛날에는 가난이 죄도 아니었고 부끄러움도 아니었다. 지금은 가난이 죄이고 부끄러운 사회가 되어버렸고 이를 다수가(물론 겉으로는 아니라고 말하고 있지만) 속으로는 받아들이고 있다.

예컨대 30년 전에 말했던 '유전무죄, 무전유죄'와 지금 말하고 있는 '유전무죄, 무전유죄' 사이에는 큰 차이가 있는 것이다. 무엇보다도 옛날과 달라진 점은 오늘의 가난한 사람들이 이 현실에 체념하고 있다는 사실이다. 권력이든 돈이든 가진 자들의 뻔뻔스러움은 가히 공격적인데 그게 버젓이 통하고 있으니, 그것도 60여 년 동안 통해 왔으니, 가지지 못한 자들은 체념할 수밖에 없다. 문제는 바로 이것, 체념이다. 여기서 한국의 왕따가 자라나고 있는 것이다. 왕따를 당하는 학생들이 왜 당하고만 있는가? 체념하고 있기 때문이다. 이런 상황에서 "당하고만 있지 말고 떳떳이 밝히고 대들라"고 말하는 것은 원인과 결과를 보지 못한 데서 온, 겉으론 좋은 말이나 속 내용이 없는 헛소리일 뿐이다.

'가난이 죄'라는 지배적인 사회 인식에 대하여 한국 사회가—말뿐이 아니라—반격을 해서 지배 여론을 돌이키지 않는다면, 결식 아동을 왕따시키는 무서운 아이들은 없어지지 않을 것이다.

부익부 빈익빈 현상을 개선시키기보다는 더욱 악화시켜 가난한 사람들을 사회에서 추방하고 주변화시키는 현실, 정리해고로 쫓겨난 실업자들의 책임을 그들의 무능력 탓으로 돌리는 일, 힘없는 여성노동자들을 우선적으로 해고시키는 일, 반대자를 여차하면 감옥에 집어넣는 일, 억울한 일을 당한 사람들을 모른 체하는 일, 억울한 죽음들의 억울한 사연을 밝혀 그 원혼을 달래주지 않고 모른 체하는 일……. 이런 일들이 한국의 사회적 왕따의 구체적 모습들이다. 억울하게 죽은 사람까지 왕따시키고 있는 사회에 어떤 왕따 현상이라고 나오지 않겠는가?

민족모델인가, 개인모델인가?

1998년 세계축구경기(월드컵)에서 프랑스팀이 우승하자, 독일인들은 충격을 받았다. 팀의 단결과 강한 체력이 요구되는 축구경기 같은 시합에서는 자기들이 프랑스에 비해 월등하다고 믿어왔고 또 실제로 지금까지 그래왔는데 이번에 그 믿음이 깨졌던 것이다.

월드컵 축구경기를 눈여겨본 사람들은 알 수 있었듯이, 프랑스팀에는 거의 모든 인종이 다 섞여 있었고 독일팀은 순수 게르만족 일색으로 구성되었다. 터키 출신의 2세들 중에 좋은 선수들이 있었지만 그들에게 독일 국적을 주지 않아 당연히 독일의 국가대표팀에 낄 수 없었다. 독일 땅에서 태어났고 독일의 공립학교에서 공부한 터키인의 자식들에겐 독일 국적을 주지 않았던 반면에, 옛 소련 땅이나 헝가리, 폴란드 땅에서 4, 5대째 살았고 독일어를 못하더라도 게르만의 피를 이어받은 사람들에겐 독일 국적을 주었다. 프랑스인의 눈으로 보면 지독한 핏줄 우선주의였다. 20세기 최대의 비극에 얽힌 불가사의한 질문, 즉 "유럽에서 가장 개명된 국민들 중의 하나였던 독일인들이 어떻게 히틀러와 나치즘에 열광할 수 있었고 유대인 학살에 동조할 수 있었던가?"라는 질문에 대한 대답의 실마리도 우선 "독일은 민족이다"에서 찾을 수 있을 것이다.

요즈음에 와서 독일에서 속인주의 전통에 대한 반성의 소리가 나오고 있다. 여기에는 월드컵 축구의 결과도 꽤 영향을 주었다. 프랑스팀이 월드컵에서 우승한 직후인 1998년 9월 집권한 사민-녹색 연정의 슈뢰더 정부가 국적법을 개정하여 터키인 2세에게 2중국적을 허용하겠다고 발표했던 것도 그런 반성의 분위기를 반영한 것이었다. 그러나 독일의 속인주의 전통은 워낙 두터웠고 사민-녹색 집권당이 헤센주 선거에서 패배함으로써 국적법 개정안은 중도에서 주춤했다. 결국 원래의 국적을 포기하는 사람에게만 독일 국적을 주는 선으로 후퇴하지 않을 수 없었다.

프랑스인들은 특히 독일을 타산지석으로 삼아 민족주의에 대하여 경계심을 나타낸다. 내가 몇몇 프랑스인들과 가진 토론 중에 한국의 '저항적 민족주의'에 대하여, 그리고 그 필요성에 대하여 설명해 보았지만 그들은 막무가내로 동의하려 들지 않았다. 베트남을 예로 들면서, 저항적 민족주의도 결국은 팽창적 민족주의 혹은 공격적 민족주의로 자동 발전하게 되어 있는데 그것을 제어할 수 있는 장치가 없다는 것이다. 그래서 민족주의는 어떤 것이든 태생적으로 위험하다는 것이었다.

특히 진보적인 경향을 갖고 있는 사람은 단 한 사람의 예외도 없이 민족주의를 배척하였다.

프랑스인에게 민족은 없다. 개인이 중요하지 누구의 피를 받아 태어났는지는 별로 중요하지 않다. 프랑스 땅에 태어난 사람은 말할 것도 없고, 프랑스 땅에 태어나지 않았어도 18세 미만 나이에 5년 이상 학교 교육을 받은 뒤에 프랑스 사회의 일원이 되겠다고 선언하면 프랑스인이 될 수 있다. 요컨대 독일에선 독일인들이 독일 사회를 만들고 있다면, 프랑스에선 프랑스 사회가 프랑스인을 만들고 있는 것이다.

프랑스팀 축구선수 중에 원래 프랑스 출신 선수는 서넛 정도에 지나지 않았다. 흑인, 아랍인, 칼레도니아인, 바스크족, 중앙아시아계 아르메니아인 등 이방인 출신이 주를 이루었다. 극우파 국민전선이 "그게 무슨 프랑스 국가대표팀이냐! 세계에서 용병들을 모아 놓은 것이지"라고 떠들어댈 만도 했다. 선수 중에 식민지 칼레도니아 출신인 크리스티앙 카랑뵈는 자기 민족의 독립을 원한다는 뜻에서 경기 시작 전에 다른 선수들이 〈라마르세예즈(프랑스 국가)〉를 열심히 부를 때 입을 굳게 다물었다. 그의 반국가적 침묵 시위는, 그러나 팀에서는 물론이고 프랑스의 여론에서도 용납되고 있다. 개인이 우선이고 개인의 자질을 중요하게 생각하기 때문이다. 그 개인이 프랑스 삼색기의 유니폼을 입으면 그것으로 충분하다는 것이다.

1968년 5월 학생혁명 때 파리 10대학 학생으로서 다른 학생들을 지휘했던 다니엘 콘벤디트는 독일인이며 유대인이다. 외국인인 그가 프랑스 학생들을 이끌 수 있었던 것은 프랑스 땅이었기에 가능했다. 출신이 어떻든 외국인이든 상관없이 통솔력만 있으면 그것으로 충분했다. 그래서 프랑스 학생들은 다니엘 콘벤디트에게 "너는 독일인이고 유대인이니까 조용히 있어!"라고 말하지 않았다. 오히려 독일로 추방하겠다는 정부의 발표에 반발하여, "우리는 모두 유대인이고 독일인이다!"라고 선언하여 그가 추방되는 것을 막았다. 이와 반대로, 독일 땅에서 프랑스 학생이 학생운동을 이끈다는 일은 상상조차 하기 어렵다. 독일 학생들은 외국인에게 아무리 지휘 능력이 있다고 해도 그를 따르지 않을 것이다.

다니엘 콘벤디트가 1999년 6월에 실시되는 유럽의회선거에서 프랑스 녹색당 후보리스트 1번이 될 수 있는 것도 프랑스 땅이기에 가능한 일이다. 유럽연합(EU)인은 어느 나라에서든 유럽의회 선거에 출마할 수 있어서 생긴 일이다. 그러나 다니엘 콘벤디트의 예와 반대되는, 즉 프랑스인이 독일 녹색당의 리스트 1번에 영입되는 일은 영구적으로 불가능할 것이다. 1번은커녕 아마 10번에도 오르지 못할 것이다. 이 점에서도 프랑스는 프랑스인보다 프랑스 사회를 더 중요하게 인식하고 있음을 알 수 있다.

민족주의가 깨지면서 낳은 두 개의 기형아

1997년에 『한국이 죽어도 일본을 따라잡을 수 없는 18가지 이유』라는 책이 출간되었다. 한국이 굳이 일본을 따라잡아야 하는 것인지는 잘 모르겠지만, 나한테 한국이 프랑스를 따라잡을 수 없는 몇 가지 이유를 말하라면 우선 프랑스인들의 창조적 개성을 들 것이다. 지금까지는 그래도 '집단의 단결력'이 힘을 발휘하기도 했다. 그러나 앞으로는 더욱 '집단의 단결력'보다 '개개인의 능력의 총합'이 더 큰 힘을 발휘하게 될 것이다. 이 가설이 맞는지는 앞으로 독일과 프랑스를 비교, 관찰하면 알 수 있을 것이다. 역사적으로 독일은 집단의 단결력을 보다 더 중시했고 프랑스는 각 개인들의 능력과 창의력을 살려왔다. 이 점에서 1998년 프랑스 축구팀의 월드컵 우승은 시사하는 바가 크다.

우리 나라 국민이 창조적인 개성의 국민이 되고자 한다면 우선 집단주의 중에서도 가장 저열한 집단주의인 지역주의를 몰아내지 않으면 안 될 것이다. 사실 한국 땅의 지역주의는 독일식 민족모델도 가로막고 프랑스식 개인모델도 가로막고 있는 한국 사회의 암(癌)과 같은 것이다. 그래서 나는 오늘날의 우리에겐 프랑스식 개인모델뿐만 아니라, 독일식 민족모델도 함께 참조할 필요가 있다고 생각한다. 한쪽에선 민족주의로, 다른 한쪽에선 개인주의로 밀어붙여 지역주의가 설 자리를 없애야 한다고 보는 것이다.

프랑스인들 앞에서 내가 방어하고자 했던 한국의 민족주의는 실상 분단과 전쟁으로 여지없이 깨진 지 반세기를 넘겼다. 우리는 흔히 단일민족을 내세우고 한국적 민족주의니 하면서 민족주의를 주장하기도 한다. 그러나 그 민족주의는 알맹이도 없고 구호뿐이어서 북한에 대해서는 말할 것도 없고, 일본 교포, 중국 교포에 대한 태도에서도 드러나듯 실제 동포를 생각하고 도와주는 일에는 독일인들의 근처에도 가지 못할 만큼 아주 초라하고 볼품없는 것이다. 또 이것은 허술한 민주주의와 연계된 것으로서 재외 국민에게 투표권도 주지 않고 있다. 웬만한 아프리카 국가들보다 뒤떨어져 있는 것이다.

이렇게 한국의 민족주의는 유명무실한 것이 되었는데, 그 자리에 민족주의가 깨지면서 낳은 두 개의 기형아가 대신 들어앉았다. 첫째 기형아는 극우반공주의이고, 둘째 기형아는 지역주의이다. 김대중 정부의 출범 이래 극우반공주의는 분단 후 처음으로 미미하나마 약화되는 경향을 보이고 있지만, 지역주의는 오히려 기세를 더하고 있다.

두 기형아는 공생관계에 있고 보완관계에 있다. 한나라당과 〈조선일보〉를 비롯한 일부 언론의 '지역주의 부추기기'는 극우반공주의의 약화에 따른 힘의 열세를 지역주의로 강화함으로써 만회하려는 전략이라고 할 수 있다. 그러므로 지역주의를 척결하지 않으면 극우반공주의는 언제나 다시 돌아와 아직 허약한 한국의 민주주의를 위협할 것이다. 또 역으로 극우반공주의를 척결하지 않으면 지역주의 또한 끈질기게 극성을 부릴 것이다.

나는 오늘날 프랑스의 영향력있는 정치인들의 국가관, 정치철학, 가치관 등에 대하여 웬만큼 알고 있다. 반면에 한국 정치인들의 인생관, 민족관, 국가관, 정치철학 등이 어떤 것인지 잘 모른다. 다만 그들 모두가 하나같이 보수라는 점과 경상도니 전라도니 충청도니 하는 출신 지역만 알고 있다.

이 현실은 실상 우스운 게 아니라 서글픈 것이다. 왜 그렇게 되었을까? 한국의 정치인들은 지금까지 모두 보수였다. 그런데 지금까지 보수란 그 실상에서 극우반공주의와 큰 차이가 없다. 요컨대 지금까지 한국의 정치인들은 인생관, 민족관, 국가관, 정치철학에 대한 검증없이 정치인으로 행세할 수 있었다. 오직 〈한국논단〉과 〈조선일보〉가 요구했던 사상 검증, 즉 극우반공주의에 반대하지 않는다는 것만 검증되면 되었다. 즉 오늘날까지 한국 정치인의 자격 요건은 한국의 민족주의가 깨지면서 낳은 두 기형아인 극우반공주의와 지역주의에 영합하는 것만으로 충분했던 것이다. 한국의 정치가 실종된 까닭이 바로 여기에 있다. 우리가 프랑스식 개인모델이나 독일식 민족모델을 취하고자 한다면 우선 지난 50여 년 동안 한국의 정치판을 지배해온 극우반공주의와 지역주의를 깨부수지 않으면 안 되는 까닭도 바로 여기에 있다.

한국의 정치판이 이런 상태로 남아 있게 된 데에는 한국 언론의 책임도 크다. 이 문제에 대해서는 '접촉과 거리'의 장(章)에서 따로 다루기로 하고, 여기서는 일단 넘어가기로 하자.

나는 한국의 자유주의자들이 개인주의를 주장하는 데에는 동의하고 있다. 개인주의는 어쨌든 지역이기주의를 깨부수는 역할을 할 것이기 때문이다. 그러나 그들이 지구촌이니 세계시민이니 하는 소리를 하며 이른바 세계화 주장을 부추기고 있는 데에는 동의할 수 없다. 세계시민은 '세계사회'를 상정하지 않고는 허상에 지나지 않는다. 세계사회도 사회인 만큼 힘의 논리, 지배, 피지배의 논리가 작용한다. 세계화 주장이나 영어공용화 주장은 이 논리를 보지 못하거나 무시하려는 데서 나온, 우리가 경계해야 될 소리라고 나는 믿고 있다.

사회통합은 사회정의로

그러면 개인주의자들이 모인 프랑스 사회에서 사회통합은 어떻게 이루어지고 있을까? 어떻게 갖가지 모습과 서로 다른 개성을 갖고 있는 동물들이 한 동물농장 안에서 화합하여 살고 있는 것일까? 프랑스에는 독일처럼 민족도 없고 영국처럼 구심점이 될 여왕도 없다. 프랑스대혁명은 구심점이었던 왕을 없애버렸다. 프랑스에서 대혁명 이후에도 다른 데선 그 유례를 찾을 수 없을 만큼 사회투쟁이 격렬하게 벌어졌던 것은 우연이 아니다. 그리하여 그들은 피를 흘리면서 프랑스 고유의 공화주의 전통을 살찌웠으며, 사회통합의 가장 중요한 고리로서 '사회정의'를 쌓아 올려왔다.

한국도 공화국이지만 그 공화국에는 역사성이 없다. 지금 한국이 제6공화국인지 제7공화국인지 부끄럽게 나 자신도 잘 모르고 있다. 그 숫자가 반영하는 것은 다만 권력자 마음대로 헌법을 바꾸었던 것말고는 아무 의미도 없고 내용도 없다. 그래서 따지고 보면, 내가 부끄러워할 까닭이 별로 없다. 프랑스는 대혁명으로 제1공화국이 태동한 이래 제2, 제3공화국 등이 되었을 때마다 그것들은 모두 사회투쟁의 결과물로서였다. 즉 프랑스의 공화국에는 공화주의의 역사가 그대로 담겨 있는 것이다.

공화국에 역사성이 담겨 있고 없고의 차이는 대단히 중요하다. 예컨대 언젠가 김영삼 당시 대통령이 한국통신(현, KT) 노동자들의 활동을 가리켜 '국가전복기도'라고 말한 적이 있는데, 프랑스였다면 그야말로 웃음거리가 되었을 것이다. 공화국의 대통령은 "짐이 곧 국가다"라고 했던 루이 14세가 아니다. 프랑스에서 국가는 전복되는 게 아니다. 체제가 바뀌고 대통령이 물러나는 것뿐이다. 국민이 그것을 바라면 그렇게 되는 것이고 또 그렇게 되어왔다. 공화국이란 게 다른 게 아니라 바로 그런 것이다. 한국도 헌법 제1조에 밝혔듯이 공화국인데 그것도 민주공화국이다.

프랑스에서는 공화국 개념이 무척 중요하기 때문에 일상적으로도 이 말을 사용한다. 예컨대 자크 시라크는 '프랑스의 대통령'이라고 말하지 않고 '프랑스 공화국의 대통령'이라고 말했다. 프랑스 사회를 이해하려면 프랑스의 공화주의 전통을 이해하지 않으면 안 되는데, 그 핵심 요체는 "사회정의가 질서에 우선한다"는 것이다. 곧 사회정의가 다른 모든 것에 우선한다는 것이다. 프랑스인들이 이기주의를 경멸하고 서로 연대하는 개인주의자가 될 수 있는 배경은 이와 같은 공화주의 전통에서 찾을 수 있다. 프랑스 공화주의 전통의 요체이며 사회통합의 가장 중요한 고리인 "사회정의가 질서에 우선한다"라는 화두에 대해서는 나중에 자세히 다룰 것이다.

나를 찾아서

꼴찌에서 일등까지 나를 찾습니다*

꼴찌에서 일등까지 나를 찾습니다. 이름 없이도 은하수의 별처럼 반짝이던 나를 찾습니다.

〈일 포스티노〉라는 영화를 아시나요? 외딴 섬의 파도 소리, 바람 소리, 뱃속의 아기 소리를 소중히 담아 기약없는 벗에게 우편 배달하였습니다. 그는 시인보다 시인이었습니다. 은하별처럼 반짝였습니다.

언제부턴가 꼴찌에서 일등까지, 나는 간 데 없고 꼴찌에서 일등까지로만 남았습니다. 석차로 남고 평(坪)수로 남고 'cc'로 남고 '짜리'로 남았습니다. 온갖 잡스런 힘에 억눌리고 숫자에 짓눌려 나를 감추었습

---

* 황규덕 감독의 영화 제목에서 문구를 따왔다.

니다. 네온 사인 십자가로 몸을 감았습니다. 연속극 화면에 얼을 주었습니다. 그리하여 나는 보기만 합니다. 그러나 나를 보지 않습니다. 들여다볼 나는 없고 조갑지처럼 지킬 나만 남습니다.

　높은 곳 요란한 스테이지에서 온갖 잡된 숫자와 힘이 너울너울 춤을 춥니다. 권위가 춤추고 있습니다. 나들은 찬란한 스타들, 숫자들, 권위들을 넋놓고 올려다봅니다.

　꼴찌에서 일등까지 나를 찾습니다. 나를 찾는 나를 찾습니다.

어떤 3층 구조물

　이 구조물은 3층으로 되어 있다. 생긴 모양이 여느 3층 건물과 달라서 피라미드처럼 아래층일수록 넓고 위층일수록 좁다. 1층부터 차례대로 그 모습을 살펴보기로 하자.

　1층의 모습
　몇 해 전에 구조물 1층의 한쪽 구석에서는 다음과 같은 일이 벌어졌다.
　파리에 있는 어느 한국 여행사 지국은 수소문 끝에 소르본느 대학 수료증을 한 부 구해 서울에 있는 본점으로 보냈다. 볼품없는 프랑스제 대학수료증은 금딱지 붙은 아주 훌륭한 수료증으로 둔갑했다. 아주 놀라운 솜씨였다.
　며칠 뒤 한국의 로터리클럽과 라이온스클럽 회원 한 무리가 반나절 동안 소르본느에서 견학 겸 강의를 들었다. 한국의 이 도시 저 마을의 유지들에게 그 반나절은 실로 지루하고 하품나는 시간이었다. 그렇지만 그 지루함을 견뎌내고 열심히 하품을 했던 덕으로 그들은 금딱지 붙은 소르본느 수료증을 하나씩 받았다. 그날 악수를 나누며 수료증을 수여한 프랑스 사람이 여행사에서 일당을 몇 푼 받았는지는 알려지지 않았다.

수료생들은 사각모를 쓰고 사진을 찍고 싶었지만, 프랑스에 그런 의식이 없다는 사실을 전해 듣고 실망의 빛을 감추지 못했다. 유치원부터 대학원까지 입학식도, 졸업식도, 학위 수여식도 없으니 사각모나 가운 같은 게 있을 리 없다. 그런 것들은 미국이나 영국에 가야 구경할 수 있다. 어쨌든 그들은 소르본느가 특별히 개설했다는 특별강좌 과정을 무사히 마치고 한국에 돌아갔다. 금딱지 붙은 수료증들이 한국의 이 도시 저 마을의 로터리클럽과 라이온스클럽 회원들의 집 거실 벽의 정면이나 응접실 벽 정면에 아주 잘 모셔져 있음은 안 봐도 알 수 있었는데 다음 이야기로 확인이 되었다.

다른 로터리클럽 회원들과 라이온스클럽 회원들이 동료의 거실이나 응접실에 모셔져 있는 프랑스제, 아니 한국제 금딱지를 보았다. 그들은 속으로 말했다. 프랑스 파리 소르본느라고!

그로부터 얼마 후, 또 한 무리가 영국 옥스퍼드의 한 귀퉁이에서 지루하고 하품 나는 강의를 들었다. 소르본느보다는 역시 옥스퍼드가 한 급 위였는지 반나절 동안이 아니라 하루 온종일이었다. 나이 지긋한 교수는 영국 최고의 석학이어서 영국 역사도 가르쳤고 영국 정치도 가르쳤고 영국 경제도 가르쳤고 영국 사회도 가르쳤다. 온종일 교수가 바뀌지 않으니 하품이 더 자주 나왔다. 이윽고 지루한 시간이 지났다. 그들은 미리 장만해 놓은 멋진 꼬리가 붙은 까만색 사각모자와 멋진 휘장이 감긴 까만색 가운으로 부리나케 갈아입고 미리 대기시킨 사진사 앞에 섰다. 고풍스런 배경이 보이는 그런 자리였다. 그때 별안간 호각소리가 들려왔다. 관리인이 달려오더니 사진을 못 찍게 하는 것이 아닌가. 보통 낭패가 아니었다. 그들은 영국 최고의 석학이 수여한 금딱지 붙은 수료증으로 만족할 수밖에 없었다.

바쁜 일정에 따라 그들은 프랑스에 왔다. 퐁텐블로 성(城) 앞에 도착한 그들은 서로 약속이나 한 듯 주섬주섬 옷을 갈아입기 시작했다. 까만색 사각모와 까만색 가운이었다. 그들은 16세기 초에 완성한 퐁텐블로 성을 배경으로 열심히 사진을 찍었다. 지금도 한국 땅 이 마을 저 도시 곳곳의 응접실이나 거실의 벽 정면에, 배경은 프랑스이고 모자와 복장은 영국식인 인물사진들이 큼직하게 붙어 있을 것이다. 손에는 영국제, 아니 한국제 금딱지 수료증을 소중히 들고 있는.

독자 중에 내가 한 가지를 빼놓고 지나간 것을 알아차린 분이 있을 것이다. 영국 최고의 석학이 옥스퍼드의 서무과에서 일하다가 은퇴한 사람이었다는 얘기를. 그가 일당을 얼마 받았는지도 알려지지 않았다. 그러나 앞의 프랑스인보다는 많이 받았을 것임에 틀림없다.

이 글을 읽고 또는 이 얘기를 듣고 사람들은 실소(失笑)를 금치 못할 것이다. 그런데 죄송스럽지만 나는 실소를 보내는 대부분의 사람들과 이 얘기에 나오는 사람들 사이에 큰 차이가 있다고 생각하지 않는다. 나 역시 실소를 금치 못했다. 그러나 놀라움이 더 컸다. 부끄러움 없는 '집단적 가식(假飾)' 때문이었다. 여행사의 잘못이 큰 것처럼 보이지만, '집단적 가식'을 무릅쓴 수요가 없었다면 아무리 재주가 용한 여행사라도 그런 일을 벌일 수 없었을 것이다. 다른 구조물에서는 한두 사람이 슬그머니 그런 행위를 할 수는 있다. 그러나 한 집단이 한꺼번에 그런 행위를 할 수는 도저히 없는 일이다. 어떻게 그렇게까지 되었을까? 누가? 그리고 무엇이? 그들을 '집단적 가식'에 합의하도록까지 몰아붙였을까? 이 질문에 대한 답을 구하려면 우선 구조물의 2층으로 올라가 봐야 한다.

2층의 풍경

2층은 상의 파티장이다. 온갖 상을 주고받는다. 사람들이 상 주기를 좋아하고 상 받기를 좋아하니 연일 늘어나는 게 상이다. 이 현상을 경제학 용어를 빌려 말하면, 수요가 무한대이고 공급처가 무한대이므로 생산 또한 무한대라고 하겠다. 그래서 별의별 상이 다 많다. 옛날에 초등학교에서 개근상장과 우등상장을 주었듯이, 근속표창장을 주고 훈장을 주고 대통령표창장을 주고 국무총리표창장을 주고 장관표창장을 준다.

훈장의 종류와 등급은 워낙 복잡해서 행정자치부(현 행정안전부) 담당자말고는 아는 사람이 없다. 그래서 언론창달에 공이 많다면서 방우영 씨 같은 사람에게 1등훈장을 주었다. 장준하 선생에겐 그 사람들과 동열에 넣을 수 없다고 생각한 것까지는 좋았는데, 2등훈장을 주겠다는 망발을 저지른 것도 어쩌면 훈장의 종류와 등급이 워낙 복잡한 까닭이 있을 것 같기도 하다.

그리하여 날이면 날마다 주고받는 게 상이다. 어린이날에 착한 어린이에게 상을 주듯, 중소기업의 날에는 중소기업인에게 상을 주고 영화의 날에는 영화인에게 상을 주고 연극의 날에는 연극인에게 상을 주고 체육의 날에는 체육인에게 상을 주고 과학의 날에는 과학자에게 상을 주고 수출의 날에는 수출한 기업에 상을 주는데 1억 달러 수출상을 주고 10억 달러 수출상을 주고 100억 달러 수출상을 주고 신문의 날에는 신문인에게 상을 주고 방송의 날에는 방송인에게, 탤런트에게, 그리고 가수에게 상을 주고 광고의 날에는 광고인에게 상을 주고 출판의 날에는 출판인에게 상을 주고 경찰의 날에는 경찰에게 상을 주고 소방의 날에는 소방대원에게 상을 주고 국군의 날에는 군인에게 상을 주고 상공의 날에는 상공인에게 상을 주고 보건의 날에는 보건요원에게 상을 주고 향토예비군의 날에는 향토예비군에게 상을 주고 재향군인의 날에는 재향군인에게 상을 주고 노인의 날에는 노인에게 상을 주고 스승의 날에는 스승에게 상을 주고 문화의 날에는 문화인에게 상을 주고 관광의 날에는 관광인에게 상을 주고 철도의 날에는 철도원에게 상을 주고 저축의 날에는 저축인에게 상을 주고 농어업인의 날에는 농어민에게 상을 준다…… (이 목록에 없는 상을 타신 분 중에 불만 있는 분은 연락해주시면 바로잡을 것을 정중히 약속드림). 그리하여 '무슨 무슨 날'이라고 정한 속 알맹이는 일찍부터 간 데 없고 상을 주고받는 행사가 되었다.

상 파티는 여기서 끝나는 게 아니다. 문학계도 예술계도 보조를 맞추어야 한다. 더욱이 장사에도 도움이 되는데 왜 '상 퍼레이드'에서 빠질 것인가. 이런 문학상이 생기고 저런 예술상이 생긴다. 그래서 이제는 일반사람들은 말할 것도 없고 문인들조차도 문학상을 다 헤아릴 수 있는 사람은 한 사람도 없게 되었다.

프랑스의 권위 있는 문학상은 가장 유명한 공쿠르상을 비롯하여 세 개로 알고 있는데 그것들도 로비 활동을 벌이는 서너 출판사가 나누어 먹는 중이라는 험담들이 나오고 있다. 상을 타기만 하면 베스트셀러는 떼어 논 당상인데 제아무리 프랑스 문학인들 자본주의사회 바깥에 있는 게 아닌 다음에야 머리통 터지는 싸움이 일어나지 않는 게 오히려 이상한 일인지 모른다. 네 번째로 권위있는 문학상도 출현할 만한데 나오지 않는 것을 보면 상보다 베스트셀러를 더 좋아하기 때문인가. 상의 권위가 없어지면 베스트셀러도 끝장날 테니까. 어쨌든 권위 있는 프랑스 문학상이 세 개이든 네 개가 되든 나로서는 '즈망푸(Je m'en fous 내가 알 게 뭐야)!'이니 상관할 바 아니다.

상이 밤하늘의 별만큼 많으면 두 가지 일이 당연히 일어나야 마땅하다. 하나는 '악화가 양화를 구축하는 일'이고 또 하나는 상의 권위가 주저앉는 일이다. 그런데 이 구조물의 2층 상 파티장에서는 첫 번째는 해당되는데 두 번째는 별로 해당되지 않는다. 악화가 양화를 구축하여 진짜 상다운 상은 다른 상과 섞이기 싫어 아예 기피하여 없고 또 진짜 상다운 상은 상금 출연이 어려워서 만들어지지 않는다. 그러나 상의 권위가 주저앉지는 않는다.

상이 그렇게 많은데 상의 권위가 떨어지지 않는 이유는 무엇인가? 딱 두 가지다. 우선 절대적인 이유는 사람들이 상을 무지 좋아한다는 것이다. 사족을 못쓰게 좋아한다. 그래서 경쟁자가 워낙 많으므로 상의 가치가 떨어지지 않는다. 둘째는 상대적인 이유다. 상이 너무 많으니 이 놈도 받았고 저 놈도 받았는데 내가 못 받아? 나를 어떻게 대접하는 거야, 이거! 뭐, 이런 것이다. 그리하여 노벨상을 거부했던 사르트르는 다른 구조물 사람이니 논외로 치더라도, 박정희 정권 초기에 5·16 문학상인가의 수상 소식을 듣고 "상 줄 사람에게 물어 보고 수상자를 발표하라!"고 일갈하고는 상 받기를 거부했던 시인 유치환의 정신은 잊혀진 옛이야기가 되었다.

여기서 우리 구조물과 다른 곳의 상 파티장을 잠깐 엿보자.

1998년 월드컵 축구경기에서 프랑스가 우승하자, 프랑스 정부는 감독과 선수 총 23명에게 '레지용 도뇌르'를 주기로 결정했다. '레지용 도뇌르'란 프랑스의 훈장인데 몇 가지 급이 있는 모양이나 우리 구조물처럼 그렇게 복잡하지는 않다. 그리고 프랑스에는 무슨 날에 무슨 상을 주는 관습은 없다. 어쨌든 훈장을 받게 되었다는 소식을 듣고 선수 중의 하나인 지네딘 지단은 이렇게 말했다.

"우리들이 실제로 레지용 도뇌르를 받을 자격이 있는지 말하기 어렵다. 이 훈장은 전쟁터의 행위에 보상하기 위하여 생겨난 것인데, 프랑스에 공헌한 사람들을 구별해서 대우한다는 것이다…… 나는 조금 거북스러움을 느낀다. 몹시 자랑스럽기도 하지만 말이다."

브라질과 붙은 결승전에서 헤딩으로 두 골을 올려 프랑스팀을 승리로 이끈 지네딘 지단은 알제리에서도 산악족이며 소수민족인 카빌리 출신이며 마르세이유 교외 지역에서 가난하게 소년시절을 보낸, 그야말로 일반사람 중에서도 하층의 일반사람이다. 그런 그가, '훈장이란 전쟁터의 행위를 보상하는……'이라든가 '거북스러움'을 말하고 있다.

처음에 나는, '그 친구 제법 맹랑하네!' 하고 지나쳤다. 그런데 '훈장이란 전쟁터의 행위를 보상하는……'이라는 말이 다시 떠오르면서 갑자기 내 시야가 밝아졌다. 우리들의 2층 모습이 훤하게 들여다보이는 것이었다. 그 숱한 상은, 그러니까 연병장에서 시작된 것이다. 나도 옛날 옛적에 상을 받았는데 운동장에서 받았다. 초등학교의 운동장에서 연병장으로 발전한 것이다. 아니 원래 운동장과 연병장은 한 가지였다. 그리하여 박정희 대통령은 연병장 문화를 굳건하게 확립시킨 일등 공로자였다.

전두환 대통령은 하사관부터 참모총장에 이르기까지 모든 장병에게

'국난극복기장'을 수여하였다. 그 모든 장병의 공으로 광주항쟁을 진압할 수 있었다며 기장인지 훈장인지 나누어주었는데, 상의 힘을 빌어 모든 장병을 광주항쟁 진압 편으로 몰아간 것이다. 그는 솔직해서 상의 용도가 무엇인지 솔직하게 가르쳐주었던 것이다. 즉 상이란 받는 사람을 위한 게 아니라, 주는 사람을 위한 것임을.

연병장의 훈장 수여식 광경에서 우리는 두 가지 사실을 알아낼 수 있다. 하나는 단상이 있고 단하가 있는데 단상은 권위의 이름으로 단하에 상을 내리는 것이다. 또 하나는 사람보다 계급이 앞선다는 것이다. 결국 따지고 보면, 수출의 날 행사도, 신문의 날의 행사도, 예술의 날 행사도, 장소는 조금씩 다르고 모양새도 조금씩 다르지만 결국 훈장을 계급장처럼 붙여주는 연병장 행사와 큰 차이가 없는 것이다.

훈장을 단 사람에겐 훈장이 있을 뿐이다. 계급장을 단 사람이 계급장만 있는 것처럼. 속 빈 강정이 껍데기만 있는 것처럼. 사람이 발언하지 않고 상이 발언한다. 상에 경배하라. 권위를 숭배하라. 그리하여 소우주라 했던 인간은 간 데 없고 상에 경배하고 권위를 숭배하는 강정이 되었다. 밤하늘에 반짝거리는 별 같다던 마음들은 지상의 '스타'들을 바라보는 해바라기들이 되었다. 그러니까 1층 사람들이란 2층의 상 파티에서 소외된, 그러나 2층 사람들과 별 차이 없는 사람들이다. 그래서 그들은 스스로 상을 받기로 한 것뿐이다. 어쩌면 순진하고 불쌍한 사람들이다. 이제 3층으로 슬그머니 올라가 보자.

3층, 상 제작실

3층은 아주 중요한 곳이다. 상의 제작실이며 '권위'들의 보금자리이다. 3층은 상을 제작하여 주는 사람들, 즉 권위들에게만 개방되어 있다.

어떤 프랑스인은 프랑스 문학상을 일컬어, "심사위원들에게는 우등 콤플렉스를 주고 수상자에게는 열등 콤플렉스를 준다"고 했다. 그러나 그런 얘기는 우리의 구조물과는 아주 동떨어진 딴 세상의 얘기다. 우리 구조물에서 상의 권위는 절대적이다. 아니, 절대적이어야 한다. 강정은 강정 그대로 남아 있어야 한다. 그래야 권위가 절대적으로 남아 있을 수 있다. 원래 중요한 것은 권위의 확대, 보전이었지 상이 아니었다. 상은 다만 수단에 지나지 않는다. 강정들에게 열심히 상을 줌으로써 서로 다투어 강정으로 남아 있게끔 하는 것이다.

상과 권위와 강정 사이의 삼각관계가 좀 복잡하므로 다시 풀어서 말하면 다음과 같다. 상은, 그러니까 강정들에게 주는 강정제(强精劑)인데(앞의 강정과 뒤의 강정은 서로 다른 말이다) 강정으로 남아 있도록 하는 강정제이다. 강정으로 남아 있는 한, 권위는 계속 확대 보전된다. 그래서 권위는 끊임없이 상을 제작하여 배급하는 것이다. 이 삼각관계를 이해하면, 이 구조물 속에 왜 그렇게 상이 많은지, 그리고 상이 많은데도 권위가 떨어지지 않는지 그 이유를 알 수 있다.

우리가 3층 상 제작실에 침입해 들어간 것과 때를 같이하여 새로운 상 하나가 제작 중에 있다. 이름하여 '김활란상'이다. 마침 아주 잘되었다. 이 김활란상을 잘 살펴보면 우리는 상에 대해서 뿐만 아니라, 구조물의 역사까지 알 수 있다. 그리고 내가 말한 강정을 이해하는 데도 중요한 단서를 제공해줄 것이다. 구조물의 역사는 상의 역사인데, 또한 강정의 역사이기도 한 까닭이다. 일본군 위안부 할머니들을 단 1초 동안만 떠올렸어도 감히 생각조차 할 수 없는 김활란상의 제작 의도에도 강정의 역사가 그대로 들어 있다.

이화여대는 김활란상을 제정하는 사유를 밝히면서 첫마디를 이렇게 시작하고 있다.

"한국 현대사에 불멸의 자취를 남긴 김활란 박사의 '정신'을 계승하여……"

이 말에는 단 하나의 단어도 틀린 데가 없다. 그렇다. 김활란 박사는 한국 현대사에 영원히 지울 수 없는 자취를 남겼다. 이화여대의 상 제작팀이 계승하고자 하는 게 김활란 박사의 '정신'이다. 그것도 아주 정확하게 맞다. 나로선 돌이키고 싶지 않은 '정신'이지만 계승하겠다고 나선 사람들이 있으니 되살펴 보는 수밖에 다른 도리가 없다. 그렇다고 한국 현대사에 영원히 지울 수 없는 김활란 박사의 발자취를 낱낱이 열거할 필요는 없을 것이다. 서너 가지만 뽑아 보면 이런 것이다(─〈인물과 사상〉 99년 1월호. 「'김활란상'이라니……」, 고은광순─에서 재인용).

─이제야 기다리고 기다리던 징병제라는 '감격'이 왔다…… 우리도 국민으로서 최대 책임을 다함으로써 진정한 황국 신민으로서의 영광을 누리게 된 것을 생각하면 얼마나 황송하고 '감격'스러운지…… (〈신세대〉 1942년 12월)

─우리 학교가 앞으로 여자 특별양성소 지도원 양성기관으로 새로운 출발을 한 것은 당연한 일이며 황국 여성으로서 다시 없는 특전이라고 '감격'…… (〈매일신보〉 1943년 12월 25일)

─우리는 '뱃속으로부터' '대화혼'의 소유자가 되어야…… 존엄하옵신 황실을 '받들어 모시고'…… (〈매일신보〉 1943년 8월 7일)

─물질 제일주의 서양 문명을 박차 버리고 동아의 천지로부터 '미영

(米英)을 격퇴하여 버리자!' (1941년 12월 27일 부민관 대강당 조선임전보국단 결전부인대회 결성식 강연)

여기서 다시 잠깐 동안 다른 구조물의 옛이야기를 한 가지 해보자.

프랑스는 4년여 동안 나치 독일의 지배를 받았다. 4년여밖에 안 되어서인지 합병도 안 되었고 프랑스 말을 없애겠다는 강제도 당하지 않았다. 괴뢰정권이지만 비쉬 정권이란 것도 있었다. 당시의 프랑스를 말할 때 사람들은 흔히 레지스탕스를 앞세우지만, 그들만 있었던 것은 물론 아니다. 부역자들이 없었을 리가 없다. 아주 많았다. 특히 극우청년들로 구성된 민병대는 레지스탕스의 정반대편에 있었던 무장 그룹이었다. 그들은 레지스탕스 소탕작전에 앞장서기도 했는데 그들 중에는 독일의 게슈타포보다도 더 악독한 사람들도 있었다. 이런 자들을 포함하여 모든 부역자들을 프랑스에서는 '콜라보(collabo, 나치 부역자)'라고 일컫는데, 콜라보라는 말은 지금도 프랑스 말에서 가장 추악한 말 중의 하나다.

나치가 패망하자마자, 바로 '콜라보' 청소작업이 벌어졌다. 처형된 사람만 7만 명에 이르러, 점령되었던 기간에 비하면 엄청난 숫자였다. 그 중에는 처형까지 당하기에는 억울한 사람도 없지 않았다. 그런 정도로 콜라보를 처리하는 데는 똘레랑스를 눈곱만큼도 찾아볼 수 없었다. 특히 말과 글로 콜라보 행위를 했던 이른바 지식인들에겐 그야말로 한 치의 틈이 없었다. 그들은 콜라보 경찰이나 민병대들보다 더 엄중하게 처리되었다. 이유는 아주 간단했다. '에스프리(정신)'를 죽이는 행위가 가장 큰 죄라는 것이다. 심부름꾼들의 배반 행위는 그것으로 끝나지만, 에스프리가 죽으면 세대가 죽고, 역사가 뒤틀린다고 했다. 남의 구조물에서는 그렇게 중요한 것이 에스프리였다. 정신이었다.

앞에 말했듯이, 이화여대 상 제작팀이 김활란상의 제정 사유로 내건 것도 '정신'이다. 김활란 박사의 정신을 계승하자는 것이다. 김활란 박사의 정신은, 그녀의 말 자취를 통해서 알 수 있듯이, '감격의 정신'이며 '받들어 모시는 정신'이다. 그녀의 감격의 정신은 감격스러운 해방을 맞아 감격스러운 변신을 한다. '뱃속으로부터 대화혼의 소유자가 되어, 존엄하옵신 황실을 받들어 모시'던 정신이, '동아 천지로부터 몰아내자'고 외쳤던 바로 그 귀축(鬼畜) 미영(米英)을 뱃속으로부터 받들어 모시는 정신이 된 것이다. 실로 감격스러운 변신이라고 하지 않을 수 없다. 다른 감격의 무리들과 함께, 특히 점령군인 미국을 받들어 모신다. 그래서인지 미국은 '쌀 나라(米國)'에서 '아름다운 나라(美國)'가 되었다.

김활란 박사에겐 이미 '아름다운 나라'에서 받은 상이 있었다. '박사'라는 상이다. 과거에 귀축이라고 불렸던 미국은 영어 잘하는 김활란 박사를 포함하여 감격의 무리들을 모두 환영하였다. 미국은 주민들에게 강정제(强精劑) 주사를 놓을 정신과 의사들이 필요했던 것이다. 강정처럼 속을 비운 뒤 강정제를 투여하는 것이다.

'비우고 채우라!'

이것이 새로이 등장한 미국의 정책이었다. 미국뿐 아니라, 프랑스나 영국도 새로운 개척지에 도착하였을 때 원주민들을 대상으로 이 정책을 폈다. 이 정책은 원주민을 분열시켜 서로 싸우게 하는 것만큼 중요한 것이었다. 속을 비우고 김활란 박사 같은 사람의 정신을 집어넣으면 금상첨화였다. 속 빈 강정들은 지배하거나 영향력을 행사하긴 쉬우나, 스스로 따라오진 않는다. 빈 속에 김활란 박사의 받들어 모시는 정신을 집어넣으면 서로 다투어 받들어 모실 터이다. 그러므로 김활란 박사 같은 사람에게 권위를 심어주어야 한다. 김활란 박사는 더욱 출세를 하여 장관도 되고 반공연맹이사도 되고 대사도 된다. 권위는 그에 따라서 더욱더 쌓였고 더욱더 올라갔다.

김활란 박사의 중요한 역할 중에는 대학총장의 권위로 졸업장이란 상을 나누어준 것도 있다. 그 상의 대부분은 김활란 박사총장 밑에서 4년 동안 속을 잘 비웠고 김활란 총장박사의 받들어 모시는 정신을 잘 채워 넣었다는 확인서 같은 것이었다. 그 상은 특히 권위에게 시집가는 밑천으로 최고의 가치가 있었다.

한편 지속적으로 속을 비우게 하고 김활란 정신을 투여하자면 많은 정신과 의사들이 필요했다. 김활란 박사의 후배들이 대량으로 필요했다. 미국제 상이 뿌려지기 시작했다. 어떤 분이 아주 잘 지적했던 것처럼, 50년대까지는 주로 교육학상에, 60년대부터는 주로 정치학상에, 70년대부터는 주로 경제학상에, 그리고 신학상은 처음부터 계속하여 신경쓴 부분이다. 그래서인지 가짜가 제일 많은 게, '믿는' 사람들이 받는 신학상이다. 시기별로 중점을 둔 분야가 바뀐 것을 눈여겨보자. 주민들이 필요로 하는 '강정제'가 어떻게 변천할지 미리 알고 있었음이 보인다. 실로 신기(神技)에 가까운 천리안이다.

그리하여 1,500명의 교사를 교단에서 몰아내는 데 앞장섬으로써, '교육의 이름으로 교육을 죽인' 동서고금을 통해 최초의 인물이 된 정원식이란 사람은 틀림없이 50년대에 미국제 교육학상을 받기 위해 떠났던 사람이다. 유신시대에 뒷북을 쳤거나 모른 척함으로써 방조했던 사람들은 60년대 정치학 수상자들이고, IMF를 직접 불러왔거나 혹은 역시 모른 척하거나 아예 모름으로써 방조한 사람들은 70년대에 경제학상을 받은 사람들일 터이다. 그리고 오늘날 방방곡곡에서 십자가가 네온 사인의 빛을 발하게 된 것은 미국제의 여러 가지 신학상을 받은 사람들의 덕이다. 물론 다 그렇다는 얘기는 아니다. 대세가 그렇다는 것이다.

모든 길이 로마로 통하듯 모든 상은 권위로 통하고 권위에서 만난다. 분야가 어떻든 그 상들은 상의 권위로 주민들에게 비우고 채우는 강정제를 끊임없이 주사했다. 분야가 다르건, 선후배 사이건, 서로 북돋아 주며 힘을 합쳐. 권위의 확대 보전을 위해.

언제부턴가 비우는 일은 필요 없어졌다. 이미 비어 있기 때문이다. 김활란 박사총장 같은 1세대의 공이 컸다. 이젠 강정제만 주사하면 된다. 일이 쉬워졌다. 그래서 후배들이 김활란 총장박사를 기리고자 함일까. 미리 말하지만 그런 것은 아니다. 후배들이 김활란 박사총장을 기리고자 하는 이유는 전혀 다른 것이다.

이상과 같이, 우리는 권위의 확대, 보전실이며 상의 제작실인 3층과 상의 파티장인 2층과 '집단적 가식'으로 몰리고 있는 1층 사이의 함수 관계를 대충이나마 짚어볼 수 있었다. 그래서 나는 그 누구도 프랑스의 소르본느나 영국의 옥스퍼드를 찾았던 사람들에게 실소를 보낼 수도, 돌을 던질 수도 없다고 생각하는 것이다. 그러면 이제 우리에게 마지막으로 남은 질문에 대한 대답을 찾자. 그리하여 절망에서 벗어나 희망을 품어 보도록 하자.

마지막 질문이란, 김활란상이 왜 지금 나오는가? 라는 것이다. 김활란 박사가 사망한 지 30년이 다 돼간다. 김활란상은 좋은 세월 다 보내고 뒤늦게, 왜 지금에사 불거져나온 것일까? 김활란 씨가 태어난 100주년 기념이라고 하지만 그 이유보다 더 중요한 이유가 있다. 상의 제작실, 권위의 확대 보전실에서 위기를 느낀 것이다. 지금까지 보지 못했던 새로운 물결이 일기 시작했다. 강정들이 강정들로 남아 있으려 하지 않고 권위에 의문을 던지고 있다.

특히 김활란상 제작팀이 느낀 위기는 전교조의 합법화를 중심으로 교육계에 신선한 바람이 불고 있는 데서 비롯되었다. 전교조의 합법화는 지금까지 태평성대를 누려왔던 사학재단에겐 보통 심각한 얘기가 아니다. 교육을 마음대로 주물러왔고 돈도 잘 벌어왔는데 참교육 소리가 크게 들리게 되었으니 이보다 더 큰 위기가 있을 수 없다. 공들여 쌓아올린 권위가 밑에서부터 흔들리게 되었다.

김활란상을 제작하는 의도란, 그러니까 김활란의 그림자로 그 위기를 막아 보려는 몸부림에 지나지 않는다. 죽은 이승만 되살리기나 죽은 박정희 되살리기와 마찬가지로, 죽은 김활란을 되살려 그 영광스러웠던 권위를 돌이켜 자기들의 권위를 지켜 보려는 안간힘인 것이다.

옛날에 여럿이 함께 부르던 노래가 있었다. 그 노래는 끝없이 부를 수 있어 좋았다. "1층 위에 2층, 2층 위에 3층, 3층 위에 4층……" 이렇게 올라간 뒤에 다시 내려간다. "4층 밑에 3층, 3층 밑에 2층, 2층 밑에 1층, 1층 밑에 지하실, 지하실의 멜로디……"

이 노래처럼 우리들의 구조물도 1층 위에 2층 있고 2층 위에 3층 있다. 그러나 1층 없으면 2층 없고 2층 없으면 3층 없다. 사람들에게 3층집을 그리라고 하면 거의 모두 3층집 지붕부터 그린 뒤에 아래층으로 내려간다. 그러나 땀을 흘리며 손수 집을 짓는 노동자는 1층부터 그린다. 1층을 짓지 않고 2층도, 3층도 지을 수 없다는 것을 그는 알고 있다. 1층의 구조가 허물어지면 2층, 3층의 구조도 자연 허물어진다는 것을 그는 알고 있다

제2부

—

프랑스 사람들 이야기

다른 사회의 사람들이 살아가는 모습을 그대로 전달한다는 것은 거의 불가능한 일이다. 그것은 번역보다 더 어려운 일임이 분명한데, 번역이 반역으로 나타날 수 있는 데에야 더 말할 필요가 없을 것이다. 나는 여기에 프랑스 사회에서 사람들이 살아가는 모습을 대충이나마 적어보고자 노력하였다. 독자들에게 흐릿하나마 그릇되지 않은 상(像)을 남겨준다면 그것으로 족할 것이다.

그런데 과거에 우리의 조상들이 갖고 있었던 여유와 재치 그리고 인격적 자부심을 오늘의 한국인에게서는 발견하기 어려운데 오히려 프랑스 사람에게서 찾아지는 것은 내가 잘못 본 탓일까? 혹은 우리들의 여유와 재치 그리고 인격적 자부심이 사무라이의 칼에 베어 없어지고 '시간은 돈이다!' 와 경제성장제일주의에 쫓겨나 없어진 것은 아닐까?

프랑스의 일반사람들

'보통사람'이 아닌 '일반사람'

한 나라의 역사를 말하고자 할 때, 왕조사(王朝史)보다 민중사(民衆史)가 훨씬 더 중요하듯, 한 사회 속에 살고 있는 사람들의 삶을 말하고자 할 때에도 지배층이나 부유층의 삶보다 일반사람들의 삶이 훨씬 더 중요하다. 그래서 나는 프랑스의 일반사람들을 먼저 찾아가기로 했다. 나는 지금 '일반사람'이라고 말했지, '보통사람'이라고 말하지 않았다.

'보통의' 또는 '평범한'을 뜻하는 프랑스 말은 '메디오크르'이다. 이 말은 프랑스에서 함부로 사용해선 안 된다. 이 말 속에 '보잘것없는'이란 뉘앙스가 강하게 들어 있기 때문이다. 이 세상에서 '보잘것없는 사람'이라는 소리를 듣고 기분 좋아할 사람은 단 한 사람도 없을 테지만 프랑스 사람은 더욱 그렇다. 한국에서 한때 대통령 스스로 보통사람임을 자랑하자 이 사람 저 사람이 모두 그를 뒤따라 보통사람이 된 적이 있었다. 프랑스에선 국가원수 스스로 메디오크르한 사람이라고 말하지 않는다. 그랬다간 국민들한테 곧바로 "그렇담 당장 물러나야지!"라는 말을 들어야 하겠기 때문이다. 그렇게 프랑스에서 사용하는 '보통사람'과 한국에서 사용하는 '보통사람'의 의미는 서로 다르다. 그러나 따지고 보면 결국 같은 것 같기도 하다. 한국의 대통령이었던 보통사람이 결국 보잘것없는 사람이었다는 것으로 보면 그렇다.

어쨌든 나는 '프랑스의 보통사람'이라는 말을 쓸 수 없어서 '프랑스의 일반사람'이라고 썼다. 그런데 우선 나 자신부터 프랑스의 일반사람에 속한다. 프랑스에선.프랑스인이 아니더라도 프랑스 사회의 일원이 될 수 있다. 한국에선, 예컨대 파키스탄인 노동자를 한국 사회의 일원으로 인정하지 않을 것이다. 그렇게 프랑스인과 프랑스 사회의 관계는 한국인과 한국 사회의 관계와 서로 다르다. 한국의 보통사람과 프랑스의 일반사람이 서로 다르듯이.

파리 지하철노동자들의 만우절 행사

오늘날 유럽 땅에서 굶어 죽는 사람은 거의 없다. 그러나 옛날에는 프랑스 땅에서도, 또 유럽 땅에서도 수많은 사람이 굶어 죽었다. 지금도 전 세계에서는 매일 약 5만의 인간생명이 끼니를 채우지 못해 죽어가고 있다.

독자 중에 파르망티에(Parmentier, Antoine Augustin : 1737~1813)라는 사람을 아는 분은 아주 드물 것이다. 그는 프랑스 땅에 감자를 들여와 전파시킨 사람이다. 사람들이 대충 짐작하는 것과는 달리, 유럽인들이 감자를 주식의 하나로 먹기 시작한 것은 그리 오래된 일이 아니다.

프랑스의 군의약사이면서 농학자였던 파르망티에가 미주에서 감자를 수입해온 때가 18세기 후반이었으니 고작 2세기 남짓 되었을 뿐이다. 프랑스 사람들은 새로운 양식을 '땅의 사과(pomme de terre)'라고 이름붙였다. 땅에서 나는 사과라는 뜻이다.

감자는 특히 가난한 사람들과 떼놓을 수 없는 양식이다. 값이 헐한 데다가 소금만 치면 능히 배를 채울 수 있기 때문이다. 그래서 김동인의 소설 「감자」에서처럼 가난한 사람들의 애환에 감자는 자주 등장한다. 고흐의 초기작품 중의 하나인 〈감자 먹는 사람들〉은 가난한 삶을 처절하게 보여주고 있다. 아일랜드에서는 감자 흉년에 따른 민족적인 비극도 있었다. 19세기 중반 이후, 아일랜드 사람들이 대거 미주로 이주한 직접적인 원인은 여러 해 동안 계속된 감자 흉년이었다. 엎친 데 덮친 격으로 콜레라까지 발생하여 당시 아일랜드는 150만 명이 굶어 죽거나 병들어 죽었고 100만 명이 넘는 사람이 정든 고향을 버리고 미국과 영국의 대도시로 흘러 들어가 날품팔이를 해야 했다. 그런데 그때로부터 거의 1세기 반이 지난 오늘까지도 아일랜드인들은 영국인들에 대해 원한을 품고 있다. 당시에 도움을 주기는커녕 오히려 턱없이 모자라는 양식을 거두어갔기 때문이다. 지금 북한은 식량 부족으로 엄중한 시련과 고난을 겪고 있다. 우리들의 후세들이 오늘을 되돌아보며 무슨 말을 할지 실로 두렵기만 하다. 게다가 아일랜드의 경우와 달리 한 민족인데……. 무의식의 흐름일까, 얘기가 그쪽으로 흘러갔다. 다시 고마운 양식인 감자와 감자를 전파시킨 고마운 사람 파르망티에의 얘기로 돌아가자.

후세 사람들은 가난한 사람들의 배를 채워주고 굶어 죽는 사람을 줄여준 파르망티에를 기려 마땅했다. 그래서 파르망티에 로(路)라는 길

이름이 프랑스의 이 도시 저 도시에 생겨났다. 파리에도 파르망티에 로가 생겼고, 20세기 초에 그 길 밑으로 지하철이 다니게 되면서 역 이름도 파르망티에라고 붙였다.

몇 년 전 만우절이 다가올 때, 파리의 지하철노동자들은 그들 나름대로 만우절을 기념하고 싶었다. 노동자들끼리 논의한 끝에 350개가 넘는 파리의 지하철역 중에서 서너 개를 골라 역 이름을 만우절 하루 동안만 바꾸기로 결정했다. 그 서너 개의 역 중에 파르망티에 역도 선정되었다. 그리하여 지하철노동자들은 만우절날 새벽에 PARMENTIER(파르망티에)역에 표시된 PARMENTIER라는 표지판을 모두 POMME DE TERRE(감자)라고 바꾸었다. 서울 지하철에 '문익점'이라는 역이 있다고 가정했을 때 그 역 이름을 아무런 예고 없이 '목화'라고 바꾼 것과 같다. 혹은 '옥수수 박사'의 이름을 딴 '김순권'이라는 지하철역이 있다고 가정하면 그 역 이름을 '옥수수'로 바꾼 격이다.

출근하던 파리 사람들이 어리둥절할 수밖에. '감자'라는 역이 있었나? 내가 모르는 사이에 역 이름이 바뀌었나? 바꾼다고 해도 그렇지 '감자'가 뭐람! 파르망티에 역에서 내려야 할 사람들 중엔 그냥 지나쳐 버린 사람도 있었다. '어, 틀림없이 여기였는데? 어, 지나쳐 버렸네!' 하고 어리둥절했던 사람들 그리고 지나쳤다가 되돌아오느라고 근무처 앞 카페에서 아침 커피 마실 시간을 빼앗긴 사람들은 퇴근한 뒤 저녁 뉴스시간에 아나운서를 통해서야 파리 지하철노동자들의 만우절 기념행사에 대하여 알게 되었다. 뉴스를 전하던 아나운서도, 시청자들도, 또 골탕먹은 사람들까지도 모두 즐거워했다. 매일 지나다니면서도 파르망티에가 누구인지 모르던 사람도 그날부턴 그가 누구인지 알게 되었다. 나도 택시운전을 하면서 자주 다니던 길이었지만 파르망티에가 무엇인지 몰랐는데 그 일로 누구인지 알게 되었다.

사용자들을 골탕먹인 이 만우절행사 때문에 파리의 지하철노동자들 중에 견책받은 사람이 있었을까? 이런 질문을 잠시라도 품은 사람은 프랑스 사회에 속할 자격이 없는 사람이다. 오히려 프랑스 사회는 지하철노동자의 아이디어, 재치, 유머 감각에 찬사를 보냈고 또 그런 아이디어와 재치, 유머 감각을 가진 파리의 지하철노동자들을 자랑스럽게 생각했다.

파리 사람들은 흔히 파리 생활을 '메트로-불로-도도(métro-boulot-dodo)'라고 말하곤 한다. 우리말로 옮기면, '지하철-일-잠'이다. 바쁘고 단조롭고 무미건조한 도시민의 일상을 자조적으로 표현한 말이다. 파리의 지하철노동자들이 꾸민 만우절 기념행사는 그런 생활 속에 뿌린 일종의 청량제와 같은 것이었다.

어떤 오페라 : 송어 양식과 양봉

마르탱은 파리 오페라좌(오페라 전문 극장)에서 전기기술자로 일하고 있다. 그는 오페라좌의 지하에 지하수가 흐른다는 것에 착안하여 그 지하수에서 송어를 기르고 있다. 파리 시내 한복판에, 그것도 오페라좌 밑에 송어 양식장이 생긴 것이다.

그의 직장 동료인 장 피에르는 마르탱의 기발한 부업(?)에 부러움과 흥미를 느꼈지만, 그렇다고 동업(?)하자고 덤빌 사람이 아니었다. 프랑스인의 개성은 그런 일을 용납하지 않는다. 다른 건물의 지하에서 송어를 기른다는 것도 생각해볼 수 있겠는데, 그것 또한 프랑스인의 개성에 어울리는 일이 아니다. 송어 양식과 다른 '어떤' 기발한 일을 찾아내야 했다. 드디어 그도 한 가지 착상을 해냈고 두 달 동안 혼자 책을 읽으며 연구하고 또 다른 사람들의 조언을 들은 뒤에 벌통 두 개를 오페라좌의 지붕 위에 갖다 놓았다. 시간이 지나면서 수만 마리의 벌들이 오페라좌의 지붕에 보금자리를 차렸고 파리 시내 곳곳의 공원과 아파트 발코니에 있는 이꽃 저꽃들에서 꿀을 날라오기 시작했다. 장 피에르는 갑자기 양봉사업을 부업으로 갖게 된 셈이다. 마르탱과 마찬가지로 파리 시내 한복판, 오페라좌에서였는데 다른 점은 사업 현장이 지하가 아니라 지붕이라는 점이었다.

드디어 꿀이 산출되었다. 공기오염이 심한 도심지에서 좋은 꿀이 나올 리가 없으리라는 애초의 예상을 뒤엎고 품질과 맛이 아주 뛰어나다는 판정을 받았다. 그 꿀은 '파리의 꿀'이라는 상표로 파리에서 제일 비싼 식품가게인 포숑에 넘겨졌다. 의외의 수확을 얻은 장 피에르는 신이 났고 오페라좌에서 1킬로미터쯤 떨어진 코메디 프랑세즈 극장의 지붕 위에도 벌통을 갖다 놓았다.

파리의 오페라좌에서 벌어지고 있는 이 희한한 일들은 서울의 오페라가 아무리 돈을 많이 들여도 연출할 수 없는 일들이다. 서울에는 지하수도 없고 송어도 없고 벌 떼도 없을지 모른다. 그러나 그보다는 마르탱이나 장 피에르 같은 연출자가 없다. 혹 마르탱 같은 사람은 나올 수 있다. 그러나 장 피에르는 영영 찾지 못할 것이다. 누군가가 '송어 양식으로 재미 본다'는 소문이 퍼지면 누구나가 송어 양식에 덤벼들 테니까.

그리고 설사 마르탱이나 장 피에르 같은 사람이 나온다고 해도 그들이 송어를 기르거나 양봉할 수 있도록 허용해주는 오페라극장의 책임자를 찾기 어려울 것이다. 파리 오페라좌나 코메디 프랑세즈 극장은 건물 자체가 중요한 문화유산이므로 더욱 어려운 일이다.

어쨌든 파리에선 마르탱과 장 피에르 덕분으로, 그리고 똘레랑스를 보인 극장 관리자의 덕분으로 대도시에서 무미건조하게 생활하는 사람들에게 살맛 풍기는 얘깃거리를 제공했다. 뿐만 아니라 파리 한복판에 지하수가 흐르며 좋은 품질의 양봉이 가능할 만큼 파리에 꽃이 많다는 소식까지 곁들여 알려주었다.

고픈 배는 나중에 채울 수 없다

파리 15구에 있는 아미랄 루생 거리에는 재미있는 식당이 있다. 돼지고기 요리를 전문으로 하는 집인데 요리사이며 주인인 사람이 괴짜이다. 전식과 후식까지 합쳐 한 끼의 값이 40프랑으로 다른 식당에 비해 아주 싼 것도 특이하다.

그러나 이보다 더 특이한 것은 식사 후 계산을 손님 스스로 하게 되어 있다는 점이다. 출구에 조그마한 돈통을 놓아두었으니 손님이 알아서 지불하고 가라고 한다. 40프랑을 내면 되는데 부족하거나 낼 돈이 전혀 없어도 나중에 지불하면 되니 상관없다고 말한다. 또 거스름돈도 돈통에서 스스로 챙겨가라고 한다.

이 괴짜 주인과 손님 사이에 재미있는 에피소드가 없을 리 없다. 여러 번 돈 없이 밥을 먹었던 대학생이 2년 만에 나타나 고맙다면서 500프랑을 놓고 갔다는 얘기도 그 중의 하나이다. 100프랑짜리를 돈통에 집어넣고 200프랑짜리를 집어넣은 듯 160프랑을 챙겨간 손님이 나중에 찾아와 "돈을 꿔줘서 고마웠다"고 털어놨다는 얘기도 있었다. 식당 주인은, "나는 그 사실을 알지도 못했다. 아마 돈이 급히 필요했던 모양"이라며 빙그레 웃었다.

식당 주인은 손님의 숫자와 손님이 낸 금액의 통계를 내 보았더니 끼당 39.3프랑이 나왔다며, 그만하면 손님들의 양심이 괜찮은 게 아니냐면서 껄껄 웃었다. 그런데 이 주인을 단지 마음씨 좋은 바보로 알았다간 큰 코 다친다. 식당 근처에 있는 아파트 보수공사장에 일하러 왔던 사람들이 이 마음씨 좋은 바보(?) 주인에게 거꾸로 당한 이야기가 재미있다.

네 사람이 며칠 동안 계속 점심을 먹었는데 돈 낼 낌새를 전혀 안 보이더란다. 일하러 온 사람들이니 돈이 없는 것도 아니었다. 그것까진 그래도 참겠는데 자기들끼리 낄낄거리면서 자기를 바보 취급하는 데에는 도저히 그냥 참고 넘어갈 수가 없었다고 한다. 며칠을 그렇게 보낸 뒤에 그는 하얀 요리사 복장으로 정장을 하고 하얀 요리사 모자까지 쓰고 그들을 융숭히 접대한 뒤, 큼직한 종이에 계산 내역을 적어 갖다 주었다고 한다. 그들이 떨떠름한 표정으로 밀린 식사비까지 모두 지불해야 했음은 물론이다.

"배고픈 사람은 돈이 있든지 없든지 우선 먹어야 한다"고 주인은 말했다. 그는, "돈은 나중에 채울 수 있지만 고픈 배는 나중에 채울 수 없다"고 했다. 그의 말은 너무 옳았다. 북한 어린이들의 주린 배도 기다려 주는 것이 아니어서 나중에 채워 넣을 수 있는 것이 아니다. 다른 모든 것은 기다려줄 수 있다.

모든 것은 아름다워야 한다

"저 건물은 예쁘지가 않아. 왜 저렇게 지었을까? 너 보기엔 어떠니?"
"내가 보기에도 마찬가지야. 조금도 예쁘지 않아."

개선문에서 멀지 않은 파리의 서쪽 관문인 마이요문 광장에는 온통 파란 유리로 된 신형 건물이 하나 서 있다. 그 건물을 가리키며 일곱 살쯤 되어 보이는 두 소녀가 주고받는 말이다. 인형을 놓고 말하듯 건물을 대상으로 의견을 말하는 모습이 깜찍스러웠다.

두 소녀는 특별난 아이들이 아니다. 눈에 보이는 모든 대상이 보기 좋아야 하는 사회환경, 가정환경에서 자라났을 뿐이다. 요리도 우선 보기 좋아야 구미를 돋운다. 구운 고기에 야채를 곁들이면서 색깔을 맞춘다. 그래서 요리사는 '접시 위에 맛이라는 그림을 그리는 예술가'라고 말하기도 한다. 포도주를 따를 때 잔을 끝까지 채우면 안 된다. 반 정도에서 7분의 4쯤 따라야 한다. 포도주로 포도주잔을 황금분할하는 것이다. 독자는 이 정도 채운 포도주잔과 꽉 채운 포도주잔을 놓고 한번 비교해 보기 바란다. 촛불 아래에서 비교하면 더욱 그 차이를 알 수 있을 것이다. 곧 먹고 마셔 없어질 대상(오브제)에 대해서도 그렇게 신경을 쓰고 있으니, 사는 집의 내부장식이나 가구, 입는 옷 그리고 몸의 선(線)에 이르기까지 항상 보는 것에 대해서는 두말할 필요가 없을 것이다.

『나의 문화유산 답사기』를 써서 유명해진 나의 친구 유홍준은 파리를 보고 찬탄해 마지않았지만 가까운 시골에 가서도 무척 놀라워했다. 옛것은 옛것대로 잘 보존되어 있을 뿐만 아니라, 현대물과도 조화를 이루어 보기 싫은 대상을 찾을 수 없었기 때문이다. 유홍준이처럼 풍부하면서도 예리한 감식안을 가진 눈도 흠잡을 데를 발견하기 어려웠던 것이다. 직업이 회계사인 30여 세의 르페브르 씨는 한달 동안 일본을 여행하고 돌아왔는데 첫인상을 물었던 나에게, "옛날 모습과의 조화를 전혀 고려하지 않고 현대식 건물을 아무 데나 세워 도시 미관을 망가뜨린 것을 보고 서글펐다"고 말했다. 회계사라는 직업은 미적 감각하고는 가장 먼 직업이라 할 수 있다. 그런데도 일본 여행의 첫인상이 '도시 미관을 망가뜨린 것을 보고 서글펐다' 는 것이다. 고속도로를 낼 때에도 프랑스인들이 가장 신경쓰는 부분은 건설비가 아니라 조경이다. 프랑스의 남부 타른 지방에 높은 육교를 건설할 예정인데, 육교가 보이는 곳에 사는 모든 사람들에게 몇 개의 안을 제시하여 "이 안(案)이 더 보기 좋다" 는 의견을 들었다. 건설비는 그 뒤에 참작하는 사항이다.

이렇게 국민 전체가 아름다움을 추구한다는 점은 사회적으로도 아주 중요한 의미를 갖는다. 정치·사회적인 모습도 아름다워야 하기 때문이다. 추한 모습들에 면역된 사람들에겐 부패, 수뢰, 독직, 권력남용과 같은 사회적 추함에도 쉽게 면역된다. 반면에 추한 대상들에 면역되지 않은 사람들에게 사회적 추함은 더욱 견딜 수 없는 것이 된다. 실제로, 프랑스인들이 부패, 독직, 수뢰, 권력남용을 보고 내뱉는 첫마디는 "데갤라스!(dégueulasse!)"이다. 더럽고 구역질난다는 뜻으로 프랑스 말 중에서 가장 더러운 욕이다.

어느 미술 교사의 교육철학

일년에 한 번씩 교사와 학부형이 만나는 날이 있다. 두 아이가 유치원부터 줄곧 프랑스의 학교에 다녔는데, 나는 그날처럼 교사 전체와 학부형 전체가 만나는 날말고는 따로 교사와 만난 적이 한 번도 없었다. 프랑스의 학교에선 학생에게 별 문제가 없으면 학부형을 따로 부르지 않는다. 요사이 듣자니 강남아줌마들이 파리의 교사들에게까지 봉투 맛을 들이고 있다는데 재주가 참으로 용하다는 생각이 들었다. 봉투를 전할 시간도, 장소도 마땅치 않겠고 또 어느 나라 말로 무슨 말을 하며 전달하는지 모르겠기 때문이다.

그날의 학부형-교사의 만남은 수업이 끝난 뒤인 오후 6시에 시작되었다. 각 교사의 책상에는 학생들의 1학기 성적표가 놓여 있었다. 프랑스의 학년은 긴 여름방학이 끝난 9월에 시작되고 3학기 중에 첫 학기를 12월에 마친다. 그래서 교사와 학부형의 만남은 대개 크리스마스와 연말연시를 잇는 2주간의 짧은 겨울방학이 지난 뒤인 1월에 잡혀 있다. 교사들이 대충이나마 학생들을 파악한 뒤라 할 수 있다.

학부형들은 차례를 기다려 각 과목 담당교사와 마주 앉아 자기 아이의 성적과 학습태도 등에 관하여 얘기를 주고받았다. 나는 여느 때와 마찬가지로 교사들의 말을 듣기만 했다. 그러다가 미술 교사와 마주 앉아서는 평소에 궁금했던 질문을 던졌다. 젊은 여교사는 이렇게 대답했다.

"왜 미술시간에 학생들에게 석고 데생을 시키지 않느냐구요? 그건 아주 쉬운 얘기입니다. 유치원생에게, 그리고 초등학생과 중학생에게 중요한 것은 테크닉이 아닙니다. 아동들에게 중요한 것은 아름다움을 보는 눈과 미적 상상력을 계발하는 것입니다. 나이가 어릴수록 그렇습니다. 석고 데생은 나중에 미술학교에 가서 하면 되고, 실제로 미술학교에선 많이 실시하고 있습니다. 아동들에게 석고 데생을 시켜선 안 되는 중요한 이유는 하나의 모델을 주입시켜선 안 된다는 것입니다. 석고 상은 하나의 모델에 지나지 않습니다. 하나뿐인 진리가 아닙니다. 석고 상을 보고 데생을 하라고 하면 가치관을 획일화시키는 위험이 있고 따라서 창조적 개성을 살릴 수 없습니다. 그리고 하나의 대상을 놓고 그리게 하면 아동들끼리 그린 것을 서로 비교합니다. 아동들끼리 우열을 서로 비교하는 것은 좋지 않습니다. 그리고 또 서른 명의 학생이 하나의 죽은 정물을 바라보는 모습은 전혀 아름답지 않습니다. 그렇지 않습니까?"

그녀의 말을 들은 지 10여 년이 지났다. 그러나 그때 받았던 신선한 충격은 아직도 생생히 남아 있다. 특히 "서른 명의 학생이 하나의 죽은 정물을 바라보는 모습은 전혀 아름답지 않습니다"라고 말하던 그녀의 미소지은 모습은 지금도 눈에 삼삼하다. 그녀는 교육학자도 아니었고 교육부장관도 아니었고 일개 중학교의 미술 교사였지만 뚜렷한 교육철학을 갖고 있었다.

실제로 두 아이는 데생시간이 있는 유치원부터 중학교까지 석고 데생을 한 번도 하지 않았다. 사생대회 같은 것도 없었다. 유치원에 다니면서 그린 그림 중에는 '나의 집' '나의 식구' '나의 꿈' 등이 있었다. '나'가 앞서 있었다. 따라서 아동마다 서로 다른 그림이 나올 수밖에 없었다. 그린 것을 아이들끼리 비교하려고 해도 할 수 없었다. 미술공책의 왼쪽 면에 시를 받아쓰게 했고 오른쪽 면에 그 시에 대한 느낌을 그리게 했다. 초등학교 1학년 학생에게, "바다는 너의 거울……"로 시작되는 보들레르의 「바다」라는 시를 읽혔고 그 느낌을 그림으로 표현하게 했다. 이처럼 프랑스의 미술교육은 '똑같이 그리기'도 아니고 '잘 그리기'도 아니었다. '창조적 개성'과 '아름다움을 보는 눈'을 키워주는 것이었다.

우리들의 김구 선생은 "우리 나라가 부강한 나라가 되는 것보다 아름다운 나라가 되기를 바란다"고 말씀하셨다. 일본제국주의에 맞서서 과감하게 싸운 분인데 문화의 가치에 대한 감각을 갖고 계셨다. 김구 선생의 가르침을 문자 그대로 따르고 있는 사람들이 바로 프랑스 사람들이라고 할 수 있다. 예컨대 그들은 미국을 별로 부러워하지 않는다. 오히려 세계 최강의 나라인 미국, 그래서 자못 오만한 나라 미국의 3억이 6천만의 프랑스의 문화에 콤플렉스까지 느끼고 있다. 미국인들은 프랑스인들의 지적·예술적 성과에 한편 부러워하면서 다른 한편 딴죽 걸 게 없는지 찾아내려고 무척 애쓰고 있다. 프랑스의 문화적 능력을 인정하면서도 그 사실이 영 못마땅한 것이다. 어느 영국인이 "셰익스피어를 인도와도 바꿀 수 없다"고 그럴듯한 개소리(이 말이 개소리라는 것은 인도인의 처지가 되면 금방 알 수 있다)를 말했던 것이 문화적 가치의 중요성을 강조하기 위한 것이었다면, 빅토르 위고가, "세계 사람은 모두 두 개의 조국을 갖고 있다. 하나는 그가 태어난 나라이며 또 하나는 프랑스이다"라고 큰 소리를 칠 수 있었던 것은 프랑스의 문화적 우위에 대한 자긍심이 있었기 때문이다. 이처럼 문화의 힘과 영향력은 정치·경제·군사적 힘과 영향력보다 우위에 있는 것이다.

우리는 먹고 당신들은 집어넣는다

프랑스에도 지역주의가 있다?

내가 흔히 듣는 질문 중에 답변하기 곤란한 것에, "프랑스의 대표적인 음식이 무엇인가?"라는 게 있다. 대표적인 프랑스 음식이란 게 없기 때문이다. 그것은 대표적인 중국 음식이 없는 것과 같다. "자장면이 중국의 대표적인 음식이다"라고 말하면 중국 사람들이 한참 동안 웃을 것이다. 중국의 각 지방마다 대표적인 음식이 따로 있듯이, 프랑스에도 각 지방마다 대표적인 음식이 따로 있다.

지방마다 대표적인 음식이 따로 있다는 얘기는 곧 지방마다 특산품, 즉 음식의 재료가 따로 있다는 얘기와 같다. 프랑스는 지중해와 대서양을 끼고 있고 산악지방도 있어서 유럽 땅 전체에서 산출되는 음식 재료들이 거의 산출되는 유일한 나라이다. 이 점이 프랑스에서 음식문화가 발달할 수 있었던 첫 번째 이유이다.

음식문화가 고도로 발달하려면 두 번째 조건까지 충족시켜야 한다.

그것은 맛을 즐기는 높으신 분의 입이다. 프랑스의 절대주의 왕정기를 돌이켜보면 프랑스가 천자의 나라, 중국과 함께 세계에서 음식문화가 가장 발달한 나라라는 점을 이해할 수 있게 된다.

프랑스에도 지역주의가 있다. 한국처럼 지역이기주의, 지역감정이 있는 게 아니라, 각 지방 음식에 대한 지역주의이다. 맛을 즐기고 좋아하는 사람들이므로 자기 고장의 음식이 가장 뛰어나다고 자랑하는 것이다. 예를 들어, 어떤 사람이 달팽이 요리가 맛있다고 말할라치면 보르도나 리용 지방 사람은 펄쩍 뛴다. 달팽이는 부르고뉴 지방의 농민들이 먹는 것이라면서 "그런 것은 요리 축에 끼지도 못한다"고 말한다. 치즈도 자기 고장 것이 최고라고 서로 다투어 자랑한다. 이렇게 서로 다투어 자기 지방의 음식이 최고라고 자랑하고 아끼므로, 자연 음식문화는 잘 계승되고 또 발전한다. 한국의 지역주의도 이런 지역주의라면 환영할 만한 것이겠다.

프랑스인들의 미식 습성은 한국인들이 상상하기 어려운 정도이다. "당신들은 살기 위해 먹고 우리들은 즐기기 위해 먹는다"라는 주장은 오히려 약과이다. 어떤 프랑스인은 "우리들은 먹는데(manger), 당신들은 양분을 집어넣는다(s'alimenter)"고 말해, 아예 '먹는다'는 동사를 프랑스인의 독점물로 만들어 버린다. 프랑스인과 한국인이 정찬을 같이할 경우를 생각해보자. 아무리 달변이고 맛난 음식을 좋아하는 사람이래도 한국인 중에서 네댓 시간 동안 식탁 앞에 앉아 있을 수 있는 사람은 아주 드물 것이다. 좀이 쑤셔서라도 앉아 있지 못한다. 나는 어쩌다 프랑스인의 저녁 초대를 받으면 걱정부터 앞선다. 말 주변도 없고 '집어넣을' 음식도 소량이니 보통 고역이 아니기 때문이다.

고쉬 카비아르란 무엇일까?

프랑스의 시사 잡지에 종종 나오는 말 중에 '고쉬 카비아르(gauche caviar, 캐비어 좌파)'라는 게 있다. 캐비어는 철갑상어알로 무게 당으로 치면 세계에서 가장 비싼 음식 중의 하나이다. 그러니까 '고쉬 카비아르'란 세상에서 가장 값비싼 음식인 캐비어를 먹는 좌파를 일컫는다. 이 말은 프랑스에서 '기득권 좌파' 또는 '좌파를 팔아 돈 버는 자' 또는 '돈 많으면서 좌파 행세하는 자'를 야유조로 일컫는 말이다. 한국에서 한때 '상업적인 좌파(commercial left)'라는 말이 나왔었는데 그와 비슷한 뉘앙스를 풍기는 말이라고 하겠다. 그런데 이 고쉬 카비아르란 용어도 따지고 보면 프랑스 사람들의 미식 습성을 보여주는 것이다. 그들은 예컨대, '압구정동 80평 아파트 좌파'라고 말하지 않는다.

늦가을이 되면 프랑스의 중남부지방에서는 돼지들이 동원된다. 땅 속에서 자라는 '트뤼프(truffe)'라는 야생 버섯을 찾기 위해서다. 땅 속에서 자라므로 눈에 보이질 않는데 돼지가 가장 잘 찾는다고 한다. 야산과 구릉에 뜻하지 않게 돼지들이 동원되는 모습은 프랑스 사람들에게도 신기하게 보이는지 간혹 텔레비전 화면을 통해서도 볼 수 있다. 그러니까 프랑스의 대표적인 음식을 굳이 맛보고 싶으신 분은 프랑스의 돼지가 먼저 냄새를 맡은 트뤼프를 맛보면 될 것 같기도 하다.

프랑스 식당의 메뉴 중에 간혹 '트뤼프를 넣은 xxx 고기'라는 게 나오는데 고기 위에 트뤼프 다진 것을 조금 뿌린 요리로 무척 비싸게 받고 있다.

고사리빵을 맛있게 먹었던 루이 14세

우리집과 쎄느강을 사이에 둔 동네에 살며 뒤늦게 유학생활을 하고 있는 이밥 씨는 고사리를 유별나게 좋아해서 고사리나물도 좋아하고 고사리가 듬뿍 들어간 육개장도 무척 좋아한다. 그래서 그는 우리의 고사리를 꽤 축냈다.

우리에겐 고사리 밭이 있다. 파리에서 40킬로미터쯤 떨어진 랑부이에 숲 근처의 작은 구릉에는 4월 말이 되면 고사리순이 마냥 솟아오른다. 사방천지가 온통 고사리 밭이다. 그 고사리 밭이 온통 우리것이니 아내와 나는 허리가 아플 때까지 따고 또 따서 하루에 일년치 먹을 고사리를 다 딴다. 국유지인 데다가 프랑스인들은 고사리가 먹는 것인지조차 모르고 지나치기 때문에, '홍가네 고사리 밭'이라는 팻말을 붙여 놓는다고 해도 별 상관이 없을 것이다.

우리가 고사리순을 수확하는 때가 마침 5월 1일 노동절이 가까운 계절이라, 구릉을 넘나들며 은방울꽃을 찾아다니는 프랑스인들과 만나게 된다(프랑스에는 노동절에 은방울꽃을 주고받는 관습이 있다). 고사리순을 열심히 따는 우리들에게 "그것은 뭐에다 쓰는 거요?" 하고 묻는 사람이 간혹 있다. 내가 농담삼아 남자의 정력에 아주 좋은 것이라고 하면 그들은 아주 신기하고 진지한 표정을 짓고 어떻게 먹느냐고 관심을 보이기도 한다. 아내가, "일단 삶되 완전히 삶지는 말고 적당히 삶은 뒤에, 완전히 말려 둔다. 그 다음에 먹을 때 물에 한참 담가두었다가 다시 삶아서 갖은 양념을 쳐서 먹는다"고 설명할라치면 관심을 보이던 표정은 곧 단념하는 표정으로 바뀐다.

이렇게 오늘의 프랑스인들은 고사리를 먹을 줄 모르는데(뿐만 아니라

도토리묵의 맛도 모른다. 가을에는 숲에서 도토리들이 그냥 썩는다), 그들의 선조들은 고사리로 빵을 만들어 먹은 적이 있었다. 굶주렸던 사람들뿐만 아니라 프랑스 역사상 최고의 절대 군주였던 루이 14세도 아주 맛있게(?) 먹었다.

    17세기의 일이었다. 프랑스의 중부지방에 연 이태 동안 흉년이 들어 먹을 게 없었다. 사람들에게 남은 것이라곤 들판의 고사리뿐이었다. 그 전까지는 고사리 근처에도 가지 않았지만 굶주린 사람들은 어쩔 수 없이 고사리로 빵을 만들었고 그 빵으로 배를 채우는 수밖에 없었다. 그 지방의 신부님이 베르사이유궁에 있는 루이 14세에게 장계를 올려 도움을 청했지만 감감 무소식이었다. 그때나 지금이나 세금 거두는 일에는 총알이지만 이런 일에는 느림보인 것은 동서양이 마찬가지다. 시간은 자꾸 지나가고 굶주린 배는 나중에 채울 수 있는 것이 아니어서 다급해진 신부님은 고사리빵을 지참하고 손수 말을 달려 루이 14세에게 알현을 요청하였다. 가까스로 알현하게 된 신부님 왈, "지금 저희들은 먹을 게 없어서 고작 이런 것을 먹고 있습니다." 이렇게 여쭙고 고사리빵을 루이 14세에게 넘겨주었겠다. 당연히 한 입 물었다가 뱉어낼 줄 알았는데 이게 웬일인가. 루이 14세가 고사리빵을 아주 맛있다는 듯이 끝까지 먹어 치우더란다. 그리고는 왈, "경은 돌아가서 짐이 고사리빵을 아주 맛있게 먹었다고 전하라!" 그리곤 아무 말이 없더란다. 신부님으로선 더 이상 아무 말 못하고 물러날 수밖에 없는 노릇이었다. 왕이 맛있게 먹었다는 데 뭐라고 할 것인가. 낙심천만한 신부님이 터덜터덜 돌아와 보니 루이 14세가 보낸 식량이 이미 도착해 있더란다. 루이 14세가 독재자였던 것은 사실이지만 프랑스인다운 면모를 갖고 있던 독재자였다고 할 수 있겠다.

음식은 문화의 척도

일요일 아침이면 종종 나는 아내와 함께 동네 시장에 가서 장을 본다. '마르셰'라고 부르는 이 동네 장은 상설시장이 아니라 동네마다 일주일에 두세 번씩 주로 오전에만 서는 장이다. 야채, 과일, 생선, 고기류 등 일반 슈퍼에도 진열되어 있는 것들이지만 슈퍼 상품보다 신선해서 사람들이 찾는다. 또 익명관계인 슈퍼에서는 맛볼 수 없는, 가게 주인과 단골 사이라는 인간관계가 있어서 사람들이 찾는다. 우리는 그런 이유보다는 "싸구려!" "떨이요, 떨이!"라고 떠들어대는 분위기가 너무 좋아서 찾는다. 이 왁자지껄한 '마르셰'도 프랑스인들의 미식 습성이 없었다면 이미 오래 전에 없어졌을 것이다.

미식은 애정생활과 함께 프랑스인들이 추구하는 즐거운 삶의 가장 중요한 요소로 자리잡고 있다. 프랑스인과 빨리 친숙해지는 지름길은 식사를 함께하는 일이며, 남녀 사이에도 식사를 함께 나누어야 관계 발전이 도약할 수 있다. 예컨대 프랑스 영화에서 남성의 저녁 초대를 받은 여성이 초대에 응할 것인가, 응하지 않을 것인가를 고민하는 까닭은 그것이 잠자리를 같이할 것인가 아닌가와 큰 차이가 없기 때문이다. 그러므로 함부로 초대할 일도 못 된다. 식사 중에 대화도 주로 음식이나 포도주에 대한 얘기로 시작되는데 이때 일가견을 보이면 교양있는 사람이 된다. 남자들도 몇 가지 잘하는 요리가 있어야 매력있는 남성이 될 수 있다.

프랑스인들은 "그 나라의 음식은 그 나라 문화의 척도다"라는 말을 한다. 자기들의 음식문화에 자부심을 갖고 있는 사람들이므로 이 말은 자기들의 문화를 자랑하는 말이기도 하다. 그래서 그들은 더욱 어린이들과 젊은층을 공략하고 있는 햄버거류를 '싸구려 문화'에서 온 것이라며 경멸과 경계의 소리를 하고 있다.

　우리 음식을 맛본 프랑스인들은 거의 호평을 하고 있다. 그러니 프랑스인들에겐 우리 문화도 만만치 않은 셈이다. 어느 여성은 한국 방문중에 맛본 오이소박이의 맛을 평생 잊지 못할 것이라고 했다. 그녀가 하도 못 잊어 해서 아내가 오이소박이를 만들어 주었는데 한국에서 맛본 것과 조금 다르다고 했다. 맛이 덜 좋았다는 얘기였다. 하긴 오이도 신토불이인지 프랑스의 오이는 크고 뚱뚱해서 우리것과 생긴 것부터 다르므로 오이소박이의 제 맛이 나올 리 없다.

　한국을 방문했던 한 프랑스 친구는 한국의 불갈비보다 더 맛있는 고기는 없을 것이라며 자신의 경험을 얘기했는데 그 내용이 재미있었다. 서울의 어느 불갈비집에 초대되었는데 배는 고프고 갈비 굽는 냄새는 코를 찔러 연신 침이 넘어가는데 아무도 먹을 생각을 하지 않더라나. 먹으라고 권하지도 않으니 먼저 손을 댈 수도 없고 고기는 아깝게 마냥 타들어가고……. 프랑스에서 고기 굽는 정도를 '잘 구운(bien cuit)' '알맞게(à point)' '피가 흐르는(saignant)'으로 구분하는데 그는 평소에 '피가 흐르는'을 주문하던 친구였다.

　프랑스에 오면 프랑스 음식을 한 번쯤 즐길 일이다. 그러나 남성은 급히 먹어선 절대로 안 된다. 조루증 환자로 오인 받기 때문이다. 한국에 정력제 음식에 관한 설(說)이 많듯이 프랑스에는 '식사와 잠자리의 관계'에 관한 설이 있다. 그 중의 하나가 '급하게 식사하는 남자=조루증 환자'라는 설이다. 그런데 이 설이 맞다면 한국남자치고 조루증 환자 아닌 사람 없겠다. 나도 여지없는 조루증 환자다.

포도주 없는 인생은 슬퍼

"신(神)은 물을 만드는 데 그쳤고 인간이 포도주를 만들었다."
빅토르 위고의 프랑스인다운 말이다. 시인 보들레르에게는 포도주도 혼(魂)을 갖고 있다. 그래서 그 혼은 인간에게 이렇게 '빛과 우애로 가득 찬 노래'를 부른다.

……
나는 알고 있다오. 불타는 언덕에서
나에게 생명을 주고 혼을 주기 위해,
얼마나 많은 수고와 땀 그리고 뜨거운 햇살이 있었는지를.
그리하여 나는 배은망덕하지도, 해롭게도 하지 않을 것이니,
노동에 지친 인간의 목구멍을 타고 넘어갈 때,
나의 가없는 기쁨이 그 까닭이요,
인간의 훈훈한 가슴은 아늑한 무덤,
그곳에서 느끼는 나의 즐거움은 차가운 지하창고에 비할 바 아니라오.
……

—『악의 꽃』「포도주의 혼」 중에서

포도주는 프랑스 사람들의 영원한 벗이다. 프랑스라는 말이 생기기 전부터 그랬을 것이다. 즐거운 일이 있을 때에도 외로울 때에도 사랑을 속삭일 때에도 포도주가 함께 있어야 한다. 생일날, 축제날, 합격한 날 그리고 승리를 기념하여 터뜨리는 샹파뉴(샴페인은 샹파뉴의 영어)는 샹파뉴 지방에서 나는 달콤하고 거품 나는 백포도주이다. 연인이 마주 앉

은 촛불 아래 황홀한 빛을 내는 로제(rose)는 적포도로 만든 분홍 포도주이다. 식사할 때 두 사람 중 한 사람은 포도주를 마시는데, 특히 정찬에는 포도주가 절대로 빠질 수 없다. 여기서 잠깐 수수께끼 놀음 같은, 그러나 그 나름대로 논리를 갖고 있는 포도주 선택법에 대해 알아보자.

음식이 나오기 전에 먼저 샹파뉴나 백포도주로 목을 축인다. 이른바 아페리티프(전주)이다. 그 다음 전식을 먹을 때는 주로 백포도주를 마시며, 본 요리가 생선 요리일 때에는 주로 백포도주를, 고기일 때에는 주로 적포도주를 마신다. 고기의 색깔에 맞추면 된다고 말하는 사람도 있다. 즉 생선은 흰색이므로 백포도주를, 소고기 등은 붉은색이므로 적포도주를 마시라는 얘기다. 그래서 연어 같은 붉은 생선을 먹을 때 굳이 적포도주를 찾는 사람도 있다.

샹파뉴와 백포도주 그리고 로제는 차게, 적포도주는 적당한 온도 그대로 마신다. 더운 여름에 소고기를 먹고자 할 때, 고기 색깔에 맞추자니 적포도주를 마셔야 하는데 시원하지 않아 불만스럽다. 이때 로제를 마신다. 로제란 결국 '찬 적포도주'인 셈이다. 그렇지만 적포도주 중에서도 소뮈르 샹피니처럼 차게 마시는 것도 있다. 어떤 포도주는 병마개를 따고 30분쯤 기다렸다 마셔야 제 맛이 난다는 것도 있다.

이렇게 무척 복잡해서 포도주를 마시기 전에 머리가 아플 듯하지만 그렇게까지 걱정할 필요는 없다. 실제로는, 흰 생선을 먹을 때를 빼면 거의 전식에는 백포도주, 본 요리에는 적포도주로 간단하다. 그런데 포도주를 유별나게 즐기는 사람은 백포도주에서 적포도주로 옮길 때 꼭 입가심을 한다. 입가심을 하지 않으면 새로 마시는 적포도주의 맛과 향기를 제대로 음미할 수 없다는 것이다. 그래서 전식과 본 요리 사이에 먹는 게 샐러드다. 당연히 샐러드를 먹을 때는 포도주를 곁들이지 않는다. 식사 끝에 먹는 치즈에는 적포도주를, 마지막으로 소화가 잘되라고 마시는 디제스티프는 백포도주를 증류한 코냑이다.

사정이 이러하니, "음식에 포도주를 곁들인다"고 말하기보다는 "포도주를 즐기기 위해 음식을 먹는다"고 하는 편이 더 정확할지도 모르겠다. 그렇지만 음식도 포도주 못지않게 즐기는 사람들이니 결국 막상막하이다. 아니, 포도주 자체가 음식에 포함되는 것이겠다. 그러므로 프랑스인들에게 엥겔계수는 별 의미가 없다. 총생활비에서 식비가 차지하는 비율(엥겔계수)이 높을수록 가난한 삶이고 낮을수록 윤택한 삶이라고 해석하려드는 것에 프랑스인들은 코웃음을 칠 것이다. 일반 주택은 물론, 아파트에도 지하 주차장 이외에 지하 창고가 있는데 포도주 보관이 그 주된 용도이다(위 보들레르의 시에서도 '……차가운 지하 창고에……'를 말하고 있다).

보르도 지방, 르와르 지방, 샹파뉴 지방, 부르고뉴 지방, 론느 강변……. 프랑스 곳곳의 낮은 언덕과 구릉마다에서 탐스러운 포도송이가 영글고 있는 포도밭의 총 넓이는 1만 제곱킬로미터에 이른다. 대충 충청남도 총면적에 포도밭이 있다고 생각하면 될 것이다. 양으로는 이탈리아에 조금 떨어져 세계 2위지만 질로는 단연 세계 1위인 포도주가 매년 50억에서 75억 리터가 생산되고 있다.

포도주는 흔히 최고품인 '원산지확인상표(AOC)'가 붙은 것부터 '막포도주(vin de table)'까지 네 종의 품질로 분류한다. 가끔 경매에 붙이는 특수한 포도주는 제외하더라도 '마르고'니 '슈발 블랑'이니 하는 것들은 한 병에 수백 프랑에서 수천 프랑까지 나간다. 그런가 하면, 쎄느강변에서 따사로운 햇볕을 쬐며 졸고 있는 걸인의 손에 들려 있는 것은 한 병에 5프랑이면 살 수 있는 막포도주이다. 퐁 뇌프의 연인들이 마신 것도 막포도주다. 그래도 포도주는 포도주다.
 독자 중에 프랑스 사람을 초대해야 할 일이 있는 사람도 있겠다. 그때에 제일 신경써야 하는 게 음식보다는 포도주다. 식당에 초대할 경우도 마찬가지다. 음식에는 덜 투자하더라도 포도주에 투자하라. 맛있게 먹은 음식도 두고두고 기억하는 사람들이지만, 특별난 포도주를 마신 일은 죽을 때까지 잊지 못한다.

철학 카페에서 토론 한마당

카페와 철학이 만나다

1999년 1월 하순에 프랑스 남부 타른 지방의 카스트르 시에서는 250명의 철학자들이 모였다. 프랑스 사회주의의 아버지라고 불리는 장 조레스의 고향에서 가진 이들의 모임은 분위기도, 주제도 여느 학술회의와는 거리가 먼 것이었다. 참석자들은 '카페-철학'이란 화두로 만나 카페에서 철학을 대중화시킬 것에 대하여 논의하였다. 그들은 통신의 발달로 더욱 원자화되고 있는 개인들에게 함께 발언을 나눌 수 있는 공간은 더욱 중요한 의미를 갖게 되었다고 입을 모았다. 프랑스인들이 다수를 차지한 이 모임에는 벨기에, 스위스, 캐나다의 퀘벡 주 그리고 프랑스어권 아프리카에서도 대표들이 참석하였다.

1992년 파리에서 처음 시작된 카페-필로는 이제 프랑스에서만 200여 군데가 되었을 만큼 급격하게 늘어났고 계속 늘어나는 추세다. 〈르몽드〉의 기자는 프랑스의 새로운 카페-필로 현상에 대하여 이렇게 자문자답하고 있다.

누가 카페-필로에 오는가? 주로 철학자가 아닌 일반사람들이다. 사람들은 모여서 무엇을 논의하는가? 철학 이외의 문제를 논의한다. 아카데믹한 철학 논의가 아니라는 얘기다. 그러나 카페-필로에 단골로 찾아오는 사람들의 견해는 다르다. '인간'에 대하여 의문을 품는 사람은 모두 철학자이고 또 모든 성찰은 철학적이라고 보고 있다. 그리고 어떤 형태를 취하건 또 어떤 주제를 다루건 카페-필로는 '언설(言說)이 순환하는' 공간을 제공한다고 말하고 있다. 그리하여 많은 독학자들과, 그리고 3분의 1을 차지하는 실업자들은 담배연기 자욱한 곳에서 자유롭게 말하고 함께 토론하면서 '민중 의회'의 분위기를 연출하고 있다.

논의하는 주제는 예컨대, '실업과 자아 상실'처럼 현실문제와 철학문제가 만나는 것들이다. 이렇게 사람들은 카페-필로에서 '스스로 생각하고 함께 사는 법을 배우고' 있다. 철학자 모임에 참석했던 어느 토고 사람은 '카페-필로'를 아프리카의 전통에서도 찾을 수 있다면서, '정체성의 위기를 언설을 통하여 극복하고 똘레랑스를 세우는 공동체'의 하나라고 말하기도 했다.

이렇게 프랑스인들은 대중 통신의 시대에 사람들이 더욱더 외로워지고 소외되고 있는 사회에 대한 하나의 대안으로 카페-필로를 만들어냈다. 그러나 '카페-필로'가 단순히 마르크 소테라는 사람이 뜻을 두어 실행에 옮겼다고 만들어진 것은 아니다. 프랑스에 토론문화와 철학교육이 없었다면 카페-필로는 실현 불가능한 것이었고 설사 만들어졌다고 해도 제대로 진행될 수가 없을 것이다.

프랑스의 철학교육

프랑스인들은 스스로 세계에서 가장 지적인 국민이라고 믿고 있다. 타국 사람이 그런 평가를 해줄 때에도 절대로 사양하지 않는다. 프랑스인들의 이와 같은 지적 자부심에는 프랑스에만 있는 철학교육 전통의 영향이 적지 않게 들어 있다. 그들은 대학입학자격시험(바칼로레아)에 철학과목을 포함시키는 세계 유일한 나라라는 사실을 자랑스럽게 생각하며 또 철학시간에 골머리를 앓았던 경험을 은근히 자랑하고 있다.

프랑스의 고교 3학년 학생에겐 프랑스어 시간이 없어지고 철학시간으로 대체된다(바칼로레아의 프랑스어 시험은 다른 과목에 비해 1년 앞당겨 2학년 말에 치른다). 바칼로레아에서 철학의 배점은 프랑스어와 같거나 큰 차이가 없으며, 문과학생의 경우에는 옵션으로 철학을 선택하면 전 과목 중에서 가장 높은 배점을 차지하게 된다. 그만큼 철학교육을 중요하게 생각하는 것이다.

학생들은 고3 일년 동안 플라톤부터 데카르트, 로크, 흄, 몽테스키외, 루소, 볼테르, 칸트, 헤겔, 니체, 프로이트 등을 파악해야 한다. 우리처럼 시기 연대를 암기하고 저작명이나 주의주장의 단순한 내용을 대충 알고 넘어가는 것과는 차원이 다르다. 그 차이는 시험문제로 출제되는 논제의 몇 가지 예를 보면 곧 알 수 있을 것이다. 예컨대 "망각이란 무엇인가?" "신이 없다면 모든 것이 허락되는가?" "지혜는 혁명적일 수 있는가?" "좋은 편견은 있는가?" "과학의 발전은 인간을 행복하게 하는가?" "데모크라시는 꼭 가장 좋은 체제인가?" "역사에 방향이 있는가?" 등으로 추상론부터 사회철학, 역사철학의 중요한 문제까지 등장한다. 시험은 세 가지 논제 중에서 하나를 골라 네 시간 동안 논술하게 되어 있다.

　매년 6월 하순 바칼로레아 시험철이 되면 다른 어떤 과목보다도 철학시험 문제가 가장 사람들의 관심을 끈다. 그래서 철학시험이 실시된 날 저녁에는 텔레비전 방송에서 수험생들과의 인터뷰 모습을 보여준다. 낄낄 웃으며 "무엇을 썼는지 나도 모르겠다"는 솔직파도 있고 "시간이 부족했다"는 대담파(?)도 있다. 〈리베라시옹〉 신문은 모범답안을 선보이기도 한다. 〈르 몽드〉는 몇 년 전에 소르본느 대학의 교수들에게 똑같은 논제를 주고 모의시험을 치르게 했는데 그 결과가 아주 재미있었다. 평균이 12점 정도(만점 20점)밖에 나오지 않았고 그 중에는 낙제 점수(10점 미만)도 있었다. 이렇게 프랑스의 철학교육은 국민들의 각별한 관심과 호응을 얻고 있다.

　프랑스인들이 맹목적으로 남을 추종하는 일을 가장 비탄스럽게 여기고 자신의 행위를 스스로 파악하고 있거나 적어도 파악하고 있다고 믿는 사람들이라면, 그 바탕에 철학적 문제들과 만나고 씨름했던 경험이 중요하게 자리잡고 있는 게 틀림없다.

　한편 문과계열의 최고 수재들만 입학이 가능한 '노르말 쉬페리외르(normale supérieure, 고등사범)' 출신들이 졸업하면 우선 고등학교 철학교사로 임용된다는 사실은 우리들에게 많은 시사점을 던져주고 있다. 우리가 잘 알고 있는 시몬느 드 보부아르도, 사르트르도, 피에르 부르디외도 모두 노르말리앵(normalien, 고등사범 출신)들인데 모두 고등학교 철학교사를 지냈다. 이처럼 최고의 지성들이 고등학교 철학교사를 지낸다는 사실은 프랑스에서 철학교육이 차지하는 중요성뿐만 아니라, 프랑스 사회가 교육과 교사를 어떻게 바라보는가를 알게 해주는 상징적인 예가 된다고 하겠다.

'토론'이 즐거운 사람들

프랑스인들은 말이 많다. 남의 말을 좋아하기 때문이 아니라, 토론을 좋아하기 때문이다. 나는 파리 7대학 근처에 있는 카페 카운터에서 노동자 한 사람과 대학생 둘 그리고 카페 주인과 함께 "왜 과거에 공산당에 투표했던 사람이 지금은 극우파 국민전선을 찍는가?"라는 질문을 놓고 토론을 벌인 적이 있었다. 서로 모르는 사이였는데도 토론은 활기를 띠고 진행되었고 나는 많은 것을 배웠다. 그때 노동자가 그 이유를, "우리가 지금 하고 있는 토론을 하지 않았기 때문"이라고 말하여 모두 함께 한바탕 웃었던 기억이 있다.

프랑스의 카페는 카페(커피)나 술을 마시는 곳이라기보다 사람들이 만나서 얘기를 나누고 토론을 벌이는 곳이다. 특히 소읍이나 시골의 카페는 그 지역사회의 토론장 역할을 겸하고 있다고까지 말할 수 있다. 손님들이 맥주 한 잔 시켜놓고 두세 시간을 떠들어도(두 잔 이상 마시는 사람은 드물다) 한국과 달리 주인이 절대로 눈치를 주지 않는 것도 토론문화와 관련이 있다(주인의 눈치를 보는 손님도 없지만).

한국인 중에 프랑스의 텔레비전 프로가 한국에 비해 재미없다고 말하는 사람이 있는데, 토론문화가 프랑스의 텔레비전 프로에도 그대로 반영되어 있기 때문일 듯하다. 한국의 텔레비전 프로그램에서 연속극과 각종 쇼 프로가 주종을 이루고 있다면, 프랑스의 텔레비전에서 연속극은 거의 볼 수 없고 쇼 프로도 별로 없다. 그 대신에 각종 토론물과 시사 다큐멘트물이 많다. 텔레비전은 어차피 어디서나 바보상자이겠지만 프랑스의 텔레비전은 그 정도가 한국보다 덜하다고 할 수 있다.

한편 정치인들이 벌이는 토론은 "정치는 예술이다"라는 말을 실감케

해줄 때가 있다. 텔레비전 토론을 통해 그들의 명료한 화술과 수사법, 정확한 발음 그리고 순간적인 기지를 볼 수 있는 것은 시청자들에게 큰 즐거움 중의 하나이다. 지금까지도 사람들의 기억에 남아 있는 일화 중에 다음과 같은 일이 있다.

1차 좌우 동거 시절의 막판이었던 1988년의 대통령 결선투표 5일 전에 미테랑 대통령과 자크 시라크 수상 사이에 텔레비전 생중계토론이 있었다. 투표날을 5일 남겨놓은 중요한 시점에 각각 좌우파의 거두이며 숙적 관계인 두 사람이 차기 대통령 자리를 놓고 카메라 앞에서 마지막 토론을 벌이는 것이다. 토론은 기자의 질문에 한 사람씩 따로 대답하는 방식이 아니라 맞대면 토론이다. 즉 마주보고 앉은 후보 두 사람이 토론하는 것이다. 두 후보와 멀리 떨어져 앉은 토론 진행자는 예컨대 "실업문제에 대하여 토론하시오"라고 주제만 건네줄 뿐, 그리고 이따금 후보별 발언 시간을 알려주면서 두 후보가 똑같은 시간 동안 발언하도록 조정할 뿐 두 사람의 토론에 간섭하지 않는다.

이 토론은 당연히 국민의 관심이 집중되기 때문에 프랑스에서 가장 높은 시청률을 보이는 프로그램 중의 하나이다. 토론장에는 두 사람이 자리에 앉기 전부터 이미 팽팽한 긴장감이 감돈다. 드디어 두 사람이 자리에 앉았다. 시청자들조차도 침을 꿀꺽 삼키는 순간이었다. 현직 대통령인 미테랑에겐 그래도 여유의 빛이 보였으나 도전자의 입장인 시라크 수상의 표정은 자못 굳어 있었다. 도전자 시라크가 첫 도전장을 날렸다.

"당신을 무슈 대통령이라고 불러 마땅하겠으나 지금은 똑같은 후보의 처지로서 만나는 것이므로 무슈 미테랑이라고 부르겠소."

이에 대한 미테랑의 대꾸는 이러했다.

"당신 말이 전적으로 옳소, 무슈 수상."

미테랑의 이 한마디에는 절묘한 반전이 들어 있다. 즉 "당신 말이 전적으로 옳소"로 상대방의 말에 동의한 뒤에, "무슈 시라크"라고 부르지 않았던 것이다. "무슈 수상"이라고 부름으로써 앞에 동의했던 것을 반전시켜 버렸다. 이 반전에는, "당신이 그래 봐야 나는 대통령이고 당신은 나의 지명을 받은 수상이다"라는 의미가 들어 있는 셈이었다. 이 말 한마디로 이미 미테랑은 판정승을 거두었고 대통령 연임에 성공하였다.

위에서 본 두 후보가 벌인 토론의 분위기에서 이미 느낄 수 있듯이, 토론문화가 자리잡혀 있는 곳에선 군사문화나 관료주의는 서기 어렵다. 토론은 자기의 주장을 펴고 상대방을 설득하기 위한 것이지 명령이나 규정을 통하여 강제하려는 게 아니다. 리오넬 조스팽도 수상 시절에 "단결로 안내하는 것은 토론이다"라고 말함으로써 토론의 중요성을 강조하였다.

토론자의 무기는 칼이 아니라 말이며, 수사법이며, 정연한 논리이며, 정확한 용어와 발음의 구사이다. 그래서 프랑스의 토론문화는 프랑스 말을 계속 세련된 언어로 발전시키고 있다. 한국에는 아직 토론문화가 제대로 서 있지 않아, 토론 경험이 부족한 우리들은 말글살이를 아주 거칠게 하고 있으며 또 잘못된 말과 글을 마구 사용하고 있다.

토론문화는 언어를 순화시키고 세련되게 해줄 뿐만 아니라, 잘못 사용하고 있는 용어를 바르게 고쳐주는 계기를 마련해준다. 예컨대 우리들은 오랫동안 '노동자'라는 말 대신에 '근로자'라는 말을 사용해왔다. '노동'이란 말 자체를 기피하고자 했던 의도 때문인데 토론문화가 있는 곳이라면 어림없는 일이었다. 지금은 모두 노동자라고 말하고 있어서 다행인데, 아직도 고쳐 사용하지 않는 것이 있다. '민영화'라는 용어가 그런 것 중의 하나이다. '국영화(國營化)'의 반대말로 이 용어를 사용하고 있는데 이것 역시 어떤 의도에서 시작된 것으로 잘못된 것이다. '사기업화' 또는 '사영화(私營化)'가 옳다. 공기업의 반대는 사기업이지 '민기업'이 아니잖은가. 민영화라는 말에는 뉘앙스 상으로 '민(民)'이라는 말이 주는 좋은 의미를 담고 있어서 가치 중립적이지 않다. 그래서 사람들은 은연 중에 국영화에 비해 사기업화(민영화)가 더 좋은 것이라고 인식하게 된다.

또 토론문화가 있는 곳에선 처벌을 위주로 하지 않는다. 토론문화가 특히 중요한 까닭은 극단주의자들의 선동이 통하지 않게 해주기 때문이다. 예컨대 "장기수들이 끝내 전향을 하지 않는 것은 공산주의사상이 골수까지 박혀 있기 때문이다"라는 주장은 언뜻 그럴듯하게 들리지만, 토론을 통해 전향제도를 처음 만들어 시행했던 일본과 우리 나라의 전통이 서로 다르다는 점을 논의하면 그 허구성이 금방 드러난다.

사무라이와 선비의 전향

나는 토론문화와 관련하여, 우리의 선조들이 단결할 줄 몰랐고 사색당쟁이나 일삼았던 분파주의자였다는 해석에 대해 이 자리를 빌어 반론을 제기하고자 한다. 그런 해석은 알고 보면 조선의 역사와 전통을 깎아내리려고 애썼던 일제의 식민주의사관을 그대로 받아들인 것이다.

그렇다면 조선에서 당쟁이 있었던 그 시기에 일본에선 어떤 일이 벌어졌던가. 조선에는 붓을 든 선비가 있었는데 일본에는 칼 찬 다이묘오(大名)들이 할거했고 그 밑에 역시 칼 찬 사무라이들이 있었다. 조선의 당쟁에선 그래도 말이 앞섰는데 일본에선 칼이 앞서 있었다. 조선에선 역적으로 몰려 사약을 받아 마시고 죽거나 귀양살이를 갔지만 일본에선 일족이 완전히 칼 아래 목숨을 잃었고 마을 전체가 불타 없어지기도 했다.

조선시대에 당쟁이 지나치고 권력투쟁이 심했던 것은 사실이지만, 우리가 일본사람들의 손가락질을 받아야 할 이유는 전혀 없다고 생각한다. 우리에겐 그런대로 토론문화의 실마리가 있었지만 일본에는 그런 실마리조차 찾아볼 수 없었다. 우리의 토론문화를 완전히 압살해버린 게 일본제국주의임에는 더 말할 필요가 없을 것이다. 말이 나온 김에 "일본인들은 우리와 달리 단결을 잘한다"는 신화에 대하여 알아보자. 그 속내용을 알면 전향제도가 왜 일본에서 생겨났는지에 대하여도 자연 알 수 있다.

일본인들의 단결이란 한마디로 강요된 단결이었다. 섬나라에서 칼 찬 다이묘오를 따르지 않았다간 죽음밖에 없는데 어찌하겠는가. 그 단결은 사무라이들이 그랬듯이, 그리고 오늘날 야쿠자들이 그렇듯이, 오야붕-꼬붕 관계로서의 단결이었다. 그들이 죽고 사는 것은 대의(大義)를 위한 것이라기보다 오야붕을 위한 것이었다.

오야붕이 망하면 꼬붕들은 "죽음이냐, 전향이냐?"의 두 가지 중 하나를 선택하지 않으면 안 되었다. 그래서 일본에서 말하는 전향이란 그때까지 섬기던 오야붕을 버리고 다른 오야붕을 섬기겠다는 일종의 '충성서약'이었다. 이 충성서약을 새 오야붕이 받아들여 목숨을 살려주었던 것인데 실제로 충성서약한 사람들은 새 오야붕을 잘 모셔왔다. 먼저 오야붕을 섬겼던 게 어차피 대의로 섬겼던 게 아닌 바에야 새 오야붕에게 충성하지 못할 이유가 없었던 것이다. 일본의 전통이 그런 것이었고, 일본제국주의가 좌익들에게 일제의 오야붕인 일왕에 대한 충성서약을 요구하면서 전향케 했던 것도 이런 전통 위에 있었던 것이다. 그래서 일본인에게는 '전술적 전향'이라는 말조차 어울리지 않는다.

이와 달리, 조선인들은 오야붕을 섬겼던 게 아니라 대의를 섬겼다. 모두 왕을 섬겼지만 대의를 통해 섬긴 것이었고 대의를 위해 죽고 살았다. 그것이 조선의 전통이었고 우리의 전통이었다.

일본의 전통은 전향(충성서약)을 요구하고 또 전향자가 전향(충성서약)한 대로 행동하도록 하지만 우리의 전통은 전술적 전향조차도 마다하게 한다. 설사 전향한다고 해도 그 전향은 대부분 강요된 전향이지 일본식의 자발적 전향이 아니다. 그래서 설사 전향서를 썼다고 해도 일본의 전향자들처럼 행동하리라고 믿는 한국인은 거의 없다.

여기서 우리는 전향제도라는 게 일본제국주의에게는 유효한 것일 수 있지만 우리에겐 실로 당치않은 제도라는 것을 알 수 있다. 그것은 다만 우리들의 값진 전통인 '대의를 위한 기개'를 꺾으려는 헛수작에 지나지 않는 것이다. 그래서 나는 전향제도를 '사무라이의 칼로 선비의 정신을 죽이려는 제도'라고 말하는 것이다.

이쯤에서 "장기수들이 끝내 전향하지 않는 것은 공산주의사상이 골수까지 박혀 있기 때문이다"라는 주장은 이미 허물어져 버리고 만다. 즉 전향을 거부하는 것은 우리들의 선비적 전통에서 온 것이지 공산주의사상은 부차적인 것이다. 그것은 일본의 공산주의자들이 쉽게 전향했던 데서 거꾸로 알 수 있다.

일본제국주의가 그랬듯이, 또 박정희 씨가 그랬듯이, 극우파시스트들은 설득이나 토론을 좋아하지 않는다. 강제, 명령, 획일을 좋아한다. 동서양을 막론하고 극우파시스트들에게는 공통점이 있으니 곧 오야붕을 갖고 있다는 점이다. 독일의 나치는 히틀러를 오야붕으로 섬겼고, 이탈리아의 파쇼들은 무솔리니를, 일본의 군국주의자들은 일왕을 오야붕으로 섬겼다. 한국 땅에서는 지금도 박정희 씨를 섬기는 사람들이 적지 않다.

극우파시스트들의 오야붕-꼬붕 관계를 이해하면 왜 그들이 설득이나 토론을 싫어하고 강제, 명령, 획일을 강요하여 전체주의에 빠질 수밖에 없는지 쉽게 이해할 수 있다. 또 비전향자들의 기개를 꺾으려고 고문도 마다하지 않는 까닭을 알 수 있다. 그들에게 없는 대의를 갖고 있는 것에 콤플렉스 심리가 작용하는 것이다.

삶의 다양한 풍경

'국경 없는 의사들'과 '세계의 의사들'

지금 이 시각에도 수백 명의 프랑스인 의사와 간호사로 구성된 의료진이 세계 곳곳에서 내전과 질병 그리고 기근으로 고통받고 있는 사람들을 위해 긴급 의료와 구호활동을 벌이고 있다. 그들은 프랑스의 비정부기구인 '국경 없는 의사'와 '세계의 의사'에 소속된 사람들이다. 히포크라테스의 선서 그대로 실행에 옮기고 있는 사람들이라 할 수 있다.

1968년 5월혁명의 영향으로 1971년에 탄생한 '국경 없는 의사'와 '국경 없는 의사'에서 분리되어 1980년에 결성된 '세계의 의사'는 상호 보완관계에 있다. '세계의 의사'가 좀 더 진보적이고 프랑스 내에서도 활동하고 있다는 차이를 빼면 두 단체 사이에 큰 차이가 있는 것은 아니다. 이들은 지금까지 총 70여 개국에서 활동을 벌여왔다. 90년대 말 북한 당국과 마찰을 빚고 떠나긴 했지만 북한의 대홍수 때 급거 의사를 파견, 구호활동을 벌인 단체는 '국경 없는 의사'이다.

'세계의 의사'는 활동 목적에 대해 다음과 같이 선언하고 있다.

"인도적 행위는 우리들에게 거역할 수 없는 연대 의무이다. 금세기 말 지정학적 격변의 소용돌이 속에서 불관용(앵똘레랑스)에 의해 타격 받고, 기아, 질병, 전쟁으로 참화를 겪고 있는 세계 안에서 우리는 행동 하지 않으면 안 된다. 질병과 불의와 가난의 희생자들을 돕는 것은 우리들의 윤리이며 일상의 의지이다……."

그들은 긴급의료와 구호활동을 벌이는 한편, 소말리아·보스니아·르완다에서 볼 수 있었듯이 UN의 무능과 강대국의 위선을 증언하기도 한다. 그들의 현장성이 갖고 있는 또 하나의 중대한 역할이다.

그들의 연대행위가 의지만으로 가능한 것은 아니다. 그들 뒤에 각각 2천~3천 명의 자원봉사자들이 있고 특히 각각 60만~70만 명에 이르는 기부자들이 있기 때문에 가능하다. 그들은 일년에 적게는 100프랑, 많으면 1,000프랑 정도까지 소리없이 기부금을 낸다. 그들은 이름없는 시민들이다. 시민사회를 강하게 뒷받침하고 있는 사람들이 바로 그들이다. 그들의 성금은 각각 2억 프랑(약 400억) 안팎인 일년 예산의 60%를 차지한다. 나머지 40%에는 프랑스 정부와 유럽연합 집행위의 지원금이 포함되어 있다. 두 단체가 독립성을 유지하고 활동을 벌일 수 있는 배경을 읽을 수 있다. 프랑스의 언론이 그들의 활동을 홍보해주는 것과, 공익사업단체에 대한 기부자에게 기부금의 50~60%를 소득세에서 공제해주는 조세제도도 그들의 활동을 가능케 하는 중요 요인들이다.

그랑제콜 신고식

아주 좁은 옷장 안에 젊은 남녀를 두 사람씩 가둔다. 좁은 옷장 속에서 두 사람은 팬티를 서로 바꾸어 입어야 한다. 그것도 다른 쌍보다 빨리 바꾸어 입어야 한다. 늦었다간 다른 벌칙이 기다리고 있다. 바깥에선 선배들이 "빨리빨리!" 하면서 아우성들이다. 워낙 좁은 데다가 깜깜하기 때문에 두 사람은 상대방의 발가벗은 몸을 더듬지 않을 수 없다. 가을 신학기에 프랑스의 의과대학에서 벌어지는 '신입생 신고식'이라기보다 '신입생 곯리기'의 한 장면이다.

지금은 사용하지 않는 녹슨 다리에서 이상한 게임이 벌어진다. 교각의 철근마다 한 사람씩 달라붙어 녹을 제거하는 시합이 벌어지는 것이다. 철사로 된 솔과 페이퍼를 이용하여 열심히 녹을 닦아낸다. 주위에서는 선배들이 빨리 하라고 고래고래 소리지른다. 녹을 다 없애고 쇠에서 윤이 날 때까지 닦아야 한다. 이공계 그랑제콜의 하나인 '퐁 제 쇼세(Ponts-et-Chaussée, 다리와 도로, 토목공학교)'의 신입생 신고식의 한 장면이다.

예쁘장하게 생긴 마드모아젤이 길에서 행인들에게 콘돔을 한 개에 10프랑씩 판다. 콘돔 가격이 약국보다 무척 비싸다. 고등학교에 설치되어 있는 자판기에선 1프랑이면 살 수 있는데 열 배를 요구하는 것이다. 그 아가씨는 미친 사람이 아니라, 어떤 상업학교의 신입생이다. 선배가 요구한 판매할당량을 팔아야 한다. 그것도 빠른 시간 안에.

프랑스의 신학기인 가을철이면 이런 장면들이 이곳 저곳에서 벌어진다. 비쥐타쥬(Bizuthage)라고 부르는 신입생 신고식의 모습들이다. 이 신고식은 그랑제콜이나 그랑제콜 예비반에서 더 철저하게 시행하고 있다. 그랑제콜들이 서로 오랜 전통을 자랑하듯 이 신고식의 전통도 오래되었고 또 그 방법도 아주 다양하다. 또 각 학교의 성격을 반영하여 신입생들을 괾리는 것도 하나의 특징이다.

위에서 보듯이, 의과대학 신입생에겐 '신체에 대한 예의'에서 해방될 것을 요구하고, 토목공학과 입학생에게는 다리의 중요성을 새삼 일깨워주고 상업학교 신입생에겐 상업이란 결국 높은 이윤을 내는 것이라는 철학(?)을 가르치는 것이다. 대개 술 파티로 끝나는 한국 대학의 신입생 환영회와 다른 점이다. 신입생 환영회조차도 그 사회를 그대로 반영한다고나 할까.

치열한 경쟁시험을 뚫고 입학한 신입생들에게 이 비쥐타쥬는 제2의 관문과 같다. 입학시험보다 더 어렵다고 말하는 학생도 있다. 실제로 위에 든 예는 아주 신사적인 것이다. 진흙탕에서 포복을 하거나, 괴상한 옷차림과 기이한 얼굴과 머리 모양으로 하루 종일 지내는 정도도 약과다. 발가벗은 채 대로를 달려야 하고 흙탕물을 마셔야 하며 썩은 음식을 먹어야 한다. 그 동안 전수된 방법과 새로 짜낸 방법까지 동원해 괾리니 신입생으로선 여간 고역이 아니다. 게다가 하루에 끝나지 않고 대개 일주일 동안이나 심지어는 2~3주 동안 계속되는 학교도 있다. 거부하면 되지 않느냐고 물을 사람도 있겠지만, 그랬다간 파리아(paria)라고 불리게 되어 학교생활 내내 프랑스판 '왕따'를 각오해야 하니 그러지도 못한다.

이 비쥐타쥬의 양상도 시대상의 변화에 따라 함께 변하고 있다. 그랑제콜과 그 예비반에서만 있던 관습이 일반대학을 제외한 거의 모든 학교로 퍼져나간 것까지는 괜찮았는데 괾리는 방법이 기발하던 데서 차차 폭력과 가학증을 보이는 쪽으로 변질되어갔다. 그래서 심각한 사회

문제로까지 번졌고 급기야 조스팽 정부 당시 교육담당 국무장관이던 세골렌 르와얄은 비쥐타쥬를 모든 학교에서 발본색원하겠다고 밝힌 적이 있다.(그녀는 지난 2007년 프랑스 대통령 선거에 사회당 후보로 나와 우파 후보 니콜라 사르코지에게 졌다.)

실제로 학교측에선 이미 오래전부터 금지해오던 터였다. 그러나 이 비쥐타쥬가 쉽게 없어질 것 같지는 않다. 이미 당한 학생들이 오래 된 전통을 쉽사리 포기할 리 없고 졸업생들도 비쥐타쥬에 대한 향수를 말하며 변호하고 있기 때문이다. 전통 있는 본류가 아류 때문에 피해를 보는, 즉 '악화가 양화를 구축한다'는 식이 되어 없어지는 것을 안타까워하는 것이다.

파리에 온 독자 중에 혹 해맑은 얼굴의 젊은이가 거지꼴로 동냥을 하거든 동전 몇 푼 집어주시라. 그는 할당금(동전이어야 함)을 채울 때까지 동냥해야 하는 비쥐타쥬를 당하고 있는 중이다.

사회를 풍자하는 샹송

"나는 공산주의에 찬성이요, 사회주의에 찬성이요, 그리고 자본주의도 찬성이요. 왜냐하면 나는 기회주의자이므로. 다른 사람들이 반대하고 요구하고 항의할 때, 내가 하는 일은 오직 한 가지 저고리를 뒤집어 입는 것, 항상 좋은 쪽으로……"

자크 뒤트롱의 노래 〈기회주의자〉는 이렇게 시작한다. 동구 사회주의권이 무너진 직후에 선보여 꽤 히트를 쳤고 사람들에게 '저고리를 뒤집어 입는'이란 표현을 친숙케 해준 노래다. 그의 '저고리를 뒤집어 입는'은 우리말의 '간에 붙었다, 쓸개에 붙었다 하는'과 동의어인 셈이다.

　동구 사회주의권의 몰락은 프랑스의 문화인들에게도 충격으로 다가왔다. 그런데 더 충격적으로 받아들여졌던 것은 체제가 무너졌는데 과거의 프로피퇴르(profiteur, 이익·이권을 챙기는 자)들이 거의 대부분이 계속 프로피퇴르로 남았다는 사실이다. 동구나 러시아의 노멘클라투라들, 즉 과거 공산당의 간부들과 정부의 관료들은 스스로 변신하여 시장경제 체제로의 전환에 재빨리 적응하였다. 시장경제로의 전환은 외부의 압력과 접촉을 통하여 이루어졌는데 아주 급하게 해치우고자 했던 외부 세력의 입장에서 보면 노멘클라투라들이 가장 좋고 쉬운 상대자였다. 그들만이 조직망을 가지고 있었기 때문이다. 그리하여 체제는 바뀌었어도 상층부에는 '그 사람이 그 사람인' 결과를 가져왔다. 뒤트롱은 그런 세태를 풍자했던 것이다.

　〈출발점에 선 500명의 바보들〉, 이것은 르노(Renaud)가 부른 노래 제목으로 '500명의 바보들'이란 연초마다 열리며 한국에도 홍보되는 '파리-다카르' 간(間) 자동차경주에 참가하는 사람들을 일컫는다. 르노는 아프리카 땅을 마치 자기들의 유희장인 듯 누비며 서커스를 벌이는 매드 맥스(Mad Max)들을 노래로 마음껏 조롱하고 또 이 바보들의 놀이가 무슨 대단한 모험이나 되는 듯 떠들어대는 대중매체를 비웃는다. 그의 노래에는 "아프리카는 아프리카 사람에게!"라는 함의가 스며들어 있다. 실제 경기에 참가하는 사람들(거의 모두 백인들이고 일본인이 몇 명 그리고 간혹 한국인이 참가하여 구색을 맞춰주고 흑인은 한 사람도 없다) 중에는 '과거 식민지에서 사파리를 즐겼던 식민주의자들'에 대한 향수를 말하는 '바보'들도 있기 때문이다.

르노는 2005년에 〈보보〉라는 제목의 샹송을 불렀는데, 〈보보〉란 '보헤미안 부르주아'를 뜻한다. 가사 중 "한국 영화를 즐기고 일본 스시를 잘 먹는……"이라고 프랑스 보보들의 취향을 풍자하고 있다.

프랑스의 샹송에는 '시와 사랑의 속삭임'이라는 전통도 있지만, 위에서 본 것처럼 사회 풍자의 전통도 있다. 사회 풍자의 전통은 샹송이란 말에 풍자시(諷刺詩)란 뜻이 담겨 있을 만큼 오래된 것이다. 위에 예로 든 뒤트롱, 르노를 비롯하여 죽은 뒤에도 계속 프랑스 민중의 사랑을 받고 있는 조르쥬 브라셍스 그리고 레오 페레, 무스타키, 자크 이즐랭 등은 풍자가요를 통해 현실 사회의 부조리를 고발하고 이에 저항하는 20세기의 풍자시인, 음유시인, 거리시인들이다.

형식주의에 끊임없이 반기를 들고 무정부주의의 경향을 갖고 있는 이들의 정신적 뿌리는 15세기 프랑스의 유랑시인 프랑수아 비용에게서 찾을 수 있다. 부랑아(浮浪兒)이면서 불세출의 시인이었던 프랑수아 비용은 가진 자들의 오만을 비웃고 민중에게 고통을 주는 억압자들을 공격하는 한편, 버림받은 여자들, 가난한 노인들, 쫓겨나고 비참한 사람들에 대한 연민과 박애를 노래했다.

샹송은 노래에 앞서 시(詩)이다. 따라서 가창력보단 말(parole)이 우선이다. 그리고 그 말 속엔 사회 풍자가 하나의 중요한 맥으로 자리잡고 있다. 뒤트롱의 〈기회주의자〉는 이렇게 끝을 맺는다.

"너무 자주 뒤집어 입는 바람에 이젠 저고리 양쪽이 다 해졌소. 다음 혁명 때엔 바지를 뒤집어 입을 거요."

한국인들은 모두 가수

프랑스인들에게 한국인들은 모두 가수다. 한국인들의 노래 실력에 그들은 찬탄하여 마지않는다. 그래서 정말 가수가 아니냐고 묻고, 아니라면 정색을 하고 가수가 되라고 권하기도 한다. 꽤 오래전의 일인데 나도 프랑스 시골의 어느 모임에서 한 차례 노래를 불렀다가 그런 소리를 들었다. 나 같은 사람이 그런 소리를 들었으니 한국 사람 모두가 가수가 될 수 있는 것이다.

프랑스인들은 샹송을 즐겨 듣긴 하지만 노래를 직접 불러 보라고 할라치면 모두 백리 밖으로 도망친다. 거의 모두 단 한 곡의 노래도 제대로 부르지 못하는, 말하자면 '18번'조차 없는 불쌍한 사람들이다. 〈라 마르세예즈(프랑스 국가)〉를 부를 때도 거의 모두 우물우물거린다. 그래서 그들의 각종 연회석상이나 회합 장소에서 노래를 부르는 모습을 전혀 볼 수가 없다. 온통 토론을 벌이거나 수다를 떤다.

실제로 프랑스의 웬만한 가수들은 본토 출신이 아니다. 이브 몽탕(이탈리아), 앙리코 마시아스(알제리), 파트릭 브뤼엘(유대인), 파트리시아 카스(독일계), 자크 브렐(벨기에), 조르쥬 무스타키(그리스) 등으로 외국 출신이 주를 이룬다. 샹송 부분에서도 '남의 능력을 프랑스 문화화(文化化)'하는 면모를 보여준다. 즉 샹송에서도 프랑스인보다 프랑스 사회를 중요시한다는 것을 엿볼 수 있다.

나에게는 마이크를 한 번 붙잡으면 놓으려 하지 않았던 몇몇 친구들이 있었다. 그 중에는 지금 서강대의 교수로 있는 박호성처럼 별로 노래를 잘하지 못하는 친구도 있어서 내 귀를 괴롭히기도 했는데 그 친구들도 그립고 그 노래들 또한 그립다. 실제로 한국인들의 노래 실력은 세계에서 단연 으뜸이 아닐까 싶다. 감정도 풍부하고 가창력도 뛰어나다. 그런데 요즈음 한국의 젊은이들이 부르는 노래를 듣자면 도무지 가사를 알아들을 수가 없다. 한참 동안 한국말인지 딴 나라말인지 분간을 못한 경우도 있었고, 노래하는 풍도 국적 불명으로 느껴졌다. 내가 구세대가 되었다는 것을 감안한다 하더라도 이해하기 어려운 일이었다.

1998년 프랑스 아비뇽에서 거행되는 축제 때 특별 프로그램으로 '한국 주간'이 있었는데 꽤 좋은 반응을 얻었다. 〈르 몽드〉는 한국 주간을 소개하는 글의 첫마디를 '노래와 춤의 나라, 코레'라고 썼다. 〈르 몽드〉의 말이 아니더라도, 우리들에겐 분명히 타고난 재능이 있다. 그것을 어떻게 살리는가가 중요하다. 예컨대 판소리는 세계 어디에서도 찾을 수 없는 우리만이 갖고 있는 자랑거리이다. 예술성도 뛰어나다. 그런데 우리는 〈춘향가〉, 〈심청가〉, 〈흥보가〉를 제쳐두고 〈라 보엠〉이나 〈나비부인〉부터 듣도록 교육을 받았다.

우리것을 대하는 눈은 우리 자신을 보는 눈과 같다. 곧 우리 자신을 소홀히 해왔다는 얘기가 된다. 그리하여 판소리를 훌륭한 창극으로 발전시키지 못한 것은 실로 안타까운 일 중의 하나이다. 우리 모두 신데렐라의 스토리를 알고 있는데, 그렇다면 역으로 세계의 모든 사람들이 〈춘향가〉와 〈심청가〉의 스토리를 알도록 노력해야 되는 게 아닐까. 그리하여 세계 방방곡곡에서 예컨대, 안숙선의 열창에 넋을 잃고 "좋다!" "얼쑤!" 하는 추임새 소리가 들리도록 해야 하는 게 아닐까. 그런 노력이 올바른 세계화의 길일 것이다.

담배를 피워도 됩니다

한국에서 담배꽁초를 함부로 버렸다가 벌금을 내야 했던 끽연자들도, 남보는 데선 마음껏 담배를 피울 수 없었던 여성흡연자들도, 그리고 미국 등 앵글로색슨계의 나라를 여행하면서 수모를 느껴야 했던 애연가들도, 또 일년에 열두 번씩 담배를 끊으려 했다가 끝내 못 끊고 포기한 사람들도 한 번쯤은 프랑스에 와볼 만하다. 그 동안 쌓인 스트레스를 조금은 풀 수 있을 테니까.

공항에 내리면, 물론 공공장소이므로 금연 표시가 되어 있다. 로마에 가면 로마법을 따라야 하고 프랑스에 오면 프랑스 사람을 따라야 한다. 금연 표시를 무시하고 담배를 피우시라. 금연 표시 근처엔 친절하게도 재떨이까지 준비되어 있다. 공항 경찰이 지나가더라도 느긋이 담배를 피우시라. 1992년에 제1세계 중에선 거의 마지막으로 세계화(?) 바람을 타고 어쩔 수 없이 에벵(Evin)법을 제정, 금연구역을 어긴 사람에게 벌금형을 내리도록 했으나 지금까지 벌금을 낸 사람은 한 사람도 없다니까. 어디서건 재떨이가 보이지 않으면 아무 데나 털고 버리시라. 프랑스 땅 전체가 재떨이이니 벌금은커녕 눈치를 주는 사람도 없으니까.

식당이나 카페에 들어갈 땐 되도록 스스로 흡연자임을 밝히시라. 금연석, 흡연석의 구분을 요구한 에벵법의 혜택을 받아야 하니까. 테라스 등 전망 좋고 환기 잘되는 자리는 (당연히) 흡연석이고 화장실 근처나 환기가 잘 안 되는 자리는 금연석이기 때문이다.

프랑스는 아마 애연가들이 주눅들지 않고 살 수 있는 마지막 땅이 될 것이다. 건강도 중요하지만, 각자의 '삶을 즐기는 방식' 또한 중요하게 생각하기 때문이다. 프랑스의 보건부나 의사협회 등에서 금연 캠페인을 벌이고 있으나 아직 이렇다 할 효과를 보지 못하고 있다. 장년층 중에는 그런대로 담배를 끊은 사람도 있으나 젊은층, 특히 젊은 여성의 흡연율은 오히려 늘고 있는 실정이다. 스트레스 때문일까. 아니면 습관일까. 아니면 중독 때문일까. 살찌기 싫어서 담배를 피우는 여성도 있다.

프랑스의 어떤 학자의 말인즉, 고대 그리스시대나 로마시대 사람들의 기호생활이 현대와 크게 다를 게 없어서 현대인들과 거의 똑같이 즐겼다는데 다만 담배 피우는 즐거움만 없었단다. 그러니 현대인으로서 어찌 그 즐거움을 만끽하지 않을 수 있겠는가. 그래서 프랑스의 애연가들은 맛있는 식사 뒤에 담배 한 개비를 피워 물고 "이건 나의 후식이야"하거나, 진한 사랑 행위를 한 뒤에 "이건 나의 마지막 음미야"라고 말하는가 보다. 이런 그들에게 "건강을 위해 담배를 끊어라"고 말하는 사람은 프랑스 사람이 아닌 게 분명하다. 다만 한 가지. 프랑스의 담뱃값은 무지 비싸다. 한국 돈으로 8천 원 가량이다.

어떤 발표문에 따르면, 담배가 연성마약에 비해 훨씬 더 나쁘다고 한다. 그러니 프랑스 땅에 와서 담배 피우기를 즐긴 뒤에 귀국할 때에는 꼭 끊을 일이다. 나도 귀국할 때쯤이면 끊을 수 있으려나.

벨기에 사람들을 왜 놀리는가?

벨기에 사람들이 샹젤리제 거리에 있는 카페에서 커피를 마시고 있다. 그 커피를 엎지르게 하는 방법은? 이 하찮은 질문에 대한 답은 "지금이 몇 시오?" 하고 물어보면 된단다. 시계를 보려고 손목을 돌리느라고 들고 있던 커피를 엎지른다는 것이다. 벨기에 사람이 방 천장에 달린 전구를 갈아 끼우려면 다섯 사람이 필요한 까닭은? 이 질문에 대한 답은, 한 사람은 의자 위에 올라가 전구를 쥐고 네 사람이 의자를 돌려야 하기 때문이란다. 그러면 벨기에의 잠수함을 침몰시키는 방법은 무엇일까? 아주 간단하게 잠수함에 노크하면 된단다. "누구요?" 하고 잠수함의 문을 열기 때문이란다.

프랑스에도 '참새 시리즈'가 있다. 그런데 모두가 하나같이 벨기에 사람들을 놀리는 내용으로 되어 있다. 그 가짓수도 엄청나게 많아서 한 권의 책으로도 모자랄 정도이다. 프랑스인들이 유독 벨기에 사람들을 놀리는 까닭은 무엇일까? 나는 그 이유를 알고 싶었다. 그래서 프랑스 사람들에게 물어 보았는데 시원하게 답변해주는 사람이 없었다. 내가 옛날에 꼬치꼬치 캐물었던 사람 중에 대학원생도 한 명 있었다. 나는 벨기에 사람을 집단적으로 놀려대는 프랑스 사람들의 짓거리가 그의 책임이나 되는 양 그를 마구 몰아세웠다. 나는 피고를 앞에 둔 검사처럼 질문을 퍼부었다.

"당신들이 유독 벨기에 사람들을 놀리는 이유가 뭐지?"

"글쎄……나도 잘 모르겠는데……."

"약소국민이라고 무시하는 데서 온 것이겠지?"

"그렇지는 않을걸. 우리 주변에 있는 작은 나라가 벨기에뿐은 아니거든. 스위스도 룩셈부르크도 작은 나라이고. 그리고 우리들 중 아무도 지금에 와서는 스스로 강대국 사람이란 생각을 품고 있진 않을 거야."

"무의식일 수도 있지. 실은 무의식이 더 무서운 거지. 약소국 사람이니까 무시하고 얕잡아봐도 된다는 무의식, 그것도 집단적인 무의식 말야. 그것보다 더 무서운 것은 없지. 당신들은 참 나빠! 벨기에 사람의 처지에서 한번 생각해봐. 그 사람들이 당신들한테 잘못한 게 뭐가 있어? 잘못한 게 있다면 큰 나라인 당신들에게 있겠지."

"그렇지만 우리가 꼭 벨기에 사람한테만 그러는 건 아니잖아. 독일 사람에겐 '보쉬(Boche, 독일놈)'라고, 영국인에겐 '페데(pédé, 동성연애자)'라고 놀리고 또 이탈리아 사람들에겐 사기꾼이라고……."

"그건 나도 알고 있지. 스페인 사람들한텐 마초(남성우월주의자, 여성차별주의자)라고 놀리고……."

"그래. 근데 마초라면 한국 남자들이 스페인 사람들보다 더 심할걸."

수세에 몰린 그가 한국 남자들에게 화살을 돌렸다. 그는 〈열차〉라는 제목의 프랑스 국영 텔레비전 시리즈물 중에 '한국편'을 보았다고 했다. 그 시리즈는 프랑스의 테제베 홍보용으로 제작한 것이었는데 그 프로에 등장하는 한국인 열차기관사가 전형적인 마초였다는 것이다. '한국편' 중에 기관사가 출근을 준비하는 장면이 들어 있었는데, 그의 일거수 일투족을 거들던 그의 아내는 영락없는 시종이었다고 했다. 아침 식사를 갖다 바치고, 함께 식사도 하지 않고 옆에 쪼그리고 앉아 남편이 식사하는 모습을 넌지시 바라보면서 다음 지시를 기다리는 시종…….

실제로 프랑스 남자들이 그런 모습을 보면 신기하기도 하고 또 동양의 마초(?)들이 은근히 부러워지기도 하는 모양이다. 프랑스 여성에게 그런 서비스(?)를 기대한다는 것은 어림 반푼어치도 없다. 그래서 더욱 동양 여성에 대해 환상을 품고 있다. 이 환상 때문인지 유럽 남성이 한국과 일본의 여성과 결혼하는 경우는 많은데, 거꾸로 유럽 여성이 한국과 일본 남자와 짝을 이루는 일은 아주 드물다.

"그래서 한국 남자가 부러웠나? 환상에서 깨어나시지. 그런 사람도 아직 있겠지만, 그러나 그건 옛날 얘기야. 요샌 남자들이 더 쩔쩔맨다구. 그 열차기관사도 출근할 때는 대접받을지 모르지만 퇴근한 뒤는 다를걸. 그리고 카메라에 비친 것은 거의 실상이 아닌 허상이지. 그건 그렇고, 화제를 딴 데로 바꾸지 마. 우리는 지금 당신들의 못된 점에 대하여 말하고 있는 중이야."

"그래 알았어. 그런데 그런 일은 어느 나라 사람들한테나 다 있는 거야. 당신들도 틀림없이 일본 사람이나 중국 사람을 욕하거나 흉보는 말을 할 거야. 그렇지? 다 그런 거야. 일본 사람이나 중국 사람도 한국 사람을 그런 식으로 욕하고 흉보겠지."

"바로 그 점이야. 당신들은 그런 정도를 지나쳐도 보통 지나친 게 아니라는 거야. 그리고 당신들은 합리성을 몹시 좋아하고 잘 따지잖아. 그런데 아무도 왜 그렇게 집단적으로, 그리고 본격적으로 벨기에 사람을 놀리게 되었는지 모른다는 거야. 그것도 이해가 안 돼. 벨기에 사람들이 특별히 프랑스 사람들을 겨냥하여 욕하고 있는 것도 아니고……. 게다가 발롱 지역 사람들은 프랑스 말을 사용하고 또 프랑스에 편입될 것을 요구할 만큼 프랑스에 친근감을 갖고 있잖아. 그래서 더 이해할 수가 없어. 이건 정말 수수께끼야. 여러 가지로 수수께끼라고."

사실이 그랬다. 벨기에 사람들은 브뤼셀을 중심으로 북서지역에선 플랑드르 말을 사용하고 남동쪽인 발롱 지역에선 프랑스어의 방언을 사용한다. 이 방언을 발롱어라고 하여 프랑스어와 구별하기도 한다. 이렇게 서로 다른 말을 사용하는 발롱 지역과 플랑드르 지역 사이엔 자주 갈등과 마찰이 일어나고 있다. 벨기에판 지역주의인 셈인데, 말이 다른 탓도 있지만 그보다는 경제력은 플랑드르 지역이 우세한데 비해 정치적·문화적 영향력은 프랑스어를 사용하는 발롱 지역이 우세한 데서 비롯된 것이다. 플랑드르 지역 사람들은 자기들이 낸 세금으로 발롱 지역 사람들이 혜택을 보고 있다고 불만을 털어놓는다. 이런 불만이 반가울 리 없는 발롱 지역에선 플랑드르 지역과 갈등을 일으키느니 차라리 말도 같은 프랑스에 편입되는 게 낫지 않느냐는 주장이 나오고 있다. 그렇게 프랑스와 가까워지고 싶어하는 사람들을 놀려대는 것이다.

우리들의 토론이라고 하기보단, 나의 신문(訊問)과 그의 변론은 끝내 결론이 나지 않고 끝났다. 그는, "우리가 놀리는 것은 사실이지만 그 내용을 한번 분석해 봐. 벨기에 사람들에게 악의가 있는 것은 아니거든. 벨기에 사람이 표적이 된 것 같지만 실은 우스갯소리를 하며 한번 웃어 보자는 것뿐이야" 하고 마지막까지 변명을 했다. 그의 말을 들어 보니 그럴 듯도 했다. 한국에서 한참 동안 유행했던 최불암 시리즈가 최불암 씨를 표적으로 한 것은 아니었던 것과 같다. 그렇다고 해도 왜 하필 '최불암' 시리즈인가? 마찬가지로, 왜 하필 '벨기에 사람들'인가?

나는 그와 헤어질 때 프랑스판 참새 시리즈를 흉내내 이렇게 물었다.

"벨기에의 발롱 지역 사람들이 프랑스에 편입되고 싶어하는 까닭은?"

그가 대답했다.

"프랑스 사람들한테 놀림받기 싫어서."

내가 덧붙였다.

"프랑스 사람이 되어 플랑드르 사람을 놀리고 싶어서."

우리는 함께 웃고 헤어졌다. 이런 일이 있은 지 두어 달이 지났을 때 나는 그한테 전화를 받았다. 용건이 끝난 뒤 그가 이런 말을 했다.

"그 일 생각나? 벨기에 사람들에 관해 얘기했던 거. 우리 그때 참 재미있게 떠들어댔지. 그런데 내 친구가 이런 얘기를 하더군. 프랑스 민중한테 벨기에 사람들에 대해 원한이 맺혀 있었다는 거야. 벨기에 접경인 프랑스 북부가 원래 탄광도 있었고 섬유산업도 많은 공업지대잖아. 그래서 19세기 후반부터 20세기 전반까지 벨기에 사람들이 프랑스쪽 공업지대로 넘어와 노동자로 일했거든. 지금은 벨기에 사람들이 우리보다 더 잘살지만 그때는 안 그랬어. 그런데 당시 자본가들이 노동자들을 착취하는 데, 특히 노동자들의 단결을 방해하는 데 벨기에 출신 노동자들을 이용했다는 거야. 국적이 다르니까 이간질하기 쉬웠던 거야. 벨기에에서 산업예비군들이 몰려오니까 임금을 떨어뜨리는 요인이 됐고, 특히 프랑스 노동자들이 파업하면 벨기에 노동자로 충원시켜 노동자들의 파업수단을 무력화하는 수법이 애용됐고 또 효과도 있었어. 프랑스어를 사용할 줄 알기 때문에 교체시키는 것도 아주 쉬운 일이었지. 실제 이런 얘기는 에밀 졸라의 소설 『제르미날』에도 나오는 것이지. 어쨌든 내 친구 얘기에 따르면, 그때부터 프랑스 민중은 '바보같이 자본가에 순응하는' 벨기에 사람들에게 원한을 품게 되었을 거라는 거야. 프랑스어를 사용하는 것까지 밉살스럽게 보였고. 그 뒤로 프랑스 민중 사이에 '바보 같은 벨기에 사람을 놀리자'는 암묵적인 합의가 이루어졌고 오늘에 이르렀다는 거지."

그가 말을 마치고 제법 의기양양하게 물었다.

"어때, 수수께끼가 풀린 것 같애?"

나는 간단히 대꾸했다.

"아니."

내 머릿속엔 당시에 파견 노동도 감수해야 했던 벨기에 노동자들의 모습과 지금 한국에 와서 일하고 있는 중국의 조선족 노동자 그리고 동남아 출신 노동자들의 모습이 겹쳐지고 있었다.

바캉스를 즐기세요

"본 가게는 7월 1일부터 7월 29일까지 연례 휴점합니다."

7월이 되면 이런 팻말이 우리 동네 생선 가게의 철문에 붙는다. 4주 동안 문을 닫아버리는 것이다. 그리하여 나에게서 '어두육미'라는 말을 배운 뒤부터 나에게만은 생태의 대가리까지 꼭 챙겨주는 베르나르는 그의 고향인 브르타뉴 지방에서 바캉스를 즐긴다. 20년 넘게 생선 비늘을 벗기고 굴을 까던 그가 바닷가 근처에 있는 조그마한 그의 집에서 아내, 두 아이와 함께 느긋하게 자유 시간을 보내고 있다. 정원을 가꾸거나 파도를 벗삼아 몸을 태우고 있는지도 모른다. 혹은 옛날 친구들과 함께 바다낚싯대를 드리우고 있을지도.

베르나르네 생선 가게는 '7월파'여서 매년 7월에 바캉스를 떠난다. 생선 가게 바로 앞집 빵 가게는 '8월파'다. 매년 8월 첫 월요일부터 4주 동안 문을 닫아 8월에 긴 막대기빵(바게트)을 사려면 자동차를 타고 이웃 마을까지 가야 한다. 집에서 그 빵집과 반대쪽에 있는 빵집도 '8월파'이기 때문이다. 7월파보다 8월파가 조금 더 많은 것 같다. 8월의 날씨가 조금 더 뜨겁기 때문일 것이다.

바캉스는 프랑스인들에게 불가결이며 신성불가침이다. 여유가 있는 사람은 비행기 타고 남태평양까지 가기도 하지만 대부분은 노르망디, 브르타뉴 그리고 지중해연안으로 달려간다. 산으로 가는 사람은 많지 않다. 일년 내내 추웠는데 또 추운 산으로 갈 게 뭐람. 돈이 없다고 바캉스를 포기할 수 없다. 빚을 얻어서라도 가야 한다. 그래야 또 일년을 버틸 수 있다. 몸도 재충전이 필요하지 않은가.

프랑스의 법정 유급 휴가기간은 연 5주이다. 대개 4주 동안은 여름

바캉스로 보내고 나머지 1주는 스키 바캉스용으로 남겨두든지 혹은 다른 특별한 용도로 남겨둔다. 프랑스인 3명 중에 2명이 7~8월에 바캉스를 떠나므로 문자 그대로 국민대이동 현상을 보인다. 이 기간 중에 큰 공장은 부분작업에 들어가고 작은 공장은 아예 한달 동안 문을 닫는다. 그래서 월별 국민총생산을 보면 7~8월 두 달을 합친 게 다른 한달치와 엇비슷하다.

바캉스는 '비운다'는 뜻이다. 집을 비우고 일터를 비우고 파리를 비운다. 파리 사람들이 없는 파리를 관광객들이 대신 채운다. 접객업소를 제외하곤 거의 철시(撤市)하다시피한 파리를 보고 아시아에서 온 관광객 중에 어떤 사람은 이런 질문을 할 것이다. "아니, 그렇게 놀아도 괜찮은가? 국가경쟁력이 떨어지지 않는가?"라고.

그러면 프랑스인들은 이렇게 대답할 것이다.

"그 국가경쟁력은, 왜? 누구를 위해 있는데?"

아시아 사람의 질문에도, 프랑스 사람의 대꾸에도 각자 나름대로 일리가 있다. 한국처럼 자원이 부족하여 몸으로 때울 수밖에 없는 곳에 살면서 자원이 풍부한 프랑스 사람처럼 놀 수는 없을 터이다. 프랑스는 기름만 안 나올 뿐, 미국 다음가는 농산물 수출국이다. 프랑스인들이 바닷가에서 햇볕을 쬐며 즐기고 있을 그 시간에도 포도주, 코냑, 샴페인으로 큰 돈을 벌게 해주는 포도송이만도 프랑스 땅 곳곳에서 뜨거운 태양열을 받으며 신나게 영글고 있다.

동거는 필수, 결혼은 선택

"장 크리스토프가 내 남편이라구요? 아니에요! 그는 내 친구일 뿐이에요."

크리스틴이 밝게 웃으며 나에게 말했다. 용역회사에서 비서로 일하는 그녀와 은행에서 일하는 장 크리스토프가 동거한 지 이미 3년이 지났고 게다가 그녀의 임신 사실을 알고 있는 내가 그녀에 대한 예의(?)로 그녀의 동거자를 남편이라고 불렀던 것이다. 그녀는 남편이라는 나의 예의성 칭호가 싫지는 않았지만 그렇다고 듣고 가만히 있을 수는 없었다. 남편과 친구는 엄연히 다른 것이었고 남편 아닌 친구와 동거한다고 전혀 흉이 되는 사회가 아니기 때문이다.

프랑스에 전통적 가족관을 지키려는 젊은이가 아주 없는 것은 아니다. 아주 독실하고 정통의 가톨릭 집안의 자식 중에 그런 젊은이들이 있다. 그러나 90%에 이르는 대부분의 젊은이들은 '혼전자유결합'에 찬동하고 있고 적어도 1~2년 간의 동거기간을 갖는 게 보통이다. 그 동안 서로의 성격 파악은 물론 우리말로 '속궁합'까지 충분히 안 뒤 결혼에 골인하는 것이다. 결혼연령이 늦어지는 것은 당연하여 남자 초혼이 평균 30세를 넘고 여자의 초혼이 평균 28세에 이르고 있다.

크리스틴은 오래전부터 결혼을 원하고 있고, 특히 임신한 뒤에는 더욱 장 크리스토프가 청혼하기를 고대하고 있다. 그러나 장 크리스토프의 생각은 다르다. 그는 결혼을 '사회의 위선'이라고 생각한다. 그는 1968년 5월 학생혁명의 영향을 받아 70년대부터 유행처럼 번진 프랑스 신세대들의 결혼관에 동의하고 있다. 그는 이렇게 솔직하게 말하고 있다. "나에게 중요한 것은 행복한 삶이다. 그 행복한 삶은 애정 있는 성생활에서 온다. 나는 애정에 충실하고 싶지, 결혼이라는 제도에 충실하고 싶지 않다"라고.

크리스틴도 그의 주장을 반박하려 들진 않는다. 다만 그녀가 서운해하는 것은 자신과 달리 그가 변함없는 애정에 대해 확신하지 않고 있다는 점이다. 장 크리스토프는 지금은 크리스틴을 사랑하지만 앞으로 계속 그럴지 스스로 알 수 없다고 말한다. 그래서 "……죽어서 헤어질 때까지……"라고 결혼서약하는 행위는 거짓이 된다는 것이다. 결국 크리스틴은 청혼을 기다리다 우선 애기를 갖고 싶다고 제의해 장 크리스토프의 동의를 얻어낸 것이다. 크리스틴은 그것으로도 몹시 행복해 했다. 그녀가 낳을 아기는 현재 프랑스의 신생아 중에 40%에 이르고 있는 혼외아(婚外兒)가 될 것이다.

프랑스는 유럽에서도 가장 높은 이혼율을 보여 40%에 이르고 특히 파리 지역의 이혼율은 더욱 심해 50%에 이른다. 결혼하는 두 쌍 중에 한 쌍이 이혼하는 셈이다. 충분한 예비기를 거치고 속궁합까지 맞춘 결혼임에도 이 정도이니, 장 크리스토프의 주장처럼 변함없는 애정은 쉽사리 장담할 수 없는 게 맞는 것 같기도 하다.

한국과 프랑스의 결혼관계 사이에서 한 가지 흥미있게 비교되는 점이 있다. 프랑스에서 부부는 이혼한 뒤에도 친구로 남는 경우가 대부분이다. 나는 한 프랑스 친구가 과거의 부인과 오늘의 부인과 함께 동석한 자리에 우연히 합석한 적이 있었다. 정작 그들 세 사람은 아주 태연했는데 오히려 제3자인 내가 어색하여 아무 말도 못하는 바람에 자연스러운 분위기를 망쳐놓고 말았다. 내가 프랑스에 오래 살았어도 끝내 프랑스인들의 정서를 따라갈 수도 없고 흉내낼 수도 없음을 보여주는 하나의 예였다.

이렇게 프랑스에선 애정이 식으면 당연히 헤어지고 헤어진 뒤에 친구 사이로 남을 수 있는데, 한국에선 헤어지기 전까지는 '금슬좋은 부부 사이'였다가도 헤어지면 곧바로 '원수 사이'가 되곤 한다. 즉 '금슬'과 '원수' 사이에 아무것도 없는 것이다. 두 사회의 차이는 무엇을 말해주는 것일까? 프랑스 사회에서 이혼을 너무 쉽게 하는 측면도 있겠다. 그러나 그보다는 한국 사회에서 애정 없는 부부관계가 이혼으로 나타나려면 사회적 억압기제라는 두터운 벽을 뚫고 나와야 하기 때문이라는 설명이 더 설득력이 있어 보인다. 즉 남의 눈, 자식 문제, 관습 등의 사회적 억압을 무릅써야 이혼이 성립되는데 그러자면 막판까지 갔을 때에나 가능하므로 결국 원수 사이로 남게 되는 것이다.

이혼을 너무 쉽게 하는 사회도 문제지만(특히 자식을 생각할 때), 이혼을 못하게 막는 억압기제가 지나치게 두터운 사회도 바람직한 것만은 아닌 것 같다. 그런데 프랑스보다 이혼하기는 그렇게 어려운데 프랑스보다 비교적 쉽게 결혼에 골인하는 까닭은 무엇일까?

프랑스에서 결혼식은 대개 두 군데에서 치른다. 한 번은 성당에서 또 한 번은 시청에서다. 성당에서 결혼식을 올린다고 모두 독실한 교인들은 아니다. 통계상 인구의 3분의 2가 가톨릭이라고 하지만 그들 중 3분의 2 정도는 살아 생전 통틀어서 세 번(정확히 말하면 두 번, 세례받을 때와 결혼식할 때 그리고 장례식 때) 성당에 간다. 시청에선 시장이나 시장보가 주례를 서서 간단히 끝내는데 그 자리에서 '가족본'을 내준다. 그 가족본은 곧 결혼증명서이고 장래에 생길 아이의 호적초본이 된다.

어느 화창한 토요일 오후(프랑스에서는 주로 토요일에 결혼식을 올린다), 나는 짓궂게 크리스틴에게 물었다.

"크리스틴! 하얀 신부복을 입고 싶지?"

"물론!"

남의 사생활에 관심 끄기

프랑스에서 자주 들을 수 있는 말 중에 '내가 알 게 뭐야!'라는 의미의 "즈망푸!"라는 게 있다. 한마디로 남의 사생활에 관심없다는 얘기다. 이 말과 반대로 자기 문제에 관심을 표시하는 상대방에게 쏘아붙일 때 "그것은 네가 상관할 바 아니야(Ce n'est pas ton problème!)"라는 말도 자주 들을 수 있다. 즉 프랑스인들은 남의 사생활에 관심이 없고 또 남이 자신의 사생활에 관심 갖는 것을 무척 싫어한다.

한 아파트의 이웃에 사는 사람들이 아파트 주인인지, 사글세를 사는 사람인지, 그 아파트가 몇 평짜리인지 또 결혼한 부부관계인지 아니면 그냥 동거관계인지 관심이 없다. 호모관계인지 형제관계인지 혹은 레스비언관계인지 자매인지 관심이 없다. 또 어떤 직장에서 직위가 무엇인지 실업자인지 무슨 자동차를 타고 다니는지 나이가 몇 살인지 재산이 많은지 쪼들리는지 도무지 관심이 없다. 또 남이 자신에게 그런 관심을 갖는 것을 싫어한다. 따라서 그런 질문이 오가는 일이 거의 없다.

아마 한국의 부인네들은, "그러면 프랑스의 부인네들은 무슨 수다를 떠는가?"라고 물을 수도 있겠다. 물론 프랑스의 부인네들도 수다를 떤다. 마드모아젤은 가장 많이 수다를 떤다. 공중전화에서 기다려야 하는 시간이 긴 순서는 마드모아젤, 마담, 청년, 장년남자의 순이다. 여자가 남자보다 말이 많고 젊을수록 말이 많다. 그냥 한묶음으로 프랑스 사람들 모두 수다쟁이라고 해도 틀리지 않는다.

남의 사생활에 대한 수다가 아니라면 도대체 무슨 수다를 떠는가? 사생활을 뺀 나머지 모두이다. 정치, 사회, 경제, 문화, 여행, 요리, 텔레비전, 음악, 미술, 교육, 경험 등. 얘깃거리는 무궁무진하다. 예컨대 당신의 친구가 전날 저녁에 도밍고, 카레라스, 파바로티의 3인 테너 가수가 에펠탑 바로 옆에 있는 샹 드 마르스 광장에서 가졌던 자선음악회에 갔다왔다고 치자. 당신은 그 음악회의 전말을 미주알고주알 모두 들어야 한다. 그 음악회가 진행된 시간보다 더 오랫동안 들어야 할지도 모른다. 그러나 집을 나섰을 때부터 시작하여 집에 돌아왔을 때에야 멈춘다.

정치인들, 배우, 탤런트, 아나운서, 가수, 운동선수 등 매스컴의 각광을 받는 사람들의 사생활에 대해서도 별로 관심이 없다. 물론 예외가 있다. 할 일 없는 유한 마담들은 배우, 탤런트, 가수들에게 관심을 쏟고 특히 모나코 왕가의 사생활이라면 사족을 못쓰고 달려든다. 그러나 그들도 정치인들의 사생활에는 별 관심이 없다.

토론을 무척 좋아하는 사람들이지만 딱 한 가지 금기 사항이 있다. "허리띠 아래에 대해서는 언급을 피하라"는 것이다. 2007년 대통령 선거에서 사르코지에게 진 사회당의 세골렌 르와얄은 사회당 대표인 프랑수아 올랑드와 오래전부터 사실혼 관계에 있고 그 사이에 아이가 넷이 있다. 프랑스 녹색당의 핵심인물로서 조스팽 정부 당시 환경장관을 지낸 도미니크 부와네는 마흔한 살에 이미 할머니가 되었다. 사실혼 관계에서 낳은 딸이 역시 사실혼 관계로 딸을 낳았다.

자크 시라크는 대통령 재직시 할아버지가 되었다고 좋아서 벙실벙실 웃는 모습이 텔레비전 화면에 비쳤다. 그녀의 딸이며 공보비서인 클로드 시라크가 딸을 낳은 것이다. 그런데 그 아이의 아버지가 누군지 사람들은 모르고 또 알고자 하지 않는다. 일반 프랑스인들이 잘 모르고 있는 이런 얘기들을 내가 알고 있는 것은 아마도 한국적 호기심을 아직 버리지 못하고 있는 탓인지 모르겠다. 그래서 내 귓가에는 프랑스인들이 던지는 소리가 쟁쟁하게 들리는 듯하다. "그건 네 문제가 아냐!"라는.

프랑스의 타블로이드 주간지인 〈파리 마치〉지에 미테랑 대통령이 혼외정사로 가진 장성한 딸이 있다는 기사가 표지 사진과 함께 실렸을 때, 프랑스인 대부분의 반응이 "즈망푸!"였다. 사람들은 기사 내용에는 별로 관심을 보이지 않고 개인의 사생활을 들춰내 알리는 옳지 못한 일을 했다고 잡지와 기자를 나무랐다. 결국 〈파리 마치〉는 특종을 기대했다가 욕만 얻어먹은 꼴이 되었는데, 아마 그 기자와 잡지는 프랑스 사회도 이젠 많이 '미국화'가 되었다고 믿었던 모양이다.

흥미있는 여론조사가 있었다. "당신과 정치적 의견을 같이하는 대통령후보가 1) 세 번 결혼한 사람이라면? 2) 정부(情婦)를 여러 명 갖고 있다면?"이라는 질문이 있었는데 88%와 75%가 "그래도 투표하겠다"고 응답했다. 이런 반응은 '공직과 사생활은 별개'라는 생각과 애정문제에 관대할 수밖에 없는 프랑스인들의 솔직성에서 온 것이라 할 수 있다. 미국에선 상상도 못할 일이다. 미테랑 같은 사람은 대통령 예비선거에도 나가지 못했을 것이다.

그런데 나는 프랑스도 조금씩 조금씩 미국화되고 있다고 느낄 때가 있다. 다이애나 왕세자비가 파리에서 교통사고로 사망했을 때 그리고 클린턴의 모니카게이트에 대하여 앵글로색슨이 주도해 벌인 세계 여론화의 분위기에 프랑스도 휩쓸리고 있는 것 같았다. 예컨대 〈르 몽드〉에서도 그 낌새가 보였다. 상업주의가 아니냐는 독자들의 항의에도 그런 사건들에 대한 보도를 중요하게 다루고 보도량도 늘렸다. 워낙 물량 공세가 컸기 때문일까.

2007년 대통령에 당선된 니콜라 사르코지와 부인 세실리아는 10월에 합의 이혼하기로 결정했다고 공식 발표했다. 그날은 마침 노동자들이 파업을 하기로 한 날이었다. 프랑스인들이 아무리 정치인들의 사생활에 별 관심을 갖지 않는다고 하지만 대통령의 이혼 사실은 달랐다. 대통령의 이혼 소식은 언론에 크게 보도되었고 노동자들의 파업 열기를 식히는 데 기여했다. 세실리아는 이혼한 뒤 전 애인과 결합했고 사르코지는 이탈리아 명문가 출신으로 젊은 시절 모델과 가수로 이름을 날린 카를라 브루니와 재혼했다. 대통령 사르코지가 이혼하고 재혼한 사실이 정치인으로서 그에게 부정적 영향을 미쳤을까? 대통령에 당선된 뒤 그의 인기가 떨어진 것은 사실이다. 그리고 2008년 지방선거에서 우파가 패배한 것도 사실이다. 하지만 그가 비판받은 것은 그가 이혼하고 재혼했다는 점이 아니라 그 과정에서 대통령의 업무 수행에 충실하지 않았다는 점 때문이다.

여름에 시골 인심 최고

프랑스인들은 친절한가?

나는 프랑스를 여행한 한국인들한테 프랑스인들이 '아주 친절하다'에서 '아주 불친절하다'라는 평가에 이르기까지 다양한 반응을 들었다. 나는 그런 얘기를 들을 때마다, "어느 계절에 여행했는가?"와 "프랑스의 시골에 가 보았는가?"라는 두 가지 질문을 던진다. 물론 여행자들이 각각 어떤 프랑스인과 부딪혔는지 운도 따르다. 예컨대 프랑스인 7명 중 한 명 꼴인 극우파 국민전선을 찍는 사람과 주로 부딪혔다면 운이 없는 사람이다. 날씨가 좋은 때에 시골까지 가 본 사람은 '아주 친절하다'라고 말하기 십상이고 날씨가 좋지 않을 때 파리의 관광지만 둘러본 사람은 '아주 불친절하다'는 반응을 보인다.

이렇게 프랑스의 인심은 장소에 따라 다르고 한 장소라도 계절에 따라 다르다. 같은 사람이라도 계절과 장소에 따라 달라진다. 변덕이 심한 날씨를 닮았다고 할 수 있다. 실제로 유럽의 날씨는 변덕이 무척 심하다. 기록에 따르면 바람 불고, 구름 끼고, 비 오고, 해가 나는 일기의 변화가 하루 동안 백여 번 바뀐 적도 있었다고 한다. 오죽하면 "일기가 여자처럼 변덕스럽다(Le temps change comme la femme)"라는 속담까지 있겠는가?

한국인들은 유럽인들에 비하면 아주 좋은 날씨를 가진 복받은 사람들이다. 유럽인들이 "봉주르(좋은 날)!" "본조르노" "구텐모르겐" 등으로 인사를 나누게 된 것은 유럽의 일기가 좋지 않다는 것을 반영한 것이다. 보릿고개와 같은 굶주린 경험을 가진 우리가 때마다 "아침(점심·저녁) 드셨습니까?"라고 인사를 나누었던 것과 마찬가지이다.

유럽의 기후가 나쁜 것은 멕시코 난류의 습기를 먹은 편서풍의 영향 때문이다. 프랑스도 남부 지중해연안을 제외하곤 편서풍 영향을 받아서 으레 잿빛 하늘을 보아야 한다. 유럽인들이 부활절을 기다리는 것은 부활절 그 자체보다 부활절 때부터 일기가 좋아지기 때문이다. 그래서 5월경부터 9월까지 4~5개월만 괜찮고 10월경부터는 잔뜩 찌푸린 날씨가 이듬해 4월까지 연일 계속된다.

여름엔 기온이 간혹 30도를 넘기도 하지만 건조하기 때문에 불쾌지

수가 높지 않아 흔쾌하다. 그러나 겨울에는 영하 5도 밑으로 내려가는 일이 드물어도 항상 습하기 때문에 뼈까지 스며드는 추위를 느끼게 된다. 나 같은 사람이 우리 나라 겨울의 양지가 마냥 그리워지는 때가 바로 이런 때다. 프랑스인들은 이와 같은 날씨의 영향을 받아 여름엔 명랑하고 친절하던 사람이 겨울이 되면 침울하고 무뚝뚝해진다.

한편 파리만 둘러보고 프랑스를 방문했다고 말하는 것은 프랑스만 보고 유럽을 방문했다고 말하는 것만큼, 혹은 그 이상으로 틀린 말이다. 나는 "파리는 프랑스가 아니다!"라고 주장했던 시골 출신의 프랑스인과 한 열차에 탄 적이 있었다. 그의 말이 과장이 아니라는 것을 시골에 가면 피부로 느낄 수 있다. 처음 만나는 사람끼리 길에서 웃는 표정으로 인사를 나누고 식당이나 카페에서도 미소로 인사를 나누고 멀리 앉은 사람들까지 눈인사를 보낸다. 나 같은 사람은 당황스러워 오히려 얼굴이 벌개지는 일까지 경험하기도 했다. 느리고 여유있는 생활 환경이 마음씨에도 여유를 준 것이다. 우리 농촌의 여유 있고 구수한 인정을 외국에서 맛보고 싶은 사람은 프랑스의 깊은 시골에 가보면 된다. 단 6월과 9월 사이에.

자동차와 지하철

작고 매운 고추

자동차에 관한 한 작고 매운 고추는 한국에 있지 않고 프랑스에 있다. "세 사나이가 은행을 터는 데 성공한다. 돈을 나누어 갖고 각기 흩어진 그들 중에 한 사나이는 고급 스포츠카를 타고 다니다 법망에 걸려 체포되고 또 한 사나이는 멋진 여인과 함께 리무진을 타고 즐기다가 역시 체포된다. 오직 한 사나이만 체포되지 않고 오늘도 유유히 자유를 누리고 있는데, 그의 자동차는 소형이다."

이 얘기는 언제인가 프랑스의 텔레비전 화면에서 볼 수 있었던 것으로, 어느 자동차회사에서 새로 선보인 소형차를 선전하려고 만든 광고의 내용이다. 한국에서는 공공 윤리에 나쁜 영향을 미친다는 이유 등으로 도저히 받아들여질 수 없는 광고문안이겠는데, 프랑스에선 재미있고 애교있는 광고로 받아들여졌다. 일확천금을 했어도 허세를 부리지 않은 점을 사주는 것이다.

이 광고를 통해서 엿볼 수 있듯이 프랑스인들은 소형차를 선호한다. 이들이 소형차를 좋아하는 것은 '작은 것'을 좋아하는 문화적 전통과 관련이 있다. 예컨대 카페도 작고 예쁜 데를 찾고, 식당도 맛이 좋아야 하지만 작으면서 분위기 있는 곳을 찾으며(식당이 크면 음식 맛이 좋을 수 없다고 생각한다) 사는 집도 기왕이면 작고 아기자기한 동네에서 찾는다. 새로 짓는 아파트 중에 40평이 넘는 것은 거의 없는데, 필요없이 큰 집을 원하지 않아 사려는 사람이 없기 때문이다.

이와 같이 프랑스인들의 성향은 크고 넓고 웅장한 것을 좋아하는 미국인의 성향과 대조되는데 그 차이가 자동차 문화에도 그대로 나타난다. 파리에선 캐딜락 같은 미제 대형차를 볼 수 없다. 다른 특별한 이유가 있어서가 아니라, 주차할 곳이 전혀 없기 때문이다. 도로에 있는 주차 칸이 워낙 좁고 지하 주차장도 캐딜락 같은 대형차는 들어갈 수조차 없게 되어 있다. 결국 작은 것을 선호하는 경향이 소형차를 택하게 했고 그에 따라 주차 칸이 좁아져 대형 승용차의 제작과 수입을 자동적으로 금지시킨 결과를 가져왔다고 할 수 있다.

좁은 주차 칸에 숙달되어 있어서 특히 파리지엥들의 주차실력은 놀라울 정도로 뛰어나다. 좁은 칸에 일자 주차하여 집어넣는 모습은 파리에 관광온 다른 유럽인들에게도 눈요깃감이 될 정도다. 앞뒤 합하여 30센티미터 정도의 여유만 있어도 집어넣기에 성공한다. 이때 앞뒤 차를 툭툭 건드리는 것을 아주 당연하게 생각한다. 앞뒤 차에 사람이 타고 있어도 별로 신경쓰지 않는다. 그렇게 하지 않으면 주차가 거의 불가능하다는 것을 서로 알기 때문에 파리지엥 사이에서는 양해 사항이 된 것이다.

파리에 처음 온 한국인들도 소형차들이 많은 것에 놀라움을 표시하기도 한다. 그러나 그렇다고 배기량까지 작다고 생각해선 안 된다. 대형이 꽤 많다는 한국 자동차와 프랑스 자동차의 평균 배기량이 비슷하다는 통계를 통해서 알 수 있듯이, 프랑스인들은 차체는 작아도 배기량은 큰 것을 좋아한다. 또 한국이나 미국과 달리, 자동변속장치가 달린 차가 아주 드물다. 찻값도 그만큼 비싸지고 기름이 많이 드는 이유와 운전에 미숙한 사람에게 필요한 차라고 얕보는 까닭도 있고, 순발력이 수동에 떨어진다고 보기 때문이다. 프랑스에서 자동변속장치가 들어 있는 자동차는 살 때 당연히 비싸게 사야 하는데 중고차가 되면 자동변속장치가 없는 것보다 더 싸진다. 사겠다는 사람이 별로 없기 때문이다. 나와 이웃한 동네에 살고 있는 유학생인 김죽 씨는 프랑스에 처음 왔을 때 자동변속장치가 달린 자동차를 구입했다가 IMF 여파로 차를 팔아 없애려고 했는데 사겠다는 사람이 없어서 아주 애를 먹었고 결국 똥값에 팔지 않으면 안 되었다.

한국이나 프랑스나

프랑스인들은 운전대에 앉기만 하면 라틴계의 다혈질이 더욱 도드라지게 살아나는지 성급하고 날렵하게 운전한다. 그래서 프랑스에서 차선과 속도제한을 지키며 점잖게 운전했다간 '일요운전자'라는 편잔을 듣기 쉽다. 운전에 미숙하여 자동차가 많지 않은 일요일에만 운전하는 사람을 얕잡아보고 하는 말이다. 그리고 파리지엥들에게 양보를 기대하는 것은 서울의 운전자 뺨치게 어려운 일이다.

한 번은 개선문 광장에서 차량들이 뒤엉킨 채 풀리지 않아 30분 동안이나 꼼짝 못한 적이 있었다. 서로 양보하지 않고 차의 대가리를 디민 결과였다. 또 한 번은 역시 개선문 광장에서 어떤 사람이 아예 차를 광장 길의 한가운데 세워놓고 차 밖으로 나와 지나가는 운전자들을 향해 고래고래 소리지르는 모습을 본 적이 있었다.

개선문 광장은 12개의 길에서 자동차들이 들고 나기 때문에 초보운전자들은 일부러 피하는 길이다. 이 운전자는 잘못 진입했다가 그만 꼼짝할 수 없게 된 것이다. 자신은 계속 양보했는데 다른 사람들은 자기에게 양보하지 않았기 때문에 나타난 결과였다. 내가 지나가면서 그 차의 넘버를 보니 독일에서 온 차였다. 그 운전자는 독일인이었고 양보할 줄 모르는 프랑스인들에게 화가 치밀어 올라 욕을 퍼붓고 있었던 것이다.

그러나 시골에 가면 사정은 달라진다. 여유있는 생활을 그대로 반영하듯이 서로 양보도 잘하고 또 느긋하게 운전하는 모습을 볼 수 있다. 결국 양보를 잘하는가 안 하는가, 그리고 점잖게 운전하는가 아닌가는 그 사회구성원들의 성격도 작용하겠지만, 생활의 리듬과 도로 사정이 더 크게 작용하는 것 같다. 서울에서도 파리에서와 마찬가지로 양보하면서 점잖게 운전하라는 소리는 공염불에 지나지 않을 것이다. 짜증날 정도로 길이 밀리면 운전자를 성급하게 하고 양보도 하지 않게 만든다. 욕구불만이 신경질을 기르는 이치와 같다.

그런데 프랑스인들이 우리와 똑같이 닮은 점은 뭐니뭐니해도 운전대에서 욕을 잘한다는 것이다. 양보하지 않는 차를 만나도(자신도 양보하지 않으면서), 운전이 미숙한 차를 만나도(자기도 미숙해도), 접촉 사고가 나도(자기 잘못이라도), 빨간 신호등에 걸려도, 트럭이 앞에 있어도 튀어나오는 소리가 "망할 자식(Putain)!" "빌어먹을(Merde)!"이다. 거의 조건반사처럼 튀어나온다. 그래서 나는 한국의 윤리 교사에게서 배운, 욕하지 않는 방법을 몇몇 프랑스인에게 가르쳐주었다.

　한국에 자가용 붐이 일면서 어느 고등학교의 윤리 교사가 뒤늦게 차를 장만하여 운전을 하게 되었는데 자신도 모르게 자꾸만 욕이 튀어나오더란 것이다. 그 욕은 프랑스 사람들이 내뱉는 욕보다 훨씬 더 진한 것이었으니 학생들에게 계속 상스런 말을 사용하지 말라고 가르쳐온 자신을 돌아다보니 말씀이 아니었단다. 그래서 몇 차례나 어떤 상황이 벌어져도 욕을 하지 않겠노라고 마음 다짐을 단단히 해 보았지만 그래도 도무지 고쳐지지 않더란다. 궁리 끝에 자신이 내뱉는 욕의 리스트를 예컨대 1번은 빌어먹을! 2번은 망할 자식! 3번은…… 식으로 만들어 운전대 옆에 붙였단다. 그리곤 욕이 튀어나올 때마다 욕 대신에 그 욕에 해당되는 번호를 외쳤단다. 이런 때는 '1번!' 저런 때는 '2번!' 하는 식으로. 마침내 효과가 있었고, 한참 숙달된 뒤에는 도가 터서 아예 얼굴에 미소까지 지으며 1번! 2번! 하게 되었단다. 그 얘기를 전해 들은 프랑스 친구들은 낄낄거리며 자기들도 그렇게 해 보겠노라고 했다.

　이렇게 운전대에서 욕을 잘하는 점은 두 나라 사람이 똑같지만 다른 게 있다. 운전대의 욕이 운전대 밖으로 연장되지 않는다는 점이다. 운전자끼리 멱살을 붙잡고 싸우는 일도 없고, 접촉 사고가 나도 언제 욕을 했나 싶게 점잖게 상황설명서를 작성하고 헤어진다. 자동차를 타고 다닌 시간이 길어지면서 나름대로 자리잡은 자동차 문화의 일면이라 하겠다.

하나의 제언

프랑스 도로 규정에 따른 제한 속도는 시내에선 50킬로미터, 국도 90킬로미터, 자동차 전용도로 110킬로미터 그리고 고속도로는 130킬로미터이다. 그러나 일부 나이 든 운전자를 빼면 이 속도제한을 지키는 사람은 거의 없다. 대부분의 운전자들이 제한속도가 최저속도인 양 달리는데, 그래도 지나친 과속을 하지는 않는 편이다. 대개 제한속도에서 20킬로미터 가량 더한 속도로 달려 스피드와 최대한의 허용범위(똘레랑스)를 함께 즐긴다. 그런데 이 똘레랑스 때문일까, 프랑스는 교통사고에 따른 사망률이 유럽에서 가장 높은 나라이다. 1만 7,000명이 사망했던 70년대에 비해 1998년에는 8,300여 명으로 반 정도로 줄었으니 많이 줄어들기는 했다. 그래도 아직 100만 명당 153명이 사망하여 이탈리아(122명), 독일(116명), 네덜란드(86명), 영국(62명) 등에 앞서 유럽에서 부끄러운 선두를 달리고 있다.

한 가지 흥미있는 사실은 7년마다 실시되는 대통령 선거 즈음에 사고가 더 많이 난다는 것이다. 당선된 대통령이 교통법규 위반자들을 사면해주리라는 기대 심리가 작용하여 제한속도를 마구 넘기고 음주운전도 평소보다 늘어나기 때문이라고 한다. 그래서 시라크 대통령은 당선된 후 교통법규 위반자에 대한 사면은 없을 것이라고 미리 못을 박아야 했다.

프랑스에서 교통사고는 암과 자살 다음으로 많은 사망자를 낳고 있다. 그래서 교통사고를 주제로 토론이 자주 벌어진다. 사고 요인은 주로 음주운전과 과속운전이다. 젊은층의 공격적인 곡예 운전도 문제가 되고 있다. 몇 년 전부터 혈액의 알코올 함량 허용치를 리터당 0.8그램에서 0.5그램으로 줄였고 음주운전과 과속 등 교통법규 위반자들에 대한 감점제, 강제교육 등을 실시하고 있으나 아직 뚜렷한 효과를 보이는 것 같지는 않다.

한국의 자동차사고 사망률은 프랑스보다 더 심각하여 세계에서 선두를 다투고 있다. 이 부끄러운 현실에서 벗어나야 될 텐데, 나는 우리와 똑같은 문제를 오래전부터 갖고 있었던 프랑스의 경험을 살펴보면 많은 도움이 되리라고 생각한다. 앞에 말한 대로, 프랑스는 지금도 교통사고 사망자의 수가 많지만, 그래도 70년대에 비해 반 정도로 줄었다.

그 동안 자동차의 숫자는 늘었고 또 자동차의 성능이 좋아짐에 따라 과속하는 자동차도 늘었다. 운전 태도가 특별히 좋아진 것 같지도 않다. 그런데 교통사고 사망자의 수는 오히려 줄어들었다. 그 이유가 무엇일까? 이 질문에 대해, 텔레비전 토론 석상에서 만난 경찰 당국과 교통전문가 사이의 해석이 서로 달랐다. 경찰은 음주운전과 과속에 대한 단속을 강화했기 때문이라고 주장했는데, 교통전문가는 개선된 도로에 중점을 두어 설명했다.

어떤 전문가는 신호등 있는 직각 교차로를 신호등 없는 원회전 교차로로 개선시킨 것을 하나의 예로 들었다. 나는 그 전문가의 주장에 고개를 끄덕였고 한국에서도 직각 교차로를 원회전 교차로로 바꾸면 어떨까, 하는 생각을 했다. 그래서 파리에 온 한국인 몇 사람에게 물어 보았는데 원회전 교차로에 대하여 아직 모르고 있는 듯했다. 이 자리를 빌어 간단히 설명해 보고자 한다.

지금도 프랑스의 도로 곳곳에서는 원래 있던 직각 교차로를 원회전 교차로로 바꾸는 작업이 진행되고 있다. 내가 "어, 여기도 바뀌었네" 라는 소리를 자주 할 정도로 가능한 곳은 모두 바꾸고 있다. 이 원회전 교차로는 처음에 영국에서 만들기 시작했는데 그 장점이 뚜렷하여 프랑스에도 수입된 것이다. 직각 교차로와 비교할 때 원회전 교차로의 장점은 누구나 알아차릴 수 있을 만큼 아주 분명하고 쉽게 드러난다.

신호등을 없앰으로써 빨간 신호등을 피하려는 무리운전이 없어진 대신(직각 교차로에선 녹색등이 보이면 멀리서부터 가속하게 마련이고 이 때문에 큰 사고가 일어나기 쉽다), 교차로에 가까워질 때 모든 운전자들이 감속하지 않으면 안 되기 때문에(길이 똑바로 뚫려 있지 않고 돌아가야 하므로) 사고를 피할 수 있고 설령 사고가 발생한다고 해도 인사 사고까지 이르진 않는다. 또 필요없는 멈춤이 없어짐에 따라 운전자들에게 심리적 여유를 주는 이점도 있다. 그리고 신호등 설치비와 유지비가 절감되는 이점도 있다. 내 판단으로 차량이 아주 많지 않은 교차로는 모두 원회전 교차로로 바꿀 수 있다고 보여지며 바꾸면 아주 좋은 결과를 얻으리라고 본다. 부디 한국의 관련 당국자가 참조하여 실행에 옮기길 기대한다.

자동차는 필요악인가, 절대악인가?

나는 얼마 전에 한 가지 얘기를 듣고 쓴 웃음을 지은 적이 있었다. 한국에서 겨울이 와도 오버가 잘 팔리지 않는다고 했다. 나는 처음에 이 말을 듣고 지구의 온난화현상에 대하여 생각했다. 이제는 한국의 겨울이 덜 추워졌나 보다, 하고. 그러나 그런 게 아니라, 오버나 코트를 입으면 '자가용 없는 사람'으로 오해받을 수 있기 때문에 그것이 싫어서 차라리 추위를 견디는 쪽을 택한다는 얘기였다. 이미 한국 땅에 자동차가 1,600만 대에 이르고 있다고 하는데 아직도 "사회적 지위가 있는 내가 어찌 그런 차를 탈 수 있으리요?"라든가, "그런 차를 타면 호텔 근처 같은 곳에선 주차가 불가능해요"라는 말이 나오고 있다고 한다.

개울가에서 세차(洗車)하지 말라고 만류하는 농촌 사람에게, "내 차를 내가 닦는데 당신이 무슨 상관이슈? 그렇게 차 가진 게 배 아프슈?"라고 대꾸하더라고 했다. 옛날에 우리의 할머니들은 우리가 개울물에 대고 오줌을 눌라치면 "잠잘 때 산신령이 찾아와서 고추 떼어간다"고 가르쳤다. 깨끗한 개울물은 모든 사람을 위한 것이었다.

1998년 가을에 파리를 비롯한 도시들에서 하룻동안 '차 없는 날'을 실시했다. 도시 사람들은 맑은 공기를 맛본 것도 좋아했지만 바쁘게 돌아갔던 생활리듬의 변화를 맛본 것을 더 좋아했다. 천천히 관조하며 알차게 사는 삶을 자동차가 빼앗아갔음을 새삼 느끼게 되었다고 술회한 사람도 있었다.

사람들은 이제 조금씩 자동차에서 해방될 것을 진지하게 생각하게 되었고 더 나아가 자동차 없는 세상을 꿈꾸기 시작했다. 특히 환경론자들은 "녹색이 아니면 21세기는 없을 것이다"라고 말하면서 21세기가 녹색이 되어야 함을 강조하고 있는데, 그들은 지구에서 핵을 없애는 것도 대단히 중요한 과업이지만 자동차에 대한 인식도 180도 전환하지 않으면 안 된다고 말하고 있다. 자동차의 배기가스는 대기오염뿐만 아니라, 오존층 파괴, 지구 온실효과의 주범 중의 하나인데 지금까지와 같은 자동차 생산-소비의 생활방식이 앞으로도 계속된다면 지구의 파멸은 불 보듯 뻔하다는 것이다.

이 주장이 전혀 과장된 게 아니라는 것은 남한 인구 4,500만에 1,600만 대라는 자동차 비율을 13억 인구의 중국에 그대로 적용하기만 해도 곧 알 수 있다. 실로 끔찍스럽고 엄청난 현실이 우리들을 기다리고 있는데, 그렇다고 과연 누가 중국인들에게 "당신들은 자동차를 타면 안 돼!"라고 말할 수 있는가. 게다가 세계화 이후 성장제일주의에 기초한 시장경제는 더욱더 고삐 풀린 망아지처럼 문자 그대로 세계화되고 있다. 프랑스의 학자 미셸 보의 말처럼 세계는 지금 '곤두박질치고' 있는 중이다.

최근 '20:80의 사회'라는 말이 새로운 화두로 등장하였다. 지구 전체로도 20%를 차지하는 부국과 80%를 차지하는 빈국으로 나누어져 있는데, 각 나라도 20%의 부유층과 80%의 가난한 층으로 나누어진다는 것이다. 그런데 빈부를 구분하고 빈국, 부국을 구분하는 계기(바로미터)는 다름아닌 에너지 소비량이다.

실제로 오늘날 인구로는 20% 정도를 차지하는 제1세계가 지구 전체 에너지 소비량의 80% 이상을 소비하고 있다. 이는 20%의 인구가 지구를 80% 이상 착취하고 더럽히고 있다는 말과 같다. 이런 점에서 볼 때, '20:80의 사회'를 어떻게 개선시켜야 할 것인가라는 질문에서 가난한 80을 부유한 20쪽으로 끌어올리려는 기획은 올바른 해결 방안이 될 수 없다는 결론에 도달한다. 그리고 그런 기획은 실상 희망사항이거나 구호일 뿐 실현되지도 않는 것이다. 지금까지 IMF나 OECD나 세계은행이나 신자유주의자들이 주장해온 성장, 효율 등이 실제로 세계와 각 국가에 똑같이 가져온 게 다름아닌 빈익빈 부익부였고 20:80의 사회였다. 어디서도 빈부 격차는 해소되지 않았고 지구의 훼손 속도만 빨라졌다. 따라서 지구 파멸에 따른 인류 공멸을 피할 수 있는 길은 우선 성장제일주의와 생산-소비경쟁에서 벗어나는 데서부터 시작되어야 할 것이다. 그래야 세계와 각 국가에서 사람들이 서로 연대하며 상생하는 길도 열릴 것이다. 따라서 지구 전체로도, 또 각 나라도, 20의 부를 가난한 80쪽에 나누어주는 게 우선되어야 하며, 또한 더 늦기 전에 과감한 에너지 절약 정책과 풍력에너지와 태양에너지 등 대체에너지 개발에 나서야 할 것이다.

자동차는 필요악일 뿐일까? 절대악에 가까운 것이 아닐까? 분명한 것은 우리가 운전대에 앉을 때마다 '나는 지금 지구가 수백만 년 걸려 만든 기름을 소비하려는 참이며, 동시에 나 자신뿐만 아니라 내 자식들이 숨쉴 공기까지 더럽히려는 참이다' 라는 인식이 필요하다는 것이다.

파리와 지하철

서울을 떠난 사람들이 얼마나 서울을 그리워할까? 아무리 내가 서울보다는 강과 들과 산이 더 그립다고 말하지만 그래도 서울을 나만큼 그리워할 사람이 얼마나 또 있을까?

몽마르트르 언덕 위에는 사크레 쾌-르 성당이 있고 그 밑으로는 폭이 넓고 계단도 여럿인 층계참이 있다. 그 층계에 앉으면 파리가 한눈에 내려다보이는 만큼 전망도 좋아서 몽마르트르 언덕에 오른 여행객들은 그곳에서 쉬곤 한다. 젊은이들 중에는 기타를 치며 노래를 부르기도 하는 곳이다. 그렇게 세계에서 온 여행객들이 쉬며 노래 부른 지 꽤 오래되었기 때문에 지금은 파리에서 노래를 마음대로 부를 수 있는 하나의 공공 장소처럼 된 곳이다.

얼마 전에 서울에서 온 여성단체여행팀과 함께 몽마르트르에 오른 적이 있었다. 그 분들은 그 층계참에서 〈서울의 찬가〉라는 노래를 합창하였다. 파리를 내려다보며 "아름다운 서울에서, 서울에서 살렵니다"라고 노래를 불렀던 것인데, 나는 왠지 따라 부르지 못했다. 가슴으로 듣느라고 그랬는지 모르겠다.

나는 나의 '서울 그리움'에 함정(?)이 있다는 것을 잘 알고 있다. 세월이 지나면서 좋지 않았던 기억은 모두 잊어버렸고, 봄바람 날리는 저녁 거리와 왁자지껄한 시장 골목과 홍합 국물이 설설 끓는 포장마차집과 동숭동 대학로(어떤 분은 내가 이 얘기를 꺼내니까 펄쩍 뛰며 절대로 찾아가지 말라고 했다)와 그리고 사람들에 이르기까지 온통 좋은 기억들만 간직하고 있다. 그 위에 환상까지 보태 서울을 그리워하고 있을 것이다. 그래서 어떤 때는 이 그리움을 그대로 간직하는 편이 더 낫지 않을까 하는 생각까지 들기도 한다.

파리는 아름답다. 서울이 아름답다고 노래 부르지만 노래일 뿐인지 모른다. 그렇게 노래 부르는 사람들조차 마음 속으로 진정 서울이 아름답다고 생각하는지 알 수 없고, 또 서울을 아름답게 가꾸기 위하여 노력하고 신경쓰는지도 나는 알지 못한다. 파리 사람들은 '파리의 찬가'라는 상송이 없어서 '아름다운 파리에서······' 라는 노래를 부르지 않지만 파리를 아름답게 꾸미고 보존하기 위하여 노력하고 신경쓰고 있다. 그래서 파리는 항상 아름답다. 밤의 파리는 더욱 아름답다. 그래서 어떤 이는 "파리는 밤이다!"라는 말을 하기도 한다.

내가 서울을 그리워하듯, 파리를 떠난 파리 사람들은 누구나 파리를 그리워한다. 영화촬영 때문에 두 달 동안 남미에 갔던 어느 영화배우의 첫마디는 "파리가 너무 그리웠다"였다. 영국에 유학했던 딸 수현이도 떠난 지 두 주일이 지났을 즈음에 벌써 "파리가 보고 싶어요. 파리는 정말 예쁜 도시예요"라고 했다. 한 달 동안 스페인의 해안에서 바캉스를 보냈던 한 프랑스인 친구는 "바캉스가 끝나가니 참으로 아쉽다. 그러나 파리로 돌아간다고 생각하니 한편 즐겁기도 하다"는 내용의 편지를 보내왔다. 그래도 여기까지는 나의 서울 그리움에 비한다면 별 게 아니었다. 그런데 그 프랑스 친구의 마지막 말에 이르러선 나도 서울 그리움에 대하여 다시 생각해 보지 않을 수 없었다. 그는 편지의 마지막에 이렇게 덧붙였다.

"나는 파리 지하철의 냄새가 그립다."

내가 아무리 서울을 그리워한다고 할지언정 서울 지하철의 냄새까지 그리운 것은 아니었기 때문에.

실제로 파리 지하철 입구에 들어서면 향수냄새와 오줌냄새 그리고 땀냄새가 적당히(?) 뒤섞인 파리 지하철 특유의 냄새를 맡을 수 있다. 그런데 최근에 집 없는 사람들이 늘어나면서 오줌냄새의 비율이 높아진 모양이다. 나의 프랑스인 친구가 그리워하는 만큼, 파리교통공사는 지하철의 냄새 문제에 새로이 신경을 쓰지 않을 수 없었다. 그래서 요즘 한창 오줌냄새를 중화시키기 위한 향수를 개발하고 있다고 한다. 그런데 내 프랑스인 친구가 진정으로 파리 지하철의 냄새까지 그리워한 것은 아닐 것이다. 그 말에 담긴 속뜻은 파리가 그립다는 것과 파리 생활을 상징하는 지하철에 대한 정감의 표현이었을 것이다. 그만큼 파리의 지하철은 파리 사람들에게 친근감을 주고 있다.

파리의 대중교통수단이 잘되어 있다는 사실은 널리 알려져 있다. 그래서 이따금 한국에서도 관계자들이 견학하기 위해 출장을 나온다. 그러나 그들은 지하철이나 고속지역전철을 구경하고 타 보는 데 그칠 뿐, 파리의 대중교통수단에 담겨 있는 기본정신까지 살펴보는 것 같지는 않다.

파리의 대중교통수단이 잘되어 있는 가장 중요한 이유는 수지 타산이나 경제성을 무시하고 시민의 이동을 생존권 차원으로 보고 운영하는 데 있다. 예를 들어 한국에서 수인선을 폐쇄했던 것과는 정반대로, 파리교통공사는 최근에 보비니와 생드니를 잇는, 그리고 라데팡스와 이시레물리노를 잇는 전차 노선을 개통시켰다. 앞의 노선은 파리의 북쪽 교외와 동쪽 교외를, 뒤의 노선은 남쪽 교외와 서쪽 교외를 직접 연결시킨 것인데 각 종점과 정류장들은 모두 지하철과 버스로 연결되는 곳이다. 그러므로 새로운 노선은 사람들이 지하철로 파리에 들어갔다가 다시 나와야 하는 불편함을 덜어주기 위해서 건설한 것이다. 요금체계가 구역별로 되어 있고 또 대부분의 시민과 지역민이 월 통용권을 사용하기 때문에 파리교통공사는 새로운 전차노선 개통에 따른 추가 수입을 별로 기대할 수 없었다. 그런 걸 뻔히 알면서도 과거의 유물인 전차를 다시 가져와 거기에 오늘의 기술을 적용하여 새로운 노선을 건설했다. 경제성이나 수지 타산의 주장이 앞선 곳에서는 전혀 불가능한 일이었다.

실제로 파리교통공사의 총운영비 중에서 실사용자가 부담하는 비율은 40%에 지나지 않는다. 게다가 모든 봉급생활자에게 기업주가 대중교통비의 50%를 부담하므로 실사용자의 부담률은 33%로 다시 또 떨어진다. 결국 국가, 시(市), 도(道)와 기업이 시민, 지역민들의 편하고 빠른 이동을 위해 투자를 계속하고 있는 것이다.

파리의 지하철은 1900년에 개통되었다. 영국의 런던과 헝가리의 부다페스트에 이어 유럽에서는 세 번째였다. 런던에 비해 30여 년 뒤늦었으나 지역고속진철(RER)로 일찍이 그들을 따라잡았고, 1998년에는 국립 대도서관과 마들렌느를 잇는 운전자 없는 전자동체제의 지하철노선을 개통시켰다. 그래서 지금은 단연 세계 첨단을 달리고 있다. 그리하여 지하철산업은 프랑스의 또 하나의 자랑거리인 테제베와 함께 중요한 외화벌이의 원천이 되었다.

프랑스에선 국민들의 이동을 생존권 차원에서 보고 신속하고 편한 대중교통수단을 제공하기 위해 투자를 계속하여 기술을 발전시킨다. 이를 통해 획득한 국제경쟁력으로 대외적으로는 국내에서 무시되었던 경제성을 철저하게 반영, 추구하여 국익을 극대화하고 있다고 볼 수 있다. 대중교통수단 부문 산업에서 특히 프랑스가 강세를 보이고 있는 배경이 바로 이런 것이다.

1999년에 귀국했을 때 서울 지하철을 탔다. 꼭 20년 만의 일이다. 서울 지하철은 파리 지하철에 비해 깊었고 컸다. 별다른 냄새가 나지 않았는데 사람들의 표정에서는 고단함이 배어나왔다. 그 2년 전 생전 처음 가본 일본 도쿄에서 지하철을 탔을 때와 비슷한 느낌이었다. 어느 날 앞좌석에 앉은 일곱 명의 승객 중에 우연히 세 사람이 루이뷔통 가방을 들고 있었다. 아직 '짝퉁'이라는 말을 모를 때여서 무척 놀랐다. 영구 귀국한 뒤로 이동할 때 지하철을 주로 이용하는데 냄새나는 파리 지하철이 그리울때가 있다.

프랑스 사회의 이면

아기를 낳으세요

　서유럽 나라들이 공통으로 직면하고 있는 중대한 고민 중의 하나는 여자들이 아이를 잘 낳으려 하지 않는다는 점이다. 유럽연합(EU)의 가임 여성당 평균 아기수가 1.5 정도밖에 되지 않아 이대로 간다면 적어도 15년 후부터는 유럽연합의 인구가 급격히 감소할 것이라고 한다. 그래서 전문가들은 인구 문제가 다른 어떤 문제보다도 가장 심각한 사회문제가 될 것이라고 경고하고 있다. 그 대신에 오늘의 가장 큰 사회문제인 대량실업은 그때쯤이면 자동적으로 없어질 것이라고 예상하기도 한다.

　프랑스 여성은 가임 여성당 평균 아기수가 2.0(2007)에 이르러 1.3 정도에 머물고 있는 독일과 이탈리아 여성에 비하면(2007년 유럽 평균 1.5, 세계 평균 2.7, 한국은 1.2에 머물고 있다) 아기를 잘 낳아주는 편이다. 2차대전 이후 60년대까지 이른바 '베이비붐' 시절 이후 출산율이 계속 내리막길을 걸어 큰 걱정거리가 됐는데 최근에는 올라가고 있어서 인구정책 관계자들을 안심시키고 있다. 그러나 아직 충분하지는 않다. 현재 인구가 늘고 있긴 하다. 그러나 그것은 출산율 증가보다는 평균 수명(남자 74세, 여자 82세)이 늘어난 게 주된 요인이며 여기에 이주한 사람들의 국적 취득과 출산이 보태진 결과다. 한마디로 지금 프랑스는 늙어가는 중이다.

이와 같은 인구의 노화현상은 노인복지정책을 그 뿌리부터 위협하고 있다. 경제활동 인구와 비활동 인구의 비율이 크게 달라져, 노인들에 대한 복지정책이 일반화되기 시작한 1930년대엔 한 명의 은퇴자를 위해 4명 가까운 활동 인구가 있었다. 그러나 오늘날은 2명 남짓으로 줄어 부담이 크게 늘어났기 때문이다. 뿐만 아니라, 인구의 노화는 구조적 실업의 요인이 되기도 한다. 어린이에 비해 노인이 덜 소비하고 교육, 스포츠 등 어린이들을 위한 일자리도 줄기 때문이다.

프랑스의 여성들이 아기를 낳기 싫어한 지는 꽤 오래 되었다. 2세기 전인 나폴레옹 당시의 프랑스 인구는 2,500만 가량이었다. 당시 프랑스가 강대국이 될 수 있었던 데에는 다른 나라들(영국 1,600만, 프러시아 800만)에 비해 인구가 많았던 배경도 있었다.

60여 년 전, 김구 선생이 남북 합작을 호소하던 때 3천만 동포였던 인구가 지금은 남북 합해 7천만을 넘고 있는 점과 프랑스의 인구가 지금 6,300만밖에 안 되는 점을 비교해보면 프랑스의 인구 증가가 얼마나 더디게 진행되었는지 알 수 있다. 두 번의 대전으로 인구 손실이 많았다는 것을 감안하더라도 프랑스의 여성이 아이를 많이 낳지 않았던 것은 틀림없는 사실이다.

나는 프랑스에 있는 한국인 유학생 부부에게 가능하면 프랑스에서 아이를 낳으라고 권유하고 있다. 오늘날 프랑스 정부가 펴고 있는 산아 격려정책의 혜택을 받으라는 얘기다. 태아수당, 분만비 무료 등의 혜택은 물론이고 유아수당, 탁아 보조금, 아이의 숫자에 따른 가족수당, 주거수당, 새학기에는 문구류 구매 보조금까지 주고 있다. 대학까지 학비도 전혀 없으니, "태아 때부터 공부를 마칠 때까지 제 몫은 타고난다"고 할 수 있다.

외국인들도 '종이(체류허가증)'가 있으면 프랑스 사회의 일원으로 인정되기 때문에 당연히 제반 혜택을 받을 수 있다. 한국보다 높은 부가세(20.6%)를 내면서 살고 있으므로 프랑스에 있는 동안 이런 혜택을 받지 않으면 계산상으로 손해다. 그러므로 혜택을 받으면서 크게 고마워할 것도 없다.

이렇게 갖가지 수당을 주면서 산아 격려정책을 펴고 있는데도 프랑스인들은 애를 갖고 싶다면서도 갖지 못하는 첫 번째 이유로 경제적 이유를 꼽는다. 인공 유산(합법임)을 마다하지 않는 이유도 경제적 이유다. 나로선 알 수 없다. 차라리 "아기에게 뺏길 시간과 정력이 아까워서"라고 말하는 편이 개인주의자들의 솔직한 이유가 아닐는지?

개똥 청소부

몇 년 전부터 프랑스 대도시의 길거리엔 새로운 직업인이 등장했다. 길에 널려 있는 개똥만을 전문적으로 수거해 가는 사람들이다. 그들은 진공흡입기가 부착된 오토바이를 타고 인도와 차도를 넘나들며 온종일 개똥을 찾아 나선다. 눈을 번득이며 개똥을 찾아다니는 것인데 드디어 개똥이 발견되면 득의의 미소(?)와 함께 진공흡입기의 입구에 맞춘 다음 버튼을 눌러 빨아들인다. 직업치곤 실로 희한한 직업이라 하지 않을 수 없는데, 실업률이 12%에 육박하여 가장 심각한 사회문제가 되고 있는 나라에서 일자리를 제공한 견공들에게 고맙다고 해야 할지 모르겠다. 어느 영화인은 단편영화에서 개똥을 찾아 헤매는 개똥 청소부의 이글거리는 눈이 마침내 개의 눈으로 변해가는 모습을 그려 새로운 세태를 풍자하기도 했다.

실로 파리의 길거리에는 개똥이 아주 많이 널려 있다. 하루에 수거되는 개똥의 양이 100톤 단위라는 것으로도 짐작할 수 있을 것이다. 한때 파리 시청은 "견공들이 일볼 때 도랑을 이용하게 하세요"라는 내용의 대형 광고를 거리 곳곳에 붙이기도 했다. 아침저녁 물로 길을 청소할 때 바로 씻어 내려보낼 수 있게 해 달라는 부탁 말씀이었다. 그러나 쓰레기 분리 수거도 아직 제대로 하지 않고 있는 시민들이므로 이 캠페인이 큰 효과를 거두기는 애당초 어려운 일이었다.

그런데 파리지엥들이나 파리지엥느들은 개똥을 잘 밟지 않는다. 그 대신에 관광객들, 그 중에서도 한국 관광객들은 아주 잘 밟는다. 파리지엥이나 파리지엥느들에겐 조심해서 길을 걷는 습성이 배어 있는 반면, 관광객들은 관광객이므로 땅을 쳐다보지 않기 때문이다. 특히 한국인들이 개똥을 더 잘 밟는 이유는 '빨리빨리 관광객'들이기 때문인 듯하다. 게다가 앞으로 보고 뒤로 보기(사진 찍기)도 바쁜 판이니 땅을 볼 여유가 있을 리 없다. 그러므로 한국 관광객들은 파리에서 개똥을 밟고 불쾌해 하기보다는 차라리 '무심코 개똥 밟기'도 파리 관광코스 중에 포함되어 있다고 생각하는 편이 정신 건강상으로 더 나을 듯싶다.

프랑스의 개팔자는 문자 그대로 상팔자이다. 죽을 때까지 배고픔도

추위도 모르고 또 사랑도 듬뿍 받으며 살아간다. 슈퍼마켓에는 여러 메이커의 개 먹이가 즐비하게 진열되어 있다. 지구 전체 인구의 20% 이상이 언제나 배고픔을 참아야 하고, 매일 약 5만이 굶어 죽어가고 있는 세계에서, '전지구적으로 사고하면'[*], 사람들에게도 부족한 양식을 견공들이 축내고 있음이 분명하다. 그런데도 개 먹이회사들은 '지역적으로 실천하여'[*] 서로 다투어 텔레비전 광고 등을 통해 자기 회사의 제품이 견공들을 가장 즐겁게 해주고 건강하게 해준다고 선전하고 있다. 파리의 북서쪽 위성도시 클리쉬의 쎄느강변에는 타계한 견공들을 위한 묘지도 있다. 제1세계의 견공들은 죽어서도 제3세계의 인간들보다 더 융숭한 대접을 받고 있는 것이다.

그러면 수많은 프랑스인들이 아파트에 살면서도 개와 동거하는 이유는 무엇일까? 그리고 이런 현상이 근래 더욱 유행처럼 번지고 있는 까닭은 무엇일까? 어떤 사람은 개의 충실성 때문이라고 말한다. 틀린 얘기가 아니다. 사람들은 배신하기도 하지만 개는 배반할 줄 모른다. 그래서 쉽게 신의를 저버리는 사람을 '개보다 못한 놈'이라고 일컫기도 한다. 그렇지만 오늘의 현상을 개의 충실성만으로 설명할 수는 없다.

인간에 대한 개의 충실성은 인견(人犬)관계가 시작된 이래 변하지 않았다. 호머는 오디세이아에서, 오랜 여행에서 돌아온 율리시스를 알아본 사람은 하나도 없었는데 오직 그의 개만이 주인 율리시스를 알아보았다고 썼다. 그러므로 변한 것은 개가 아니라 사람이다. 사람은 원래 애정을 받기 위해 애정을 준다. 그 애정의 대상이 인간에서 개로 바뀌어지고 있는 것이다.

---

[*] 리우 환경회의 이후 "전지구적으로 생각하고 지역적으로 실천하자!"라는 표어가 나왔다.

결국 오늘날 프랑스 사회의 동물애호현상은 개인주의가 극단으로 치달아 핵가족마저 분열되고 있는 상황의 반영이 아닐까 싶다. 인간관계의 차변을 인견(人犬)관계로 메꾸고 있다고나 할까. 그리하여 외롭고 소외되고 정체성마저 상실한 인간들이 개가 꼬리를 흔드는 모습에서 마음의 평화와 위안을 찾고 있다. 이는 바캉스철에 버려지는 개가 많다는 데서 거꾸로 증명된다. 바캉스를 떠날 때는 외로움도 소외감도 덜 느끼고 또 정체성도 되찾게 됨에 따라 기르던 개가 귀찮게 느껴지는 것이다.

십여 년 전부터 왕년의 육체파 배우 B. B.(브리지트 바르도)가 앞장선 프랑스의 동물 애호단체가 보신탕을 먹는다고 한국인들을 '야만'이라고 맹렬히 비난했다. 그런데 그들은 개나 고양이 등을 끔찍이 사랑하는 반면, 먹을 게 없는 사람들에 대해서는 별 관심이 없다. 그리고 그들의 동물 사랑은 유별나서 기이한 데까지 나아간다. 개 미장원에서 개의 머리를 퍼머해주거나 리본을 달아주고 겨울철에 옷을 해입히는 것은 약과다. 개는 사랑하지만 개 짖는 소리는 싫어하기 때문에 성대를 절개시켜주고, 암캐를 좋아하지만 새끼를 낳는 것을 싫어하기 때문에 난소제거 수술까지도 마다하지 않는다.

다른 인간에게서 애정을 구하지 않게 된 인간은 다른 인간을 무관심하게 바라보고, 더 나아가 혐오하기까지 한다. 나치의 수괴들이 한결같이 개를 좋아했던 사실은 잘 알려져 있다. 그들은 사냥을 좋아했는데 그 중에서 사람 사냥을 가장 즐겼다. 현대인들이 인간과 동물을 어떻게 바라보고 있는가. 즉 인간과 동물을 대하는 시각이 어떻게 다른지에 관하여 어떤 프랑스인은 이렇게 말했다.

"오늘날 인간은 사람에게 죽임을 당하는 늑대의 모습을 볼 때보다

늑대에게 죽임을 당하는 사람의 모습을 볼 때 더 잘 견딘다."

그의 말은 과장이 아닌 진실이 되고 있다. 브리지트 바르도의 동물 사랑은 끝내 사람들을 혐오하게까지 만들었다. 2001년 손석희 씨가 진행하는 라디오 방송에 나와 개고기 식용 문화에 대한 전화 인터뷰 도중 인종차별적 발언을 하며 일방적으로 전화를 끊기도 했던 그녀는 틀림없이 한국인들을 싸잡아 혐오하고 있을 것이다. 극우파에 속해 프랑스의 아랍계 사람들도 마냥 싫어하는 그녀는 최근에 아랍계 사람들의 '희생양' 전통의식을 트집잡아 '야만'이라고 비난했다. 그래도 프랑스 법정은 아랍계 사람들의 고소를 받아들여 그녀에게 명예 훼손을 적용, 벌금형을 내렸다. 그녀처럼, 열렬한 동물애호가들 중에 극우파가 적잖이 발견된다. 반면에 휴머니스트를 찾기는 어렵다.

나는 한국에서 보신탕을 두어 차례 먹어 보았을 뿐 보신탕 애호가는 아니다. 그렇지만 보신탕을 먹는다는 이유로 한국인들이 '야만' 소리를 듣는 데에는 참을 수 없다. 내가 만난 프랑스 친구들 중엔 브리지트 바르도 같은 사람은 없었다. 내가 그들에게 일부러, "보신탕은 맛도 좋고 몸에도 좋다"고 말하면, 그들은 놀라움을 표시하고 동의할 수 없다고 했지만 문화의 차이로 이해하려고 애썼다. 간혹 "그래도 어떻게 개를……"하고 덧붙이면 나는 이렇게 응수한다. "보신탕을 먹는 사회와 개똥 청소부가 있는 사회 둘 중에 어느 사회가 더 '인간적인' 사회인가?"

어떤 수수께끼

〈번호 V-78234 : 베르사이유 시 중심에서 7킬로미터밖에 안 떨어졌음. 단독가옥. 대지 240평방미터. 건물 85평방미터. 단층. 서남향. 조용. 전망 뛰어남. 거실 한 개. 방 두 개. 목욕탕. 중유로 난방. 지하에 차고와 창고. 목숨 둘(수 82세, 암 78세). 위 번호를 기재하여 주간지로 연락 바람〉

독자들은 위에 쓴 것이 어느 주간지에 실린 부동산 관련 광고 문안이라는 것은 쉽게 알아차렸을 것이다. 그런데 희망 판매가격이든 임대 월세든(프랑스에 한국의 전세와 같은 제도는 없다) 금액이 표시되어 있지 않은 반면, 도저히 이해할 수 없는 항목을 발견했을 것이다. 마지막에 있는 '목숨 둘(수 82세, 암 78세)'이 그것이다. 부동산 광고에 '목숨 둘'이 웬 소리인가. 목숨 둘까지 끼워서 판다는 얘기인가. 아니면 목숨 둘이 있는 집에서 함께 살자는 얘기인가.

이 수수께끼에 한 가지 힌트를 준다면 위 문안이 비아제(Viager)라는 칸에 있다는 것이다. 사전을 찾아보면 'viager'란 '종신(의), 종신 연금(의)'으로 나와 있다. 이젠 대충 눈치를 챈 사람이 있을 테지만 그래도 완전히 광고 내용을 파악한 사람은 아주 드물 것이다. 이 광고 문안을 알기 쉽게 풀어서 말하면, "82세의 남자와 78세의 여자가 둘 다 사망할 때까지 일정액을 매달 지급하는 사람에게 이 집을 양도하겠다"는 것이 된다. 까놓고 말해서, "우리가 둘 다 죽으면 이 집을 줄 테니 그때까지 우리에게 매달 얼마씩 주겠니?"이다.

결국 흥정의 대상인 '매달 얼마씩?'은 집값에 비례하고, 목숨 둘일 때보다 하나일 때 높고 또 '목숨'의 나이가 많을수록 높게 책정되는 것이다. 그러므로 '목숨 둘(수 82세, 암 78세)'이라고 밝힌 것은 아주 당연하다. 이 비아제 광고는 프랑스의 부동산 매매나 임대차 광고를 전문으로 하는 주간지에서 자주 눈에 띈다.

　사람이 언제 죽을지 알 수 없다는 것은 실로 다행스러운 일이지만 프랑스의 비아제 금액을 책정하는 데에는 아주 불편하다. 점을 쳐서 정할 수는 없고 통계와 조합, 확률 계산이 동원될 수 있겠다. 즉 목숨이 하나일 때는 각 나이별로 잔여 평균 생존 연수를 따지고 '목숨 둘'일 때는 나이의 조합별로 둘 다 사망할 때까지의 평균 잔여 생존 연수를 계산하는 것이다.

　통계는 두 목숨 중에 '암'이 먼저 사망할 경우가 '수'가 먼저 사망할 때에 비하여 동반자의 잔여 생존 연수가 아주 짧다고 말하고 있다. '암'이 '수'에 비해 혼자 사는 능력이 큰 것이다. 그래서인지 목숨 둘일 때가 목숨 하나(이 경우는 거의 '암'이다)일 때보다 더 유리한 투자 조건이 된다고 주장하는 사람도 있다. 오래된 '목숨 하나(암)'는 이미 혼자 사는 데에 습관이 되어 있어서 쉽사리 사망하지 않는다는 것이다.

　이처럼 통계, 조합 등이 동원되기도 하지만, 비아제 계약은 결국 일종의 도박인 셈이다. 단시간에 한판 승부로 끝나는 게 아니라, 장기간에 걸친 큰 도박이라고나 할까? 집주인은 집주인대로 일찍 사망할 줄 미리 안다면 집을 팔 터이고, 계약 상대자는 상대자대로 집주인이 오래 살 줄 미리 안다면 계약에 선뜻 응하지 않을 것이다.

　독자 중에 잔 칼맹이라는 할머니를 기억하는 사람이 있을 것이다. 121세까지 생존하여 세계에서 가장 나이 많은 사람으로 알려져 꽤 오랫동안 프랑스뿐만 아니라 전 세계 매스 미디어의 각광을 받았던 할머니다. 1890년 반 고흐가 사망했던 당시를 회고하기도 했던 그녀에게 이 비아제에 얽힌 사연이 있다. 그녀가 80여 세일 때 그녀보다 (당연히) 훨씬 젊은 공증인이 그녀와 비아제 계약을 맺었다. 할머니에게 매달 꼬박꼬박 연금을 지급했던 그 남자가 먼저 사망했음은 말할 필요가 없겠다.

잔 칼맹 부인은 그 비아제 계약에 관해 코멘트를 요청받고, "사람이 살다 보면 손해볼 수도 있는 거야!"라고 말했다고 한다. 하필이면 세계 최고령이 될 사람과 비아제 계약을 맺었으니 그 남자는 말 그대로 재수없는 사람이었다. 그는 칼맹 부인과 계약을 맺으면서, '이 할머니가 언제 죽을까?'라는 생각을 하지 않았을 리가 없고 또 매월 비아제를 지불하면서 '이 할머니가 왜 빨리 안 죽지?'라는 혼잣말을 무의식적으로라도 했을 것이다.

이 비아제를 프랑스인들은 합리적인 제도라고 생각하고 있는 듯하다. 은퇴 연금만으로는 넉넉지 못한 노인들이 재산이라곤 집만 달랑 소유하고 있을 때, 이 제도는 사망할 때까지 집을 그대로 소유한 채 일정한 수입을 보장케 해준다는 것이다. 이 제도가 없으면 노인들이 집을 팔게 될 터인데 그러면 노인들의 복지가 더 위태롭게 될 수도 있다는 것이다. 딴은 그럴 것 같기도 하다. 말하자면 노인들이 집을 파는 도박을 하지 않도록 젊은 투자자들이 대신 도박하도록 한다는 얘기가 되겠다. 그래서 프랑스인들은 비아제를 '차가운 이성이 낳은 합리적인 제도'라고 말하겠지만 나의 정서는 이를 도저히 받아들이지 못한다. '차가운 이성'이 아니라 '도구화된 냉혹한 이성'이라고 생각될 뿐이다. 동양인의 정서와 서양인의 정서는 서로 다른 구석이 분명히 있는 것 같다.

어떤 할머니의 비둘기 사랑

몇 해 전 파리에선 기묘한 사연이 담긴 민사재판이 열렸다. 피고는 파리에서 가장 부유한 주거지구인 16구의 한 아파트에 혼자 살고 있는 일흔 살을 넘긴 할머니였고, 원고는 같은 아파트에 사는 이웃사람들이었다. 이웃 사촌이 아니라, 이웃 간 소송이라고나 할까.

사건의 발단은 할머니가 아파트의 발코니에 찾아온 비둘기에게 모이를 준 데서 시작되었다. 비둘기를 벗삼기로 작정한 할머니가 계속 모이를 주자, 찾아오는 비둘기의 수가 점점 늘어났다. 할머니는 신이 났고 더 열심히 모이를 주었다. 드디어 수백 마리의 비둘기 떼가 아파트 주위를 맴돌며 떠나지 않게 되었다. 할머니는 더욱 신바람이 났고 외로움을 잊을 수 있었지만, 아파트 주민들에겐 난리 아닌 난리가 생긴 것이다. 항상 시끄러운 데다가 비둘기 똥에, 털에, 먼지에……. 아파트 주민들은 할머니를 만류하려고 별의별 방법을 다 동원했으나 할머니는 막무가내였다. 종내에는 비둘기 모이를 잔뜩 사잰 뒤에 아예 문을 잠가버리고 외부와 일체의 접촉을 끊어버렸다. 그녀에게는 비둘기만 존재했고 비둘기가 곧 삶이었다.

그렇게 일년 가까운 시간이 지나갔다. 부유층 지구의 고급 아파트는 점점 시끄럽고 더러운 아파트로 변해갔고 자연 집값도 떨어졌다. 견디다 못한 이웃 중에 집을 팔고 떠나려는 사람도 있었지만 이미 '비둘기 아파트'로 소문난 터라 사겠다는 사람이 없었다. 아파트 주민들에겐 그야말로 악몽과 같은 비둘기 떼였다. 그들은 결국 소송하기로 결정했던 것이다.

재판 결과는 할머니의 패소, 30만 프랑의 손해배상 판결로 재판은 일단락되었다. 재판은 끝났으나 할머니의 외로움과의 싸움에 대한 해답은 없었다. 비둘기마저 잃어버린 그 할머니는 지금 다음과 같은 노래를 부르고 있는지 모른다.

   가진 것이 아무것도 없소
   나의 말을 들어줄 그 누구도 내 주위에 없소
   잊혀진 몸
   이제 쇠잔해졌다오
   어제는 찬 비에 그만 치맛자락을 적셨구려
   뒤돌아보니 거리는 텅 비어 오히려 허전하고
   가만히 자리에 누우니 사방은 희미한데
   어디선가 아기의 울음 소리, 아이들의 재잘거림이
   구구구 가버린 비둘기 울음처럼 아련하오

   지금 내가 바라는 것이 있다면
   그것은 다만 따스한 그것
   바람 잔 유월의 햇살이어도
   이제 내가 바라는 것이 있다면
   그것은 다만 따스한 그것.

한국 유학생들

80년대 후반부터 한국에서 젊은이들이 프랑스에 몰려오기 시작했다.

잠깐 동안 배낭여행 하고 돌아가는 학생들도 많지만 유학생들도 아주 많다. 프랑스 유학생이 미국 유학생 다음으로 많을 것이다. 워낙 유동적이어서 한국 출신 프랑스 유학생이 얼마나 되는지 정확히 파악할 수 없겠으나 1만 명은 족히 넘을 듯하다. 이들이 외환은행 파리지점과 대한항공 서울-파리 노선의 주된 손님이기도 하다.

프랑스의 한국인 유학생에겐 다른 나라의 유학생들과 다른 두 가지 특징이 있다. 그 하나는 여학생이 80% 이상을 차지할 정도로 높은 비율이라는 것이며, 또 하나는 정규대학에 다니는 학생의 비율이 아주 낮다는 것이다. 총 유학생수는 중국 출신에 비해 훨씬 더 많은데 정규대학에 다니는 학생 수만 따지면 4천여 명인 중국에 훨씬 못 미친다. 과거에는 회화나 불문학 분야가 대종을 이루었는데, 지금은 그 밖에 의상, 실내장식, 화장, 미용, 요리 등으로 분야가 아주 다양해졌다. 이 분야를 가르치는 곳은 모두 사립 학원들이어서 학비가 없는 정규대학과 달리 매년 4만 프랑 가량의 비싼 등록금을 내야 한다.

실제로 장기 불황으로 학생 유치에 어려움을 겪고 있는 프랑스의 학원계에 구세주처럼 등장한 게 바로 한국 출신의 유학생들이다. 이 말은 전혀 과장된 게 아니다. 의상학원을 예로 들자면, 파리에 있는 세 개의 의상학원(베르소, 의상조합학원, 에스모드) 모두에서 한국 출신 학생수가 프랑스나 다른 어떤 나라의 학생수보다 많아 학원 관계자들을 놀라게 하고 있고 또 즐겁게 해주고 있는 실정이다. 과거에 프랑스의 남부 지방도시에 있는 어느 대학 불문과에 프랑스 학생보다 한국 학생이 더 많았다는 얘기가 있었는데, 이런 기현상이 의상학원에서 더 심한 형태로 나타난 것이다. 어느 의상학원에선 한국인 조교를 고용했다고 한다. 한국 학생이 워낙 많아 취한 조처였겠지만 다른 한편, 프랑스 말을 잘 못하는 한국 학생들을 겨냥한 일종의 학생유치 영업전술이기도 했다.

한국이 유별나게 많은 의상디자이너를 필요로 하는 것은 아닐 터이다. 또 설사 많이 필요하다고 하더라도 그 사람들이 모두 파리에서 배워야 하는 것도 아닐 것이다. 의문은 끊이지 않는다. 그렇게 많은 실내장식가가 필요할까. 그렇게 많은 프랑스 요리사가 필요할까. 그렇게 많은 화장술사가 필요할까……. 그렇다면 옛날부터 숱하게 많았던, 그리고 지금도 숱하게 많은 불문학 전공자들은, 그리고 회화 전공자들은 한국을 위해 어떤 공헌을 했고 또 하고 있을까?

지금도 파리나 교외에 있는 이런저런 미술학원에는 한국 학생들이 줄기차게 찾아와 관계자들을 놀라게 하면서 즐겁게 해주고 있다. 원래 시민이나 도민을 위해 개설한 미술 교실인데, 저 먼 한국 땅에서까지 학생들이 찾아오니 어찌 놀랍고 고마운 일이 아니겠는가.

물론 개중에는 진지한 학생도 없지 않다. 그러나 대부분은 '한국에서 마땅히 할 일은 없고 집안에 여유가 있어서' 찾아온 프랑스 땅이 아닌지 의심스럽다. 대학 입시에 실패한, 부유한 집안 학생들의 도피처가 되기도 한다. 한국의 거품현상이 한국 땅에 머물러 있지 않고 프랑스 땅에까지 그 모습을 드러내고 있는 것이라고 할 수 있다. IMF 관리체제가 왔다지만, 그 충격은 거품을 없애기보다는 "악화가 양화를 구축한다"는 식으로 진지한 학생들만 몰아내고 있는지 모를 일이다. 그리하여 대부분의 유학생들이 프랑스 사회에 대하여 조금도 이해하지 못한 채, 대충 놀고 소비를 즐기다가 돌아가는 일이 벌어지고 있다.

프렌치 지골로

미국 영화 중에 〈아메리칸 지골로〉라는 게 있었다. '지골로' 란 '기둥서방'을 뜻하는 말이니 '아메리칸 지골로' 란 '미국의 기둥서방' 이란 뜻이다. 영화의 자세한 내용은 잊었지만, 돈 많고 나이 많은 부인네를 유혹하는 일을 주업으로 삼는 젊은 남자가 주인공이었다. 실제로 미국에는 일본과 한국 등 아시아계의 돈 많은 부인네를 전문적으로 유혹하는 허우대 멀쩡하고 춤 잘 추는 지골로들이 있다고 한다.

프랑스에도 그런 지골로들이 있다. 이들 '프렌치 지골로' 들은 주로 파리를 무대로 하여 한국이나 일본에서 온 젊은 여학생들을 겨냥하고 있다. 나이 든 여성을 주대상으로 삼는 아메리칸 지골로와 다른 점인데, 파리에 나이 많고 돈 많은 아시아계 여성은 별로 없고 그 대신에 돈은 많지 않아도 새파랗게 젊은 여성이 많이 찾아오는 데서 온 차이라 할 수 있다.

아메리칸 지골로나 프렌치 지골로나 '꿩먹고 알먹는' 것은 똑같은데, '꿩' 과 '알' 사이의 비율이 서로 다른 것이라고나 할까. 돈은 많지 않은 대신 젊다는 얘기인데, 한편 이 차이가 프렌치 지골로들에게 아메리칸 지골로에 비해 시간적으로 조금 더 긴 관계를 유지하게 하는 것 같다.

프렌치 지골로들은 파리의 소르본느 근처나 라스파이으 대로에 있는 알리앙스 프랑세즈 근처를 배회하며 한국과 일본 출신 여학생을 노린다. 그들은 두 가지 사실을 아주 빠삭하게 잘 알고 있다. 하나는 한국과 일본 출신 여학생 중에 돈을 꽤 잘 쓰는 학생이 적지 않다는 사실이며, 또 하나는 자기들이 접근했을 때 넘어가지 않는 여학생이 별로 없다는 사실이다.

프렌치 지골로와 한국에서 온 여학생이 주인공으로 등장하는 하나의 스토리를 엮어 보면 다음과 같다.

설왕설래(說往說來)에서 설왕설래(舌往舌來)로

한국인과 달리 두상이 작고 잘생긴(처음에는 다 잘생겨 보인다) 20대 후반쯤 돼 보이는 프랑스 청년 하나가 알리앙스 프랑세즈 앞에서 유명한 브랜드의 옷을 입은 한국 출신 여학생에게 접근하여 이렇게 수작을 건다. "당신, 코레엔느 맞지? 나는 한국을 무척 좋아해. 그래서 한국말을 배우고 싶어. 너는 나에게 한국말을 가르쳐주고 나는 너에게 프랑스 말을 가르쳐주면 서로 좋지 않겠니"라고. 한국 출신 여학생이 프랑스 말을 워낙 못해서 이해하지 못하는 것 같으면 그는 더듬거리는 영어로 똑같은 내용을 말할 것이다.

곱살한 프랑스 청년의 이 속삭임에 넘어가지 않을 한국의 여학생이 얼마나 있을까. 남의 땅, 외롭기도 하다. 성에 관해 억압적인 한국 사회에서 남자 친구를 제대로 사귀어 보지 못했던 여학생에게 남자를 선별하는 눈이 있을 리 없다. 게다가 상대는 눈 크고 롱다리인 프랑스 청년이다. 프랑스에 왔으니 우선 프랑스 말을 빨리 배워야 한다는 압박감도 큰데, 프랑스 말을 속성으로 배우는 데에는 프랑스 사람을 친구로 갖는 것보다 더 좋은 길이 없다는 것도 잘 알고 있다. 외로움도 삭일 수 있고 프랑스 말도 배울 수 있으니 일거양득이다.

잠깐 동안 망설임과 채근이 오고간 뒤, 두 사람은 곧 친구가 된다. 처음에는 한국식의 친구 사이가 된다. 카페에서 커피를 함께 마시고 한 사람은 프랑스 말을, 또 한 사람은 한국말을 더듬거리며 웃음을 날린다. 시를 말하고 음악을 말한다. 아르튀르 랭보의 시와 앙드레 지드의 소설을 말한다. 랭보나 지드는 동성연애자들이었지만, 어쨌거나 한국식 친구 사이였던 두 사람을 프랑스식 친구 사이로 발전시키는 데 공헌한다. 그리하여 프랑스의 한국 유학생 사이의 은어를 빌려 말하자면, "카페에서 '설왕설래(說往說來)'하던 사이에서 '설왕설래(舌往舌來)' 좌충우돌하는(프렌치 키스를 나누는)" 사이로 발전한다. 많은 시간이 필요하지 않다. 지골로들의 능력이 그런 것이다. 두 사람은 하나의 방을 사용하고 하나의 화장실을 사용하지만 반드시 두 개를 필요로 하는 게 있다. 바로 전화선이다. 하나는 남자용이고 다른 하나는 여자용이다. 좀 더 정확히 말하면, 하나는 프랑스용이고 하나는 한국용이다.

그렇게 3~4개월에서 반년이 지난다. 아주 길어야 일년이다. 그 동안 두 사람에게 발생하는 모든 비용을 한국 출신 여학생이 지불한 것은 물론이다. 그러나 그것뿐이라면 한국 여학생에겐 아주 다행스러운 일이다. 이런 방법과 저런 수단으로 한국에서 보내온 송금의 일부가 지골로의 용돈으로 들어가지 않았다면 말이다. 프랑스 말을 제대로 못하고 프랑스 사회를 모르는 사람을 속이는 것보다 쉬운 일은 없다. 더구나 지골로가 아닌가. 함께 생활하는 기간은 대개 한국에서 보내는 송금의 크기와 순비례한다.

이윽고 싫증날 때가 왔다. 사람도 싫증나고 더 뜯어낼 핑곗거리도 궁해졌다. 어느날 갑자기 지골로는 새로운 먹이를 향해 사라진다. 그에게 헤어지기 위한 핑곗거리는 아주 많다. 그 중에 가장 쉬운 게, 함께 살아보니 문화의 차이가 너무 심하다는 것을 알게 되었다는 핑계다. 졸지에 혼자가 된 한국 출신 여학생이 차라리 잠시 프랑스 청년과 사랑을 나누었고 그 동안 프랑스 말도 많이 배웠다고 자위하면 오히려 다행스러운 일이다. 비탄에 젖어 자살 소동을 일으키는 여학생도 있기 때문이다.

돈 많은 게 탈이다

이런 지골로가 많은 것은 아니다. 극소수에 지나지 않으며, 아주 순진하고 착한 젊은이들이 훨씬 더 많다. 그러나 파리에 지골로들이 있는 것은 분명하다. 그리고 이 지골로들을 키워준 게 실은 한국과 일본에서 먼저 왔던 선배 언니들이다. 수요가 공급을 불러온 것이라 할 수 있다. 요사이는 아랍계의 사이비(?) 프렌치 지골로도 등장했다는 소문도 전해진다. 사이비든 아니든, 프렌치 지골로들의 주 공격대상이 한국과 일본 출신 여학생들이다.

그러면 이런 지골로들을 분간해내 물리칠 방법이 있을까? 한 가지 아주 간단한 방법이 있긴 하다. 가난한 유학생이 되는 것이다. 그러면 지골로들이 접근했다가도 제발로 물러날 것이다. 예를 들어 함께 카페나 식당에 갔을 때 찻값이나 식비를 지불하지 말라. 한국에선 그랬잖은가. 아니면 더치 페이를 하라. 그러나 파리에서 벌어지고 있는 실상은 한국의 모습과 정반대이다. 이 점은 한국의 청년들이 분노해 마땅하다. 가난한 유학생이 되는 게 지골로들을 물리치고 오히려 진지하고 착한 프랑스 청년을 만날 수 있는 아주 간단한 길이라고 말해 보지만 이 말이 다만 공염불에 지나지 않는다는 것을 나는 잘 알고 있다.

나는 우연히 카페나 식당에 함께 온 한국 여학생과 프랑스 청년을 볼 기회가 몇 차례 있었다. 남의 사생활에 나 역시 "즈망푸(나하고 무슨 상관이야)!"이긴 하지만 그래도 한 가지 눈여겨보는 게 있다. 누가 찻값이나 식비를 지불하는가인데, 지금까지 나는 단 한 번도 프랑스 청년이 돈을 내는 것을 보지 못했다.

이처럼 한국에서와 정반대로 나타나는 까닭은 다음 세 가지로 설명할 수 있다. 하나는 말할 것도 없이 파리에 온 거의 모든 한국 여학생들이 돈에 여유가 많다는 사실이다. 실제로 일부 파리 청년을 빼면 한국 여학생들이 파리 청년들의 평균 가용 돈에 비해 훨씬 많은 돈을 쓰고 있다. 둘째는 한국 여학생들이 물질적인 여유가 있다는 것을 자랑으로 여긴다는 사실이다. 부유함을 자랑으로, 가난함을 부끄러움이나 죄로 여기는 한국 사회의 병을 그대로 가지고 프랑스에 오는 것이다. 세 번째는 문화적 열등감을 돈으로 채우려 한다는 것이다. 문화적 열등감 중에는 프랑스 말에 서툴다는 것까지 포함되어 있다. 이 세 가지 이유에 대하여 나만 알고 있는 게 아니다. 바로 프렌치 지골로들이 누구보다도 더 잘 알고 있다. 한국 여학생 본인들이나 그리고 타국에서 딸자식이 고생하고 있다며 열심히 송금해주는 부모들보다도…….

공원의 할머니를 친구로

프랑스에 오는 젊은 그대는 부디 프랑스 땅에 첫발을 디딘 순간부터 생각을 바꾸기 바란다. 프렌치 지골로와 만나지 않고도 프랑스 말을 배우고 익힐 방법은 얼마든지 있다. 온 천지에 널린 게 프랑스 말이고 프랑스 사람 아닌가. 그대가 사는 동네에서도 공짜로 프랑스 말을 가르쳐주고 있을 것이다. 그 교사도 그대의 친구가 될 수 있다. 또 '크리스천 우애와 만남(I'A.R.C.)' 같은 곳에서는 은퇴한 학자, 교사들과 만날 수 있다. 크리스천이 아니라도 받아준다. 그대의 친구가 된 그들은 나중에 그대가 쓴 논문도 교정해줄 것이다.

그대는 지금 프랑스에 있다. 서울의 알리앙스 프랑세즈나 프랑스 문화원 그리고 프랑스 대사관 근처에서 프랑스인과 직접 대화를 가져 보려고 안간힘을 썼고 그런 중에 설움을 당하기도 했던 상황이 아닌 것이다. 이제 희소가치는 프랑스인 쪽이 아니라 그대 쪽에 있다. 그러니 제발 생각을 바꾸라. 그리고 문화적 열등감일랑 고이 접으라.

돈으로 그 열등감을 대신 채우려 하지 말라. 두 개의 문화는 서로 다른 것일 뿐, 고급한 것과 저질의 것이 따로 있는 게 아니라고 생각하라. 설사 고급한 것과 저질의 것이 따로 있다고 생각되더라도 그대는 스스로 고급한 한국 문화의 대변자가 되라. 그리고 서툰 프랑스 말을 헤픈 웃음으로 때우려 들지 말라. 프랑스 말을 잘하는 사람은 프랑스 사람들이다. 프랑스 말을 익히지 말라는 얘기가 아니다. 적어도 신문을 읽을 정도는 되어야 한다. 다만 프랑스 말에 서툴다고 기죽거나 부끄러워할 필요는 없다는 뜻이다.

그대는 한국에서의 학업이 신통치 못했을 수도 있다. 그래서 프랑스에선 기어이 학업에 성공하거나 혹은 프랑스 말을 누구보다도 더 잘 익혀서 돌아가겠다고 단단한 각오를 했을 수도 있다. 아무하고도 사귀지 않고 특히 한국인은 만나지도 않겠다고 스스로 다짐했을지도 모른다. 그러나 그랬다간 자폐증에 걸릴 위험이 있다는 것을 잊지 말라. 실제로 그렇게 된 여학생들이 적지 않다. 나는 몽파르나스 근처의 길에서 혼자 중얼거리는 한국 여학생을 본 적이 있다. 또 공중전화에서 상대방도 없이 수다를 떠는 한국 여학생을 본 적도 있다. 좋은 선배 언니를 갖는 게 그대에겐 아주 중요한 일 중의 하나임을 명심하라.

프랑스 말을 빨리 익히기 위해 말을 나눌 단짝 친구가 필요한가. 그대의 단짝 친구가 될 프랑스 사람은 길에 널려 있다. 프랑스 땅에 숱하게 깔려 있는 공원에는 밤하늘의 별처럼 많은 그대의 예비 친구들이 언제나 그대를 기다리고 있다. 벤치에 혼자 앉아 있는 할머니들이다. 남편을 잃고 혼자 된 할머니도 있지만 젊었을 때부터 아예 혼자 산 사람도 많다. 그 많은 할머니 중에서 인상이 괜찮은, 특히 눈빛이 어진 할머니를 선택하라. "40살이 넘으면 사람됨이 얼굴에 나타난다"는 불가(佛家)의 말씀은 프랑스 사람에게도 그대로 적용된다.

특히 화장이 요란스런 할머니는 피하라. 눈빛이 어질지 않고 화장을 진하게 한 할머니는 국민전선에 투표하는 사람이기 쉽다. 외국인을 내쫓으라고 주장하는 극우정당에 표 찍는 사람이 그대를 환영할 리 없다. 강아지를 데리고 있는 할머니도 피해야 한다. 강아지로 외로움을 달래는 세월이 길어지면서 인간혐오증에 걸린 사람도 있기 때문이다. 브리지트 바르도 할머니처럼 말이다.

친구가 될 할머니를 선택했으면 그 옆에 가만히 앉으라. 채 10분도 지나지 않아 그대는 할머니의 친구가 될 수 있을 것이다. 아니, 그대가 할머니의 친구가 돼주는 것이다. 그 할머니들은 같은 나이 또래의 할머니들과 친구가 되려고 하지 않는다. 이 점은 한국의 할머니들과 다른 점이다. 스스로 나이 든 것이 슬퍼서 잊고 싶은데 같은 또래의 할머니하고 친구가 되면 잊을 수가 없다. 프랑스의 할머니가 바지를 입고 있는 모습을 본 적 있는가. 흐트러진 옷매무새를 한 할머니를 본 적이 있는가. 아마 한 번도 없을 것이다. 그 까닭이 무엇인지 아는가. 여자이지 할머니가 아니라는 주장이고 선언이다. 그래서 할머니들은 꼭 치마를 입고 정장을 하고 길을 나선다. 비록 갈 곳이라고는 시장과 공원밖에 없지만 말이다.

그대의 친구가 된 할머니는 우선 그대처럼 새파랗게 젊은 여성이 친구가 돼준 것에 무척 고마워할 것이다. 스스로 젊어졌다고 느낄 수 있게 해주었으니 당연한 일이다. 자기 일로 너무나 바쁜 개인주의자들인 프랑스의 젊은이들에겐 도저히 기대할 수 없는 일이다. 할머니들은 자식에게도 다정한 친구관계를 기대하지 못한다. 그 자신도 젊었을 때 부모에게 그렇게 하지 않았기 때문이다. 그대는 잠시나마 프랑스 할머니들의 깊은 외로움에 대하여 생각해보게 될 터이고, 한국의 문화와 전통에 좋은 점이 있음을 새삼스레 느낄 수 있을 것이다. 더 나아가 우리들은 우리들이 가진 것 중에 좋은 것까지 마구 배척하고 있지나 않은지, 하는 걱정 어린 생각도 할 수 있을 것이다.

그대가 할머니의 친구가 되어 그녀를 즐겁게 해준 대가는 결코 적지 않다. 그대의 프랑스 말 실력은 하루가 다르게 늘어날 것이다. 그대의 프랑스 말이 아주 서툴러도 하등 문제가 되지 않는다. 할머니는 말하고 싶었고 또 듣고 싶었다. 특히 젊은 사람하고 젊게 말하고 싶었고 또 젊게 듣고 싶었다. 몇 시간이고 그대가 알아듣든, 못 알아듣든 그대에게 프랑스 말을 들려주고 또 몇 시간이고 그대의 서툰 프랑스 말을 들어준다. 시험적으로 석 달 동안만이라도 할머니의 친구가 돼보라. 그대의 프랑스 말 능력은 스스로 놀랄 정도가 될 것이다. 나는 그것을 확신할 수 있다.

할머니와 더욱 친하게 되면서, 그대는 요리 등 프랑스 문화에 대하여 차차 알게 될 것이다. 할머니는 그대를 집에 초대하여 자신의 요리 솜

씨를 자랑할 것이다. 그대는 할머니를 그대의 조그마한 방에 초대하여 불고기를 대접할 것이다. 시간이 흘러가고 아주 친한 친구가 된 뒤, 할머니와 함께 프랑스 시민운동단체의 자원봉사자가 되면 그야말로 금상첨화이다. 시민운동단체의 자원봉사자에겐 국적을 묻지 않는다. 봉사활동의 대상이 되는 사람에게 국적을 묻지 않는데 봉사자에게 국적을 물을 리가 없다. 그러니 '마음의 식당' 같은 데의 자원봉사자가 되라.

지금은 세상을 떠난 코미디언 콜뤼슈가 제창하여 시작된 '마음의 식당'에서 가난한 사람들에게 식사를 제공하는 일을 돕는 것은 그리 어렵지도 않고 또 유창한 프랑스 말이 필요하지도 않다. 그대의 할머니 친구와 함께 그 일을 하면 할머니는 더욱 젊어질 것이고 그대는 프랑스 말을 더욱 잘하게 될 뿐만 아니라 프랑스 사회의 진수(眞髓)에 다가가게 된다.

드디어 그대는 파리의 각종 진열창을 통해서 본 사회와 전혀 다른 또 하나의 사회가 있음을 알게 되는 것이다. 그리고 그런 곳에서 만나게 되는 프랑스 청년은 진국이다. 남자 친구를 사귀더라도 그때쯤 사귀면 어떨까. 우리들의 젊고 예쁜 그대는.

에그자곤과 신토불이

프랑스 땅. 그 생긴 모양으로 에그자곤(Hexagone, 육각형)이라고 부르기도 하는 땅. 처음에 나는 그 땅을 가진 프랑스 사람들이 무척이나 부러웠다.

파리가 북위 48.5에 위치한 것으로 알 수 있듯이, 위도는 북만주와 같은 위도상에 있지만 멕시코난류를 탄 편서풍의 영향으로 온화하며 특히 남부지방은 지중해성 기후를 보여 살기 좋은 곳이다. 대서양과 지중해를 끼고 있고 또 알프스 산맥과 피레네 산맥을 갖고 있다. 파리뿐만 아니라 나라 전체가 관광자원이기도 한 나라. 그뿐인가. 총 55만 평방 킬로미터로 한반도 전체의 두 배 반. 마냥 펼쳐져 있는 비옥한 땅. 북프랑스의 동쪽 끝인 스트라스부르에서 파리를 지나 서쪽 끝인 브레스트까지 총 1천 킬로미터. 부산에서 서울을 지나 신의주에 이르는 거리인데 산이 보이지 않는다. 온통 구릉과 평야 그리고 하늘뿐. 밀, 보리, 옥수수, 사탕무, 해바라기, 포도, 종유 그리고 향수를 만드는 보랏빛꽃 벌판……. 먹거리 걱정은커녕 먹거리를 미국 다음으로 수출하는 나라다. 스스로 겪어 보진 않았으나 '보릿고개'라는 말을 알고 있는 사람으로서 부러움을 느끼지 않을 수 없었다.

그러나 그 부러움은 시간이 흘러가면서 점점 엷어졌다. 그것이 한반도 땅에 대한 그리움이 더욱더 깊어진 때문만은 아니었다.

산이나 들에서 졸졸졸 흐르는 맑은 물, 시냇물. 프랑스 땅에서 이것을 찾기 위해 아내와 나는 꽤나 헤매고 다녔다. 그러나 허사였다. 프랑스 땅에는 산과 들 그리고 물이 조화를 이루고 있지 않았다. 들은 들대로 산은 산대로 따로 놀아 들에는 병풍이 없고 산은 들을 안고 있지 않았다. 들은 넓으나 물이 탁했다. 쥐라와 알프스 그리고 피레네 산맥은 흡사 들과 함께 있어야 할 산들을 한데 모아놓고 양옆에서 밀어붙인 듯 높고 험할 뿐 깊지 않고 정기를 느낄 수 없었다. 산이 깊지 않고 험하기만 하니 물은 급했고 맑지 않았다.

이지적이고 솔직하며, 정의와 멋을 사랑할 줄 아는 사람들이라고 프랑스인들의 덕목을 말할 수 있겠는데, 다른 한편으로 그들에게서 깊고 그윽한 향기를 찾기 어려움은 신토불이로 풀이할 수 있을는지?

그러나 다시……
파리에서 10킬로미터 떨어져 있는 뫼동 숲. 온통 밤나무로 이루어져 있다. 매년 10월 초면 여문 밤이 마냥 떨어진다. 지난 가을에도 나는 아내와 함께 허리가 아프도록 밤을 주웠다. 걸음을 옮길 때마다 발에 밟히는 게 밤알이었다. 골이 파인 데엔 아예 밤알이 수북히 쌓여 있었다. 떨어진 지 얼마 되지 않아 마냥 반짝거리는 그 밤알들은, 그러나 곧 썩을 운명이었다. 돌아오는 길에 아내는 아쉬운 듯 자꾸만 뒤를 돌아보며 이렇게 말했다.
"여기에 북한 사람들이 오면 참으로 좋겠지요?"
"……"

제3부

―

한국 사회와
프랑스 사회의 만남

한국 사회와 프랑스 사회는 어떻게 만나는가? 다음 글은 몇 가지 단편적인 예에 지나지 않는다. 나에게 서로 다른 두 사회는 느낌으로 만난다. 자주 안타까움으로 만나고 이따금 분노로 만난다. 두 사회가 부딪히면서 생겨나는 느낌은, 생겨날 때부터 아니 생겨나기 이전부터 나아가는 방향이 항상 한쪽으로 정해져 있다. 받는 쪽에선 나의 느낌이 반갑지 않을 수도 있다. 그러나 친화력이 없으면 느낌도, 안타까움도, 분노도 없는 법이다.

스승은 수치심부터

수치를 모르는 스승들

 '회색의 돈(argent gris)'이라는 프랑스 말이 있다. 이 말을 확대하면, 돈에는 세 가지가 있다. 깨끗한 돈, 검은 돈 그리고 회색의 돈이 그것이다. 깨끗한 돈이란 노동의 대가로 받는 떳떳한 돈을 말한다. 더러운 돈이란 횡령, 착복, 탈세, 협박, 사기, 뇌물 등으로 부당하게 획득한 돈으로 법의 제재를 받아 마땅한 돈이다. 그리고 회색의 돈이란 깨끗한 돈은 아니지만 법의 저촉을 피할 수 있는 돈을 가리킨다.

 회색의 돈은 법의 제재를 피할 수 있는 대신, 받는 사람에게 수치심을 요구한다. 예컨대 대부분의 교사가 부임 초기에 '봉투'를 받을 때 느끼지 않을 수 없는 게 바로 수치심이다. 그런데 이 수치심엔 면역성이 있다. 시간이 지나면 지날수록 수치심은 없어지고 회색의 돈은 점점 깨끗한 돈인 것처럼 인식된다. 나중에는 아예 회색의 돈을 요구하기까지 이른다.

더러운 돈이 만연된 사회에서 회색의 돈은 깨끗한 돈인 듯 인식되기 쉽다. 흡사 검은색 바탕 위의 회색점이 흰색으로 보이는 착각현상과 같다. 반대로 더러운 돈이 없는 사회에선 회색의 돈도 설 자리가 없어진다. 검은 돈으로 보이기 때문이다. 하얀 바탕 위의 회색점이 검은색으로 보이는 것과 같다.

여기서 우리는 더러운 돈과 회색의 돈 사이의 상호관계에 관한 하나의 가정, 즉 더러운 돈을 없애려면 회색의 돈도 없애야 하며 또 회색의 돈을 없애려면 더러운 돈도 함께 없애야 한다는 가정을 할 수 있다. 그런데 더러운 돈을 없애기도 어렵지만 회색의 돈을 없애기는 더욱 어렵다.

특히 지금의 한국 사회처럼 회색의 돈이 수치심을 불러오지 않게 돼버린 상황에선 말할 수 없이 어렵다. 회색의 돈에 대해 경종을 울려 마땅한 스승들이 오히려 회색의 돈을 탐하고 취하면서도 수치심을 느끼지 않게 된 현실에서 그대로 드러난다. 또 하나의 예를 들어 보자.

나는 '간접수당'이란 게 무엇인지 최근에 알았다. 학교마다 보충수업을 실시하고 있다고 했다. 그리고 학생들한테 등록금과는 별도로 보충수업비를 거두고 있다고 했다. 그 보충수업비를 7 : 3이나 8 : 2로 나누어 수업을 담당하는 교사가 '직접수당'을 받고 교장과 교감은 간접수당을 받는다고 했다.

직접수당은 직접 수업을 담당하는 교사에 대한 수당이라 치고 간접수당은 무엇인가. 간접적으로 수업을 담당한다는 뜻인가. 수당을 나누는 비율에서 직접수당의 몫이 크긴 하다. 그렇지만 교장과 교감은 모든 보충수업에 대한 간접수당을 받게 되므로 교사들이 받는 직접수당보다 더 많은 수당을 챙기게 된다. 분필가루를 먹으며 수업을 실시하는 교사보다 집무실에 가만히 앉아 있는 교장과 교감이 더 실속을 차리고 있는 셈이다. 마치 여러 마리의 곰에게 재주를 부리게 하고 돈을 거두어들이는 중국 사람의 모습이다.

직접수당도 회색의 돈이다. 이유는 아주 간단하다. 사설학원이 아닌 학교에서 실시하는 보충수업에 대한 반대급부이기 때문이다. 보충수업비를 별도로 거두는 것은 교사와 학생 사이의 인간관계를 '돈관계'로 타락시키고 실추시키는 위험을 안고 있다. 스승다운 스승이라면 당연히 반대해야 마땅한 일이다. 그런데 실로 역설(逆說)인 것은 스스로 노동자라고 말하는 교원노조의 교사들은 이 보충수업 실시에 반대하고 있는 것에 반하여, 스스로 노동자가 아닌 스승이라고 주장하는 교사들은 보충수업에 집착하고 있다는 사실이다.

이 역설에서 하나의 가정과 질문을 할 수 있다. 만약 성적이 부진한 학생들을 대상으로 보충수업비 없는 보충수업을 실시한다고 가정할 때, 누가 찬성하고 누가 반대할 것인가, 라는 질문이다. 여기서 우리는 염불보다 젯밥에 관심이 더 많은 승려와 똑같은 스승의 모습을 목격하게 된다.

직접수당은 그래도 이유 있는 회색의 돈이다. 교장과 교감이 받는 간접수당은 차라리 검은 돈에 가깝다. 나는 교장과 교감이 받고 있는 간접수당이 '착복'과 어떻게 다른지 잘 모르겠다. 그러나 그들은 오히려 보충수업을 못하겠다는 교사들을 은근히 윽박지르고 또 보충수업 반대 의견을 앞장서서 가로막고 있다고 한다. 보충수업에 따른 직접수당과 간접수당에 얽힌 국가·학교법인과 교사 사이 그리고 교사와 학생 사이의 함수관계를 자세히 들여다보면, 왜 교장과 교감을 비롯한 교총의 교사들이 스스로 노동자가 아니라며 교원노조에 반대하고 있는지 그 이유를 이끌어낼 수 있다.

교사가 노동자가 되면 국가와 학교법인이 교사들을 고용하는 사용자가 된다. 따라서 교사의 노동에 대한 대가는 사용자인 국가나 학교법인이 지급해야 한다. 그러면 교사들은 보충수업을 실시한다고 해도 학생들한테 돈을 거둘 명목이 없어진다. 설사 거두어 수당을 받는다 해도 국가나 학교법인을 거쳐야 한다. 그렇게 되면 직접수당은 지금보다 적어지고 간접수당은 없어질 게 틀림없다. 여기서 교원노조 합법화에 특히 교장과 교감이 앞장서서 반대했던 까닭을 알 수 있다. 즉 "우리는 노동자가 아니라 스승이다"라는 그들의 주장에는 '우리는 노동의 정당한 대가보다 회색의 돈을 좋아한다' 라는 속내가 들어 있는 것이다.

프랑스의 학교에선 학비도 잡비도 없으므로 돈이 보이지 않는다. 당연히 검은 돈도 회색의 돈도 학교 근처에 있을 리가 없다. 그러나 정치인들 중에는 간혹 검은 돈과 회색의 돈을 취하는 사람이 있다. 피에르 베레고부아라는 이름의 수상이 있었다. 노동자 출신인데 독학으로 경제통이 되어 미테랑 대통령 밑에서 경제장관을 지냈고 수상에도 올랐다.

그가 수상에 오른 것은 미테랑 정권의 말기인 1992년의 일이었다. 그러나 그는 1년여가 지난 1993년 5월 1일 노동절날에 권총으로 자살했다. 그는 장관 시절 파리에 집을 살 때 모자라는 100만 프랑(약 2억 원)을 국제 브로커이며 미테랑의 친구인 사람에게서 빌렸다. 문제는 무이자로 빌렸다는 것이다. 당시 언론은 무이자로 빌리면서 국제 브로커에게 무슨 혜택을 주었느냐고 사정없이 따졌다.

하원의원선거 유세장에서 사람들은 "무이자!"라고 외치며 그에게 야유를 보냈다. 사회당은 선거에서 참패했고 그는 수상 자리를 우파에게 넘겨주고 물러났다. 그리고 한 달 뒤에 스스로 목숨을 끊었다. 유서를 남기지 않아 정확한 자살 이유는 알 수 없지만 사람들은 '회색의 돈'을 취했다는 것에 대한 수치심과 그 일이 사회당에 치명적인 악영향을 미쳤다는 책임의식이 겹쳐 끝내 목숨을 끊게 되었을 것이라고 했다.

그가 느꼈던 수치심과 책임의식, 그런 것들을 한국의 정치인에게서도 찾기 어렵지만 한국의 자칭 스승들에게서도 찾기 어려워 보인다. 그런데 마지막 순간까지 만감이 교차했을 베레고부아 수상은 왜 5월 1일 노동절날을 택했을까? 자신이 노동자였다는 것을 선언하고자 함이 아니었을까?

교사는 스승인가, 노동자인가?

교사는 스승인가, 노동자인가? 이 질문에 우리는 아주 쉽게 대답할 수 있다고 생각한다. 나는 교사들이 스승이면서 노동자가 되기를 바란다. 제자들에게는 스승이 되고, 국가나 학교법인에게는 노동자가 되면 되는 것이다. 제자들에게는 스승다운 스승이 되어 존경을 받고, 국가나 학교법인에 대해서는 노동의 대가를 정당하게 요구하고 받아내는 노동자가 되면 되는 것이다. 전통의 가치와 현대의 가치, 동양의 가치와 서구의 가치를 함께 획득함이다.

스승다운 스승은 결코 스스로 "나는 스승이다"라고 주장하지 않는다. 스승이란 말에는 좋은 뜻의 전통적인 가치가 들어 있다. 스승은 사람들에게 존경, 인품, 겸허, 엄격, 솔선수범, 청렴, 사표(師表)와 같은 말을 떠오르게 한다. "나는 스승이다"라는 주장은 "나는 존경스럽다" "나는 인품이 있다"라고 주장하는 것과 같다. 염치가 있거나 겸허한 사람이라면 할 수 있는 말이 아니다. 결국 "나는 스승이다"라는 주장은 "나는 스승이 아니다"라고 밝히는 것과 같다.

나는 교사들이 스스로 노동자의 길을 당당히 걸어갈 때, 스승의 길도 함께 열린다고 믿고 있다. 오늘날 한국에서 제 노동의 정당한 대가, 즉 깨끗한 돈에 만족하고 있는 사회계층은 노동자들뿐이다. 아니, 제 노동의 정당한 대가도 제대로 못 받고 있는 형편이다. 다른 계층은 기생집단이거나, 아니면 거의 모두 회색의 돈에 적당히 물들어 있다.

이런 상황에서 교사들이 스스로 노동자가 되어 정당하게 제 몫을 요구하고 나서는 것은 시대적 요청이며 사회적 요청이다. 또 교사가 노동자라는 것은 세계적 추세이기도 하다. 그 위에, 노동이나 노동자에 대해서 그른 인식이 퍼져 있는 한국이기에 교사들의 노동자 주장은 더욱 중요하다.

나는 교사가 스스로 노동자라고 주장할 때 제자에 대하여 스승이 되는 첫걸음이 될 뿐만 아니라, 사회에 대해서도 스승이 되는 첫걸음이 된다고 생각하고 있다.

교육 현실의 두 모습

혁명이 필요한 곳

한마디로, 혁명이 필요한 곳이라고 했다. '혁명'이라는 말에 놀라지 않기를. 부디 국가보안법을 들추지 않기를. 나도 들은 얘기일 뿐이다. 프랑스에서 조그마한 중소기업을 경영하는 한 중년여성이 서울을 방문했다. 그녀는 기업인이면서 어머니였다. 어머니들의 마음은 국적에 관계없이 다 마찬가지인 듯하다. 다른 나라에 가서도 자기 자식과 같은 또래들에게 제일 먼저 눈길이 간다. 그리고 그 프랑스 여성은 아이를 무척 좋아했다.

서울에 도착하고 며칠이 지난 뒤부터 그녀는 고개를 갸우뚱했다. 거리에서 도무지 청소년들을 볼 수 없었기 때문이다. 보통날의 오후에도, 해진 뒤에도, 주말의 낮에도 저녁 때에도 아이들은 없었다. 참으로 희한한 일이었다. 그들은 어디로 갔는가. 마술 피리 소리를 따라 어디론가 사라졌는가.

그녀는 묻기 시작했다. 그래서 사정을 조금씩 알게 되었다. 새벽밥, 보충수업, 학원, 영어과외, 수학과외, 속셈학원, 삼당사락, 입시지옥……. 그녀는 분노하기 시작했다. 급기야 그녀의 분노가 폭발했다. "당신들은 망가질 거예요(Vous allez vous détruire)! 정말 지옥이군요. 이건 그야말로 억압이고 학대입니다. 억압과 학대가 있는 곳엔 혁명이 필요합니다……."

그녀는 원래 급진적인 사람이 아니었다. 좌파도 아니었다. 평소 선거에서 보수 우파를 찍는 아주 온건한 사람이었다. 서울에 짧게 머물렀던 그녀는 '봉투'에 관련된 자세한 내막까지 알 수 없었다. '왕따'가 무엇인지, '거지밥'이란 게 무엇인지 또 간접수당이 무엇인지도 몰랐다. 그런데도 혁명이 필요하다고 했다. 그녀의 과민반응이었을까. 아니면 한국 사회가 지독한 불감증에 걸려 있는 것일까.

아아! 그러나 벌써 사람들에게서 완전히 잊혀지고 있는 일이 있다. 열다섯 살 된 여중생들이 집단으로 몸을 던져 자살했다. 이 슬프고 기막히고 어이없는 일이 있은 뒤에 한국에서 무슨 토론이 있었는지 나는 알 수 없다. 그 동안 어떤 해결책을 모색하여 시행하고 있는지 나는 알 수 없다. '어쩔 수 없는 일'에서 '어쩔 수 없었던 일'로, 다시 '어쩔 수 없었던 일'에서 '없었던 일'이 되어가고 있는 것은 아닌지 묻고 싶다.

프랑스 땅에서 그런 일은 상상도 할 수 없지만 그래도 일어났다고 가정해보자. 사회 전체가 벌집 쑤신 듯 야단법석이 났을 것이고 아마 지금까지도 토론이 진행되고 있을 것이다. 그리고 그 동안에 대책을 강구하여 실행에 옮긴 조처들에 대하여 계속 검토하고 확인하는 작업이 진행되고 있을 것이다.

열다섯 살 여중생이었다. 프랑스에서 "당신은 언제 가장 바쁘게 살았습니까?"라는 설문 조사가 있었다. "열다섯 살 때"라는 대답이 제일 많았다. 학교 다니고 책 읽고 이성 친구 사귀고 동성 친구 사귀고 토론하고 잡담하고 영화구경 가고 수영하러 가고……. 꿈과 발랄함과 사귐과 재잘거림으로 24시간도 모자라는 그런 나이였다.

그 나이에, 채 피지도 못한 몸을 허공에 날렸다. 꿈도 발랄함도 사귐도 재잘거림도 함께 허공에 내던졌다. 그것은 사회에 던지는 통곡이었다. 절망의 울부짖음이었다. 옥상을 향해 하나하나 계단을 밟아 올라가면서, 그녀들의 가슴과 가슴에 맺혔던 검은 그림자들의 실체를 가늠해 보려는 노력이 과연 있었는지 나는 알 수 없다. 피눈물 나는 노력이 있었는지 정말로 나는 알 수 없다.

사회적 책무의식

사회적 사건이란 그 사회의 실상을 노출시켜 보여주는 빙산의 일각과 같은 것이다. 예컨대 10대의 총기 난사(亂射) 사건은 미국 사회에서나 일어날 수 있는 일이다. 실제의 폭력과 이미지의 폭력이 마구 춤추고 있는 사회이기 때문이다. 한국 사회에서도 프랑스 사회에서도 아직 그런 일은 일어나지 않는다. 또 백화점이 졸지에 허물어져 내리거나 다리가 졸지에 끊어지는 사건 같은 일은 한국 사회에서나 주로 볼 수 있는 일이다.

프랑스에서도 졸속이 불러온 참화사건이 아주 없지는 않았다. 가령 코르시카 섬에 있는 바스티아 시 축구장의 간이 관람석이 붕괴하여 10여 명이 사망한 사건이 그런 것이다. 프랑스컵 쟁탈 축구전에서 바스티

아팀이 뜻밖의 선전(善戰)으로 준결승에 올랐던 것이 화근이 되었다. 그러나 그 사건은 프랑스에서 아주 예외적인 일이었다. 프랑스 사회에 졸속이나 배금주의가 한국 사회처럼 판치는 것은 아니기 때문이다.

한편 현대라는 시대적 보편성을 띤 사건은 어느 사회에서도 일어날 수 있다. 예컨대 사교(邪敎)집단의 집단자살사건은 정도의 차이는 있겠으나 한국 사회에서도 프랑스 사회에서도 또 미국 사회에서도 일어날 수 있다.

이처럼 사회적 사건은 그 사회현실의 특수성과 보편성을 그대로 노출시키면서 발생한다. 15세 여중생들의 집단자살은 한국 사회에서만 볼 수 있는, 한국 사회현실의 특수성을 보여주는 사건이었다. 이 사건은 삼풍이나 성수대교보다 더 엄중하면서도 복잡한 문제를 안고 있다. 개인, 가정, 학교, 국가라는 사회의 각 층에 스며들어 있는 삶의 문제, 가치관의 문제 등이 복잡하게 얽혀 있기 때문이다. 따라서 이 잘못된 사회현실을 개선시키려는 노력에는 당연히 한국 사회 전체가 달려들어야 한다. 내가 프랑스에서였다면 사회 전체가 벌집을 쑤신 듯한 상황이 벌어졌을 것이라고 말한 까닭이 이것이다. 그리고 그 노력은 무엇보다도 책임의식, 모든 사회계층의 사회적 책무의식에서 비롯된다.

그러나 한국 사회에선 아무도 책무의식을 느끼려 하지 않았다. 아니, 사회적 책무에 대한 개념조차 없는지 모른다. 그것은 삼풍이나 성수대교에 보냈던 사람들의 관심과 15세 여중생들의 집단자살에 보냈던 사람들의 관심을 비교해보면 곧 알 수 있다. 삼풍과 성수대교에 대한 책임 소재에 관한 소리는 대단한 편이었다. 그러나 문제의 심각성에서 삼풍이나 성수대교에 비해 절대로 뒤떨어지지 않는 여중생들의 집단자살 사건은 하루나 이틀 만에 언론에서도 사라졌다. 이 차이는 무엇을 말해주는가.

 삼풍과 성수대교에는 비난의 화살을 쏘아댈 과녁이 있었다. 비록 그 사건들도 결국은 배금주의, 물신숭배 그리고 졸속이 하늘을 찌르고 있는 사회의 산물이었지만 대표로 책임질 사람들이 있었다. 그들에게 몰매를 주면서 모두 사회적 책임에서 스스로 빠져나올 수 있었던 것이다. 이에 반해, 여중생들 자살사건에선 책임을 떠넘길 사람이 없었다.

 알량한 사회의식은 차마 스스로 목숨을 던진 학생들에게 책임을 떠넘기지 못했다. 사회 전체가 책임을 느껴야 했다. 그러나 아무도 책임을 느끼지 않았다. 사회적 책임의식이 없는 것이다. 다만 '나만 아니면' '내 자식만 아니면' '우리 학교 학생만 아니면' 그만이라는 의식뿐이었다. 이런 상황 속에서 정부는 시간만 흘려보내면 된다. 결국 모든 사람이 잊어버릴 테니까.

 그러나 분명한 사실은 사건이 잊혀졌다고 하여 그 사건을 낳은 사회적 질병이 없어지는 게 아니라는 것이다. 방관하면 할수록 질병은 오히려 더욱더 깊어진다. 우리가 언제 한 반 동무에게 '거지밥'이라는 말을 사용하는 무서운 아이들을 상상할 수 있었던가. 또 우리는 '왕따'라는 것을 일본 사회의 일로만 알고 있지 않았던가. 사회적 질병은 이미 깊어졌고 절망하는 아이들과 무서운 아이들을 낳고 있다.

학교와 병원은 돈에 관심이 없다

 흔히 우리는 교육을 받는다고 말한다. 교육에 관한 한, 나는 한국에서 가장 선택받은 사람 중의 하나였다. 초등학교는 보통 수준이었지만 중학교부터 대학까지는 세칭 일류학교에서 교육받았다. 한편 나는 두 아이가 프랑스의 유치원부터 대학원까지 교육받는 것을 옆에서 지켜보았다. 그러므로 나는 누구보다도 두 나라의 교육에 관하여 잘 알고 있다고 생각한다. 그렇기 때문에 한국의 교육 현실을 보고 '혁명이 필요한 곳'이라고 했던 프랑스 여성의 거친 항변을 나는 충분히 이해할 수 있다.

프랑스와 비교했을 때, 한국의 교육 현실은 그 자체가 사회적 억압의 구체적 모습이면서 동시에 사회적 억압의 수단으로 비칠 수 있다는 얘기다. 한국 사회는 사회구성원을 사랑하는 논리에 비해 지배하는 논리가 훨씬 더 강하게 작용하고 있다. 사회의 어린 새싹들에 대한 교육은 사랑에 기초한 것이 아니라(사랑에 기초했다면 도저히 그렇게 억압적일 수는 없다) "경쟁에서 승리한 자가 패배한 자를 지배한다"는 '적자생존의 논리'와 '강자 지배 논리'에 순응시키는 것이다. 유치원부터 대학까지 줄곧 '추려내기'를 할 뿐, '끌어올리기'를 하지 않는다.

나는 한국의 교육을 "불평등에 기초하여 불평등을 심화시키는 사회 현실을 보이지 않게 가리면서 합리화시키는 억압의 과정"이라고 거칠게 평가하고자 한다.

프랑스의 교육은 '추려내기'보다는 '끌어올리기'에 가깝다. 불평등을 없애지는 못하고 또 완전히 없앤다는 것이 불가능하기도 하지만 적어도 불평등이 심화되지 않도록 교육이 작용한다는 것이다. 멀리 갈 필요없이 나의 두 아이 얘기부터 해 보자.

이미 말했듯이, 아이들이 프랑스에서 교육받을 수 있었던 일은 이방인이 되어 남의 땅에 살았던 불행스러움을 어느 정도 채워주었다는 게 나와 아내의 솔직한 심정이다. 아내와 나는 자주 이런 질문을 주고받았다. "한국에 있었더라면?" 하고. 이 질문은 대개 "아이들이 한국에서 교육을 받았더라면?"이라는 질문과 크게 다르지 않은 것이다. 여중생의 집단자살사건 소식을 들었을 때도, 왕따와 거지밥 얘기를 들었을 때도 이 질문은 자동적으로 되살아났다.

프랑스의 학교사회에 왕따와 거지밥이 없어서 그 희생자가 되지 않을 수 있었다 하더라도 기(氣)는 죽었어야 했다. 외국인이었고 가난했기 때문이다. 그런데 기도 죽지 않았다. 그런가 하면, 고3 때에도 밤 1시 넘도록 공부해본 적이 단 하루가 없을 정도로 시험공부에 치인 적이 없다. 하지만 실력 면에서 한국 학생에 뒤떨어진다고 생각되지 않는다.

여기서 얘기 하나를 솔직히 털어놓기로 하자. 내 자식들은 지금도 한자말에 약하다. 그런데도 일찍부터 터득한 한자말이 있다. 초대(招待)와 선물(膳物)이다. 그런데 아이들의 사전에는 '초대받다'만 있지 '초대하다'는 없다. 그리고 선물은 주기만 했지 받아본 적이 없다. 초등학생이 된 뒤로 생일날을 맞은 동무한테 초대받은 적은 많으나 초대해본 적이 없기 때문이다. 그래도 아이들은 늠름했다. "괜찮아"라는 한마디로 그만이었다. 프랑스의 학교사회는 '부(富)'에 어떤 가치도 주지 않았다. 아니, 관심조차 없었다.

프랑스 땅에서 국민생활과 가장 밀접하게 관계되는 기관 중에서 돈에 관심없는 곳으로 두 군데를 꼽을 수 있다. 하나는 학교이고 또 하나는 병원이다. 한국인들이 아등바등 살아야 하는 이유를 따져 보면 자식교육과 병들었을 때의 치료비에 대한 불안이 큰 부분을 차지하고 있다. 그런데 설령 사회안전망이 없다 하더라도 병원치료비에 대한 불안은 대부분의 사람들이 병들지 않는 요행을 기대함으로써 어느 정도 넘길 수 있고 또 실제로 넘기고 있지만, 자식들을 위한 교육비용은 그렇지 못하다.

천문학적인 숫자에 이르는 한국의 사교육비가 웅변해주듯이 자식 교육은 치열한 투자 경쟁을 일으킬 수 있다. 따라서 가난한 사람들을 소외시킬 수 있다. 즉 학교사회가 돈에 관심이 없다는 것만으로는 불충분한 것이다. 한국에선 학교와 가정이 교육비용에 온통 관심을 쏟고 있다면, 프랑스에서는 학교가 돈에 관심이 없는 대신에 국가가 교육비용에 많은 관심을 쏟고 있다. 그 속을 들여다보면 다음과 같다.

우선 학비라는 게 없다. 모두 국가의 부담이다. 프랑스의 의무교육 연한은 초등학교 5년과 중학교 4년의 총 9년이다. 그 9년 동안 학비를 낸 적도 없지만 의무교육기간이 아닌 유치원에 다녔을 때도 또 고등학생, 대학생, 대학원생일 때도 나는 학비를 낸 적이 없다. 교육은 의무이면서 권리였다. 말로 그치는 권리가 아닌 진짜 권리였다. 학비도 잡부금도 없으므로, 학교는 학생에게 돈을 거둘 일이 없다.

학비를 내지 않는다고 하여 학부모가 부담해야 할 교육비용이 완전히 없어지는 것은 아니다. 교육을 시키자면 양육비가 드는데 학부모들은 국가에 그 부담을 덜어 달라고 요구했다. 아이의 수에 따른 '가족수당'이라는 게 생겼다. 나는 두 아이에 대한 가족수당을 매달 꼬박꼬박 받았다.

학부모들은 그것으로 만족하지 않았다. 학년 초에 학용품 값이 필요했다. 학부모들은 그 부담도 덜어 달라고 국가에 요구했다. 매년 9월 학년 초마다 '학년 초 수당'이라는 게 생겼다. 나는 두 아이에 대한 '학년 초 수당'을 꼬박꼬박 받아 공책, 연필, 고무지우개 등을 샀다. 교과서는 말할 필요도 없이 국가 부담이었다.

학부모들은 또 아이들을 교육시키려면 적절한 주거 환경이 필요하다고 말했다. 사글세를 사는 사람 중에 소득이 적은 사람에게 주는 '주거수당'이라는 게 생겼다. 또 수입이 많지 않은 사람이 융자를 얻어 집을 샀을 때에도 국가는 주택수당을 주었다. 수당을 받을 수 있는 조건은 소득이 적다는 것말고도 식구 한 사람당 9평방미터(약 3평) 이상의 공간을 점유해야 한다는 것이었다. 아이들이 공부하려면 적어도 3평의 공간이 필요하다는 얘기다. 나는 매월 집주인에게 지불하는 사글세의 반을 국가로부터 꼬박꼬박 받았다.

또 아이들이 대학에 들어간 뒤에는 소득이 많지 않다고 장학금을 받았다. 프랑스에서 장학금은 학비 면제를 뜻하는 게 아니다. 학비가 없는데 학비 면제란 말이 있을 수 없다. 은행구좌로 들어가는 게 장학금이다.

이처럼 교육비용에 관대한 국가 덕으로 나는 매달 총생활비의 20~25%를 국가로부터 받았다. 아이들을 교육시킨다는 명목으로 받은 셈이다. 그래서 나는 간혹 아이들에게 부끄럽다는 느낌이 들기도 했다. 그러나 아이들은 그런 내 느낌을 전혀 이해하지 못한다. 국가의 당연한 책임이었다고 생각할 뿐이다. 그러므로 프랑스에서 단지 가난하다는 이유 때문에 학업을 중도에 그만두었다는 얘기는 나올 수가 없다. 그래서 가난한 외국인의 두 아이는 대학과 대학원을 다닐 수 있었다. 그런데 그 대신에 나는 아이들을 프랑스 사회에 빼앗겼다는 생각이 들기도 한다. 큰아이가 한국말을 익히기 위해 한국에 가겠다고 말했을 때 아이에게 고맙다는 느낌마저 들었을 정도로.

한국 사회는 국가경쟁력을 추구한다고 말한다. 그러나 전원교육이라는 면에서 이미 프랑스에 지고 있다. 사회구성원 전체를 그 자원으로 삼아 모두 끌어올리려고 노력하는 프랑스에 비해, 한국은 엄청난 교육비를 각 가정에 부담시킴으로써 진학 과정에서 이미 가난한 사람들을 배제시키고 있다. 뿐만 아니라 학교는 온갖 잡음을 불러일으켜 자라나는 새싹들에게 올바른 가치관을 심어주지 못하고 있다.

    프랑스의 정부 예산에서 교육비는 부문별로 가장 높아서 총 예산의 20%를 차지하고 있고, 중앙정부와 지방정부의 교육비 예산을 합하면 한국 정부의 전체 예산을 능가한다. 그것이 꼭 선진국과 중진국 사이의 차이에서 나온 것만은 아니다. 보다 더 올바르고 온건하고 평등한 사회를 위한 의지와 정책이 있는가 없는가의 차이에서 온 것이다.

수학과 글쓰기

글을 잘 쓰려면 수학을 잘해야 하는가?

한국에선 이 질문을 하지 않는다. 한국에 있을 때 나 자신이 한 번도 들어보지 못했던 질문이다. 그런데 많은 프랑스인들이 이 질문을 던지고 있고, 또 이 질문에 대하여 아주 자신있게 "그렇다"고 대답하고 있다. 즉 글쓰기와 수학 사이에는 아주 밀접한 연관관계가 있어서 글을 잘 쓰려면 수학을 잘해야 한다는 것이다. 수학 교사와 교수들이 이 주장을 펴고 있고, 문필가로 활동하는 사람들도 이 주장에 많이 동의하고 있다.

이 주장은 당연히 수학에 자신이 없어서 이과를 지망하지 못하고 문과를 선택한 수많은 사람들을 실망시키고 있다. 그들은 이렇게 볼멘 소리를 한다. "초등학교 때부터 수학 때문에 계속 설움을 받아왔고 또 수학 때문에 문과를 지망했는데 글쓰기도 잘 못할 것이라고 하니, 그렇다면 앞으로 우리가 잘할 수 있는 일은 무엇이란 말이냐?"라고. 나는 프랑스의 수학 중시 교육에 대하여 잘 알고 있기 때문에, 그들의 울분에 찬 항변을 충분히 이해할 수 있다.

프랑스의 전 교육과정에서 수학은 단연 으뜸되는 과목으로 취급받고 있다. 이과에선 말할 것도 없고 문과에서도 수학은 다른 과목, 예컨대 영어보다 훨씬 더 중요시된다. 수학 중시는 바칼로레아(대학입학자격시험)에서도 그대로 반영되어, 이과에서는 수학의 배점이 영어의 세 배에 이르고 문과에서도 수학은 철학, 프랑스어와 함께 높은 배점이 적용되고 있다. 그런데 다른 과목은 모두 논술로 시험을 치르는 것과 달리, 수학은 정밀과학이므로 학생 사이에 점수 차이가 가장 많이 난다.

수학 실력이 경쟁시험 등에서 중요한 관건이 되는 것은 아주 당연하다. 특히 그랑제콜(수재학교)에 입학하려면 우선 수학 실력이 뛰어나지 않으면 안 된다. 공부를 잘하는가 못하는가의 구분이 수학으로 결정된다고까지 말할 수 있다.

한편 수학 실력도 부족하고 철학에도 뛰어나지 않은 평범한 학생들이 가는 분야 중에 법률학이 포함된다. 가장 뛰어난 문과 학생들의 대부분이 법학을 지망하고 있는 한국의 현실과 상반되는 점이다. 예외가 없는 것은 아니지만, 프랑스에서 우수한 학생이 법률학을 택하지 않는 이유는 판검사, 변호사, 공증인 등의 법률종사자란 다만 기존의 법을 적용하기만 하는, 비창조적이고 비생산적인 기생집단이라는 생각이 프랑스 사회에 널리 퍼져 있기 때문이다.

어쨌든 프랑스에서 법률종사자가 되려는 사람들은 수학과 글쓰기의 관계에 대하여 별 관심이 없다. 반면에 수학 실력은 떨어지나 철학이나 기타 인문과학 분야에 자신이 있어서 문과를 선택한 사람들, 그 중에서도 문필가가 되겠다는 꿈을 가진 사람들은 당연히 수학과 글쓰기 사이의 연관관계 주장에 대하여 관심이 많고, 또 연관이 있다는 주장에 반론을 펴기도 한다.

토론은 주로 글쓰기에 필요한 논리력, 추리력, 분석력, 정확성의 추구 등이 수학교육을 통하여 알게 모르게 길러진다는 주장과, 수학적인 차가운 논리가 오히려 창조적 감성이나 미적 상상력을 해칠 수 있다는 반론 사이에 벌어진다. 반론자들은 하나의 좋은 예로 괴테를 내세운다. 독일의 으뜸가는 시인인 괴테가 수학에는 아주 뒤떨어졌다는 것이다.

그런데 이 토론에는 한 가지 흥미있는 재치응답이 있다. 반론자가 논리 정연하게 그리고 예를 들어가며 수학과 글쓰기 사이에는 아무 관련이 없다고 주장할라치면, 상대방이 "당신이 그렇게 반론을 펼칠 수 있는 것도 실은 수학을 배웠기 때문"이라고 응수하는 것이다. 이 응수가 언뜻 보면 순환논리인 듯하지만 일리있는 주장이라고 생각한다. 그래서 나는 글쓰기 중에서 시나 희곡 등은 수학과 크게 관련되지 않는다 해도, 특히 평론만은 수학이 요구하는 정확성과 추구정신이 필요하다고 믿고 있다.

올바른 평론을 쓰자면, 관계된 사실을 정확히 파악하고 또 그 사실이 나오게 된 배경과 앞으로의 전망 등을 정확히 짚어낼 수 있어야 가능하다. 즉 정확성이 요구된다. 그러나 그것만으로는 부족하다. 겉으로 드러나지 않은 사실, 굴절되어 나타난 사실, 미로(迷路)처럼 꼬인 사실 등을 정확성의 무기만으로 접근하면 자칫 자기함정에 빠져 정확치 않은 것을 정확하다고 믿어버리는 일이 생기기 쉽다. 드러난 빙산의 일각을 정확히 묘사하고 모든 것을 알아냈다고 믿는 것과 같다.

"파도만 보지 말고 조류(潮流)의 흐름을 보라." 페르낭 브로델의 말이다. 우리는 흔히 파도만 보고 바다를 보았다고 말한다. 예를 들어 노사정위원회, 코소보 사태 등에서 드러난 사실을 아무리 정확하게 파악해도 속에 감추어진 본질까지 정확히 파악하기는 어려운 것이다. 그러므로 항상 의문을 던지고 확인하는 자세가 필요하다.

수학은 예컨대, "삼각형의 세 중선은 한 점에서 만난다"라는 사실에 결코 만족하지 않는다. 분명히 정확한 사실임에도 그렇다. 왜 만나는가? 또는 왜 만날 수밖에 없는가? 하는 것이 더 중요하다. 수학에서는 증명되지 않는 사실은 '정리(定理)'가 될 수 없고 다만 가설로 남을 뿐이다. 평론이 정확성 이외에 수학에서 배워야 하는 게 바로 증명될 때까지 끊임없이 회의하고 추구하는 정신이라고 생각한다.

내가 프랑스에서 벌어지는 수학과 글쓰기 사이의 관계에 대한 토론과 만나고 한 가지 생각해본 것이 있는데, 한국의 논평에서 흔히 보는 양비론이었다. 한국의 신문 칼럼니스트를 비롯한 논평자들은 양비론을 무척 애용한다. 그들을 '비판적 기회주의자'들이라고 이름붙일 수 있다. "이것도 아니고 저것도 아니다"라는 주장을 분석하면, 결국 "이것이기도 하고 저것이기도 하다"에 '비판'을 더한 것이 된다. 산술적으로 표현하면, '양비론=양시론+비판'이 되는 것이다.

가령 '한미 FTA'를 밀어붙이려고 미국산 쇠고기 수입을 전면 개방한 정부에 반대하는 농민들이 격렬한 시위를 벌이고 경찰이 과잉 진압에 나서 불상사가 발생하면 "과잉 진압에 나선 경찰도 잘못이지만 격렬한 시위를 벌인 농민도 잘못이다"라고 말한다. 양쪽을 모두 비판하면서 양쪽으로부터 자기보신하는 기회주의적 속성이 드러나 있다. 빅토르 위고는 프랑스대혁명 당시에 지롱드에도 끼지 않고 산악당에도 끼지 않아 끝까지 살아 남은 중간파들을 몹시 경멸했다. 그들은 지롱드 편도 아니고 산악당 편도 아니었는데 또한 지롱드 편이었고 산악당 편이었다. 어디서나 난시(亂時)에 살아남는 데에는 양비론보다 더 좋은 보신책이 없는 것 같다. 행동보다 말로 한몫 보는 현대의 양비론자들은 비유컨대, 바둑이나 장기를 두는 양쪽에서 훈수를 두는 사람과 비슷하다. 자신을 내세우면서 싸움의 현장에서 떠나 있다. 현실이란 좌표 바깥에서 고고한 비판 놀음을 즐기는 것이다.

프랑스의 텔레비전 토론장이나 신문 사설과 칼럼에서는 양비론을 발견하기 어렵다. 간혹 토론장에서 우왕좌왕하는 사람은 즉시 "그래서 당신이 속한 진영(陣營)이 어디란 말이냐?"라는 추궁을 들어야 한다. 양비론을 펴는 것은 사회 발전에 아무런 도움을 주지 않으면서 토론을 죽이는 행위이다. 그래서 토론문화가 발달한 프랑스 사회에선 더욱 양비론이 들어설 틈이 없다. 그런 논리를 폈다간 지금은 작고한 장 에데르날리에 같은 독설가 토론진행자에게 "당신은 변증법도 모르냐?" 또는 "당신의 논리는 쓰레기통에 갖다 버려라!"는 말을 코앞에서 들어야 한다.

나는 양비론에 관련된 두 나라의 차이에 관하여, 사람들 각자가 수학적인 좌표 분석을 하는가 하지 않는가에서 온 것도 있겠다는 생각이 들었다. 하나의 사회현상을 바라볼 때, 프랑스인들은 '좌표'를 설정, 플러스 쪽과 마이너스 쪽의 선상에서 자신의 자리를 찾는다는 얘기다. 자신이 그 선상에 있다.

위의 예에서 보자면 농민 편인가, 정부 편인가 중에서 스스로 자리매김하는 것이다. 100% 찬성하지 않더라도 51%를 넘게 지지하면 진영이 선택되는 것이다. 흡사 '시소' 놀이에서 몸을 실어줄 곳을 선택하는 것과 같다. 정치적 이념의 선택도 비슷하게 이해할 수 있다. 극좌에서 극우에 이르기까지 선을 긋고 그 선 위에 스스로 자리매김한다. 그러면서 다른 사람에게도 자리를 분명히 밝히라고 요구하는 것이다.

  나는 적어도 정치평론이나 사회평론을 쓰고자 하는 사람은 좌표 분석에 관한 이해가 필요하며 그 좌표 선상에 자신의 발을 붙이고 있어야 한다고 생각한다. 그래야 양비론에서 벗어날 수 있고, 평론에 필요한 균형감각을 가질 수 있으리라고 본다.

접촉과 거리

독자 중에 지금 한창 열애 중인 사람도 있을 것이다. 나는 그 분들에게 연애를 오래 할 수 있는 방법을 가르쳐주고자 한다. 그것은 다름이 아니라 '접촉과 거리'를 알맞게 배분하여 접촉하되 간혹 거리를 유지하라는 것이다. 간혹 한 발짝 물러나서 제3자의 눈으로 둘의 관계를 바라보라는 얘기다.

이 방법이 말은 쉽지만 실제로는 무척 어렵다는 것을 나는 잘 알고 있다. 한 번 열애에 빠진 사람이 어떻게 거리를 두고 제3자의 입장에서 둘을 바라보겠는가? 그러나 세월이 지난 뒤에 열 중에 아홉은 이 충고가 옳았다는 것을 알게 될 것이다. 그런데 한편, 설사 나중에 이 말이 옳았다는 것을 알게 된다 하더라도 지금 열애 중인 사람은 미친 듯이 열애에 빠져 보라는 말도 하고 싶다.

열애의 경험은 일생에 여러 번 오는 것이 아니다. 그래서 사람들은 흔히 "실패한 사랑이 없었던 사랑보다는 더 낫다"고 말한다. 결국 나는 서로 모순되는 두 개의 말을 하고 말았다.

'접촉과 거리'.

열애 중인 사람과 달리, 이 금언을 꼭 지켜야 하는 사람들이 있다. 바로 기자들이다. 그러나 한국의 대부분의 기자들은 접촉하고 또 접촉할 뿐 거리를 둘 줄 모른다. 요즈음의 젊은 기자들은 그래도 많이 나아졌지만, 고참기자들은 주로 접촉만 했다. 나는 접촉만 하고 거리를 두지 않는 기자는 기자의 자격이 없다고 생각한다. 그래서 나는 그들을 기자들이라고 부르지 않고 '동향보고자' 라고 부른다.

지금도 많은 동향보고자들이 사설과 칼럼을 쓰고 있다. 그들은 1980년 5월에 전 세계에 알려진 광주의 비극을 유독 한국에서만 알 수 없게 방조했던 사람들이다. 그런데 그들은 그 엄청난 책임 방기에 대하여 철저한 자기반성이나 자기비판도 없이, 또 왜 그렇게 되었는가에 대한 심층적인 토론도 하지 않은 채 지금도 사설과 칼럼을 써대고 있다.

예전에 김영삼 대통령이 경제인들을 대거 이끌고 국가방문으로 파리에 와서 미테랑 대통령을 만났을 때 일이다. 샹젤리제 거리에는 태극기가 프랑스의 삼색기와 함께 펄럭였다. 파리에 주재하는 특파원들이 많이 있었지만 그 외에 텔레비전 및 신문기자 수십 명이 한국에서 증원 파견되었다. 김영삼 대통령이 미테랑과 만난 날 저녁 8시에 한국의 기자들과 경제인들은 저녁식사도 제대로 하지 못하고 텔레비전 앞에 앉았다. 프랑스 텔레비전 화면에서 미테랑을 만나는 김영삼 대통령과 태극기 펄럭이는 샹젤리제 거리를 보기 위해서였다. 그러나 그들의 기대는 여지없이 어긋났다. 뉴스시간이 끝날 때까지 프랑스의 텔레비전 화면에는 태극기도 김영삼 대통령도 미테랑의 모습도 비치지 않았다.

사람들은 실망했고 그 중엔 분개한 사람도 있었다. 아니, 이럴 수가 있는가. 약소국가라고 이렇게 취급하는 거냐? (1년 반쯤 뒤에 OECD에 가입했고 그때 〈조선일보〉는 한국이 영국도 이탈리아도 곧 따라잡는다고 천연색 그래프를 그려서 설명했다.)

실상은 그런 게 아니었다. 그리고 만약 분노해야 할 일이었다면 제일 먼저 분노할 사람은 미테랑이었다. 자신이 초청한 외국의 국가수반과 만났는데 그 모습을 비춰주지 않았으니까. 실상은 한국이 약소국인 데서 온 게 아니라, 프랑스의 기자들은 동향보고를 뉴스로 알고 있는 한국의 기자들과 다른 데서 온 것이었다. 김영삼 대통령이 프랑스에 왜 왔냐 하면 유럽의 다른 나라 가는 길에 그냥 들른 것이다. 유럽에 가는데 프랑스의 초청을 못 받으면 한국 대통령의 체면이 안 선다는 것이었다.

실제로 국가방문으로 김영삼 대통령을 초청해 달라는 한국의 요청에 프랑스가 응했던 이유는 미테랑의 퇴임(두 달밖에 안 남았을 때였다) 전에 답례초청을 해야 했기 때문이다. 당시 한국은 프랑스와 마주 앉아 협의하거나 해결할 현안이 아무것도 없었다. 프랑스의 텔레비전은 바보가 아니다. 그들도 "한국의 김영삼 대통령이 왜 왔지?" 하고 물었을 것이다. 그런데 그냥 들른 것이란다. 시청자들에게 태극기와 김영삼 대통령과 미테랑을 보여주면서 뭐라고 코멘트할 것인가? "한국의 김영삼 대통령이 프랑스에 들러서 미테랑과 만나 악수했다"고 할 건가? 그래서 두 나라 사이의 우의를 더욱 증진시키고 협력 방안을 강구했다고 말할 것인가? 그랬다간 시청자들한테 욕을 먹는다. 지금이 어느 땐데, 텔레비전 뉴스시간에 50년대 파테뉴스를 하느냐고.

파테뉴스란 우리들이 어렸을 때 영화관에서 본(本)영화가 시작되기 전에 꼭 봐야 했던 미 공보관제 리버티뉴스와 비슷한 프랑스판 리버티뉴스다. 그래도 미국산보다는 조금은 비판적인 내용도 들어 있다.

한국의 언론은 아직도 리버티뉴스의 차원에서 벗어나지 못하고 있다. 그 차원에서 벗어나지 못했기 때문에 김영삼 대통령의 프랑스 방문은 현안이 없어도 대단한 뉴스거리가 된다. 정치인들의 동향을 보고하는 게 정치부 기자들의 주 업무이고 경제인이나 기업가의 동향을 보고하는 게 경제부 기자들의 주 업무이다. 사회부·문화부·체육부 등의 기자들도 마찬가지다.

대부분은 동향보고자들이어서 분석도 필요없고 문제의식도 필요없다. 정치인들에게 정책이나 주장을 끌어낼 필요도 없다. 한국의 기자들이 공부를 하지 않고도 기자노릇을 할 수 있는 까닭도 바로 이것이다. 동향보고서를 쓰면 되는데 왜 공부를 하겠는가? 공부를 안 하는 대신에 한국의 기자들이 꼭 해야 할 일이 한 가지 있다. 술을 잘 마시는 일이다.

내가 단언하건대, 세계에서 한국 기자들의 음주량이 단연 최고일 것이다. 동향에 대한 정보를 캐내기 위하여, 또 동향보고의 대상이 되는 사람이나 그 측근과 밀접한 관계를 갖기 위해서도(그래야 동향보고서를 잘 쓸 수 있다) 함께 술 마시는 일은 한국의 기자들에게 아주 중요한 과업이 된다.

정치인들은 정치인들대로 신문이나 방송을 타야 정치적 생명을 유지할 수 있다. 신문이나 방송을 타면 탈수록 그 정치인은 가치를 부여받고 신문이나 방송에서 사라지면 정치인의 가치도 사라진다. 그래서 정치인들은 열심히 기자들에게 술 사주고 촌지를 준다. 정견이 어떤지는 상관없다. 다만 호남인지 영남인지 TK인지 PK인지 충청인지 강원인지가 중요하고 계파가 중요하다. 상도동이냐, 동교동이냐가 중요하다. 그리하여 한국의 언론에겐 정치인이 '민주'인지 아닌지는 별로 중요하지 않고 '민주계'인지 아닌지가 수천 배 더 중요하다.

　기자들이 정치인들에게 정치철학이나 정견에 대하여 물어 보고 끌어내려 하지 않으니, 즉 정치인의 정치에 대하여 알고자 하지 않으니 정치부재 현상이 일어나는 것은 아주 당연하다. 지역주의가 날뛰는 것도 아주 당연하다. 그런데 실로 가소로운 일은 가끔 사설이나 칼럼에 한국의 정치부재 현상과 지역주의를 개탄한다는 글을 쓰는 사람들이 다름 아닌 바로 동향보고자들이라는 사실이다. 자신이 싼 똥을 자신이 더럽다고 말하는 꼴이다.

　〈르 몽드〉의 '토론-지평선'란은 가장 두드러지게 한국 신문과 다른 점을 보여준다. 이 란에는 학자들뿐만 아니라 국회의원, 장관, 여·야당 인사 등 정치인들이 서로 다투어 글을 실어 자신의 정치적 주장을 피력한다. 자크 시라크 대통령의 기고 또한 정치인들이 지상토론에 참여하는 분위기를 반영한 것이다.

　나는 한국신문에서 정치인이 기고한 글을 본 적이 없다. 인터뷰만 많다. 그 인터뷰도 대개 '받아쓰기'식 인터뷰다. 그렇게 된 이유에는 한국의 기자들이 동향보고자들이라는 것말고도 다음과 같은 것들이 있다. 첫째 한국에 토론문화가 정착되지 않았다는 것, 둘째 정치인들이 토론을 기피한다는 것(끼리끼리 결정하면 되는데 토론은 무슨 놈의 토론…), 셋째 한국의 정치인들에게 글로 써서 밝힐 만한 주장도 별로 없다는 것, 넷째 한국의 정치인들에게 글 쓸 능력도 없다는 것, 다섯째 한국의 신문들이 정치인들의 언로를 선택적으로 차단하고 있다는 것 등일 것이다.

　불쌍하게도(?) 프랑스의 정치인들은 토론에 참여하지 않으면 안 되고 또 글을 쓰지 않으면 안 된다. 그렇게 하지 않으면 정치 생명이 시들기 때문이다. 프랑스의 신문이나 방송은 한국과 달라서 정치인들의 동향보고를 주된 과업으로 생각하지 않는다.

두 나라의 텔레비전이나 라디오방송의 아나운서만 비교해도, 두 나라 언론 현실의 차이가 금방 드러난다. 한국의 아나운서들은 문자 그대로 보고자들이다. 읽기만 하면 된다. 그러나 프랑스의 아나운서는 모두 기자들이다. 예컨대 텔레비전 뉴스시간에 아나운서는 정치인을 바로 앞자리에 앉혀 놓고 생중계로 인터뷰를 한다. 아나운서는 질문만 하는 게 아니라, 답변에 대해 의문점을 제기하고 또 반론을 제기한다. 두 사람 사이에 논전이 벌어질 때도 있다.

한국의 시청자들은 아나운서가 정치인과 논쟁을 벌이는 모습을 상상도 하지 못할 테지만 프랑스에서는 흔히 볼 수 있는 일이다. 그러므로 프랑스의 아나운서들은 일반 기자들보다 훨씬 더 뛰어난 순발력과 정확한 상황 판단 능력을 갖고 있지 않으면 안 된다. 한국의 아나운서들처럼 음성 좋고 인상 좋은 것만으로는 어림도 없다.

신문에선 그 차이가 더 두드러지게 나타난다. 그 차이점은 중학생들도 알아볼 수 있다. 프랑스의 신문에 동향보고는 거의 볼 수 없다. 사건의 분석, 해설, 배경, 전망 등으로 차 있고 신문 스스로 정치·사회·경제·국제·문화 현실에서 드러나는 문제점을 제기하여 여론을 환기시키고 있다. 또 정당의 정책이나 정치인의 정견에 대하여 꼬치꼬치 캐묻는다. 왜 그런 정책을 펴고 왜 그런 정견을 갖게 되었는지를 묻고 그 정책과 정견에 대한 의문점과 반론을 제기하면서 그 정책과 정견이 잘못된 것이거나 허구가 아니냐고 또 캐묻는다. 이런 것들도 기자들이 정치인들과 접촉하면서도 항상 거리를 유지하는 데서 온 것이다.

한국의 언론 현실은 이와 아주 다르다. 한나라당이 한미 FTA 찬성을 당의 정책으로 정하면, 대부분의 신문은 단지 '한나라당, 한미 FTA 찬성'이라는 제목 아래 그 사실만 쓴다. 왜 그런 정책을 세웠는지, 그 정책의 문제점은 무엇인지 캐묻지 않는다. 일방통행으로 끝나고 만다. 접촉만 있고 거리가 없는 데서 온 것이다. 뿐만 아니라 접촉만 좋아하다 보니 아예 정치인이 돼버리기도 한다.

접촉과 거리(contact et distance).

이 말은 내가 한 소리가 아니다. 〈르 몽드〉의 창간자 위베르 뵈브 메리가 후배 기자들에게 충고했던 말이다.

불쌍한 한국어

영어에 주눅든 한국인들

나의 장모님은 프랑스 땅에서 눈을 감으셨다. 78세에 오셔서 15년 동안 우리들 뒤치다꺼리만 하시다가 93세에 돌아가셨다. 지금은 집에서 걸어서 20분 거리인 쿠르브부와 동네 공동묘지에서 프랑스 사람들을 이웃삼아 쉬고 계신다.

장모님 생각을 하면 착잡한 감정이 앞선다. 장모님은 특히 한마음으로 아이들을 사랑해 주셨지만 아이들은 커갈수록 시큰둥했고 어떤 때는 할머니의 존재를 귀찮아하기도 했다. 그랬지만 할머니의 존재는 집안에 하나의 불문율을 만들어 주었다. 식구 사이에 프랑스 말로 말을 걸 수 없다는 규칙이다.

나중에 프랑스 말 단어를 사용하는 것은 어쩔 수 없다 하더라도 첫마디는 한국말이어야 했다. 여기에는 아내의 강한 집념도 있었다. 학교에서 돌아온 아이가 무심코 "재 팽(J'ai faim)!"이라고 하면 못 들은 척했고, "나 배고파!" 소리가 나와야 밥을 차렸다. 그래서 우리 집안의 사전에는 '마마' '파파' 혹은 '마미(할머니에 대한 애칭)' 같은 말은 없었다.

장모님에 대한 추억은 거의 쓸쓸한 것이지만 즐거운 내용도 없지 않다. 집에 마실 온 젊은이들이 장모님 앞에서 담배 피우길 꺼리는 듯하면, "어서 피워요! 담배도 먹는 거니까"라고 말씀하셨던 일이나 "내가 유관순 누나하고 동갑이거든. 그러니까 나보고 할머니라고 부르지 말고 누나라고 불러요" 하셨던 일도 그 중의 하나이다.

또 한 가지 재미있었던 추억은 프랑스 사람과 대화를 나누셨던 일이다. 장모님은 물론 프랑스 말을 단 한 마디도 못하셨다. 그런데 대화를 나누셨다.

초가을 오후 늦게 동네 마당 벤치에 앉아 따뜻한 석양을 즐기고 있을 때였다. 그 동네 마당은 작은 동네묘지의 입구에 있었다. 오후 6시가 되자, 묘지관리인이 호각소리로 방문객들에게 시간이 다 되었음을 알린 뒤 묘지 출입문을 잠그고 총총히 사라졌다.

그때 노란색 국화 화분을 양손으로 안고 50여 세 된 부인이 부리나케 다가왔다. 문이 닫혀 있으니 낭패할 밖에. 그 부인은 하필이면 장모님께 다가갔다. "문이 닫혔네요?" "응, 조금 아까 닫았어요. 일하는 사람이 문 닫고 저리 갔어요." 장모님은 닫힌 문을 가리켰고 이어서 관리인이 사라진 쪽을 가리켰다. 또 이어 손목을 가리키며, "6시에 문을 닫아요. 다음에는 조금 일찍 와요"라고 말씀하셨다. 부인은 "아, 그렇군요. 고맙습니다, 마담!" 하고 왔던 길로 사라졌다.

가까이에서 그 모습을 지켜보던 우리들의 입이 '헤' 벌어졌다. 프랑스 말과 한국말이 교차하면서 의사소통이 완벽하게 된 것도 재미있었지만, 그보다는 가까이 있던 우리를 찾지 않고 한국말을 계속한 장모님의 천연덕스러움이 더 재미있었다. 그때의 장모님 모습은 지금 돌이켜 보아도 웃음이 저절로 나온다.

장모님은 마당에서 놀던 흑인아이가 넘어져 울면 다가가, "아이구, 넘어졌구나. 어디가 아프니? 울지 마라" 하셨다. 그러면 아이가 금방 울음을 그쳤다. 모습도 신기한 할머니였고 말도 처음 듣는 말이었기에 호기심이 아픔을 쫓아낸 것이다. 장모님은 용빈이를 찾는 전화를 나나 아내에게 넘겨주시지 않았다. 용빈이가 있을 때는 용빈이에게 넘겼고 용빈이가 없을 때는 "용빈이? 용빈이, 지금 나갔어!" 하곤 끝내셨다. '나갔어!'를 '마가쟁(magasin, 가게)'으로 알아들은 용빈이 친구가 이튿날, "용빈아, 너 어제 가게에 가서 뭐 샀니?" 하고 물은 적도 있었다.

장모님의 한국말에 관한 천연덕스러움과 당당함은 어디에서 오는 것일까? 장모님이 섰던 자리에 한국의 젊은이가 있었다면 어떤 반응을 보였을까? 틀림없이 그는 노란 국화 부인이 말을 걸었을 때는 가까이 있던 우리를 찾든지 잘 못하는 영어로 더듬거렸을 터이고(어차피 그 부인에겐 영어나 한국말이나 못 알아듣긴 마찬가지다), 용빈이에게 온 전화는 아무 대꾸없이 우리에게 넘겼을 것이다. 장모님과 한국 젊은이의 차이는 오늘날 한국 사회에 스며들어 있는, 영어에 대한 지나친 강박관념과 한국말에 대한 열등의식을 보여주고 있는 것은 아닐까?

"프랑스 사람들은 왜 그렇게 영어를 못하는 거요? 도대체 말이 통해야지!"

파리에 관광온 한국인 중에 이렇게 투덜거리는 사람을 종종 볼 수 있다. 또 어떤 사람은, "프랑스 사람들은 영어를 알아듣고도 프랑스 말로 대답하는 것 같다. 프랑스 말에 대한 자존심이 세서 그런가?"라는 말을 하기도 한다. 나는 그렇게 말하는 한국인들이 영어를 잘하는지 알 수 없지만, 그렇다고 굳이 '영어 잘하느냐?'고 묻지 않는다.

실제로 프랑스인들은 영어를 잘하지 못한다. 일부 지식인과 문화인, 정치인, 무역에 종사하는 사람들 그리고 고급호텔 종사자를 뺀 나머지 사람들과는 영어소통이 어렵다고 생각해야 한다. 예를 들면, 노트르담 대성당이나 몽마르트르 언덕 등 관광명소 가까이 있어서 주로 외국인을 상대하는 가게에서도 '필름(프랑스 말로 펠리퀼)'이나 '아이스크림(프랑스 말로 글라스)'을 알아듣는 점원은 드물다. 파리의 관광지가 이 지경이니 지방은 더 말할 것도 없다.

그런데 영어로 길을 물었을 때, 프랑스 말로 대답하는 이유는 영어를 전혀 못하거나 영어가 짧기 때문일 뿐이다. 잘못 알려진 것처럼, 영어를 특별히 싫어해서도 아니고 프랑스 말에 대한 자존심이 강해서도 아니다. 질문을 알아들었지만 영어로 대답할 능력까진 안 되는 경우도 있고, 또 영어를 전혀 모르는 사람이 그 질문을 눈치채고 친절하게 가르쳐주는 경우도 있다.

파리의 어디서나 아무나 붙잡고 "오페라 극장은 어디 있소?"라고 영어로 물었을 때를 상상해보자. 상대방은 '오페라'라는 말만으로도 질문 내용을 알 수 있다. 우리와 다른 점은, 우리는 꼭 영어로 대답을 해야 한다는 '무의식의 짐'을 스스로 지고 있어서 한국말로 대답할 생각조차 없는 반면에, 프랑스 사람들은 '당연히' 프랑스 말로 대답하는 것이다.

영어를 잘하는 프랑스 사람은 구사할 기회가 생기면 영어 잘한다는 것을 자랑하고 싶어서라도 영어로 말한다. 그래서 나는 프랑스 사람과 희한한 대화를 꽤 여러 번 경험했다. 나는 프랑스 말을 계속 사용하는

데 상대방은 계속 영어를 사용하는 것이다. 하긴 내 프랑스 말이 시원치 않은 까닭도 있겠다. 영어와 프랑스 말이 교차하는 것인데, 위에서 말한, '영어로 물었더니 프랑스 말로 대답하더라'와 정반대이다. 그러므로 프랑스인들이 한국인에게서 영어가 안 통한다고 불만 섞인 불평을 들어야 하는 이유를 따지고 보면 영어 잘하는 프랑스 사람이 적다는 것밖에 없다.

그 사람들은 프랑스 말을 하지 않는다

나는 프랑스 사람들의 영어 능력과 관련하여 프랑스 친구와 토론을 벌였다가 수세에 밀린 적이 있었다. 그 친구는 가톨릭계 비정부기구에서 일하는 친구인데 영어를 꽤 잘한다. 그는 자기네가 영어를 잘 못한다고 불평을 들어야 할 이유가 하나도 없다고 주장했다. 프랑스에 오는 사람이면 프랑스 말을 어느 정도 터득하고 오는 게 당연하고 또 방문국에 대한 기본 예의라고 말했다.

실제로 프랑스 사람들은 프랑스에 사는 사람은 모두 프랑스 말을 할 줄 안다고 생각하고 있다. 남녀노소, 피부 색깔이 어떻든 그렇게 생각한다. 노란 국화 부인이 서슴없이 장모님에게 다가간 것도 그런 까닭이다. 식민지 경험 때문도 있겠고, "프랑스 땅에서는 프랑스 말을 한다"는 당연한 주장도 들어 있다.

그 친구의 주장은, 그러니까 프랑스인들의 정서를 대변한 것이라고 볼 수 있다. 그는 이어서, "그러면 너희 나라 사람들은 영어를 잘하냐? 일본어를 잘하냐?"고 캐물었다. 따지고 보니 그의 말이 맞았지만, "독일 사람이나 북구 사람들은 영어를 잘하지 않느냐?"고 반격을 시도했을 때, 그의 대꾸는 아주 간단했다.

"그 사람들은 프랑스 말을 하지 않는다."

그의 말에서 프랑스인들이 프랑스 말에 대해 품고 있는 긍지를 느낄 수 있다. 이 긍지를 프랑스 말에 대한 지나친 자존심 또는 영어에 대한 배타성으로까지 이해해서는 안 될 것이다. 우리는 우리말에 대한 사랑이 부족하고 긍지도 갖고 있지 않기 때문에, 남들이 당연히 갖고 있는 나라말 사랑과 긍지를 자존심이니 배타성이니 하고 있는 게 아닐까 싶다.

또 하나의 흥미있는 사실이 있다. 영어를 잘하는 프랑스의 지식인, 문화인, 정치인들이 오히려 영어의 범람에 대한 경각심이 강하다는 사실이다. 영어를 잘하는 사람일수록 그렇다. 이른바 '세계화'에 대해서도 그것이 '영어의 세계화' '미국문화의 세계화'를 가져오지 않을까 우려한다. 예컨대 '다자간 투자협약(MAI)' 논의 또는 영화쿼터제 논의 등에서도 '문화적 예외'를 내세우며 프랑스 말과 프랑스 문화를 보호하려고 노력하고 있다. 유럽연합(EU)에게도 단일통화 유로로 미국의 달러에 대항하듯이 미국문화에 대항하는 유럽문화의 설정을 요구하고 있다.

영어를 꽤 잘하는 자크 시라크 대통령은 재직시에 미국문화에 대항하는 '프로그램 전투'를 벌이자며, "유럽은 우수한 토양 위에 굳건히 서 있다. 열정을 가지고 아무런 콤플렉스 없이, 확신을 가지고, 위대한 유산을 낳고 창조적 활력을 불어넣어야 한다"고 주장했다.

그는 특히 "독창적이고, 영어 이외의 언어로 태어나는 문화예술품들이 수익성이라는 걸림돌 때문에 어려움을 겪지 않도록 국가가 도와주어야 한다"고 분명히 밝혔다. 이런 점들은 영어깨나 한다는 한국의 각계 인사들과 반대되는 점이다. 아니, 우리 모두와 다른 점이다.

우리는 국어를 공부했으나 입학시험을 위한 도구로서였다. 나라말 사랑과 나라말의 중요성에 대해서는 살피지도 않았고 보듬지도 않았다. 영어만 마냥 중요시했다. 이 경향은 세계화 바람을 타고 더욱 극으로 치닫고 있다. 영어 조기교육 붐이 일어 유치원생에게까지 영어교육을 시킨다고 야단법석이다. 이런 분위기 속에서 나라말 사랑과 중요성은 더욱더 무시될 수밖에 없다.

영어 공용어화 주장

급기야 극단적인 도구적 이성들이 '영어 공용어화'를 주장하고 나섰다. '세계화'니 '지구촌'이니 '세계시민'이니 하더니 이젠 아예 말까지 영어로 하자고 주장한다. 세계화 현실에 '적응'하라는 신자유주의의 명령에 대한 광신적 추종이 여기에 이른 것이다. 우리가 지금껏 얼마나 나라말 사랑과 나라말의 중요성에 대하여 등한히 해왔는지 알 수 있게 해준다. 실로 두려운 현상이다.

한국에서 벌어지고 있는 영어공용화 주장의 근원지를 찾아 올라가면 필히 〈파이낸셜 타임스〉 같은 앵글로색슨계의 신자유주의 전파지들과 만날 것이다. 그들이 희망사항처럼 떠들고 있는 얘기를 한국의 신자유주의 신봉자들이 한국의 조건과 상황에 대한 한푼어치의 고려도 없이 앵무새처럼 따르고 있다.

한국인들이 모두 영어를 잘하면 좋겠다는 영어 공용어화론자들의 꿈을 이해 못하는 바는 아니나, 그 꿈이 현실화될 수 있는 가능성에 대하여 진지하게 검토한 뒤에 말을 꺼내도 꺼내야 되지 않는가. 진중권 씨가 이미 지적했듯이, 이런 '농담' 같은 몽상의 소리가 "진지한 담론으로 행세하는 우리 지성계의 수준에 통탄" 하지 않을 수 없다. 자유주의를 폭넓게 소개하면서 논쟁을 유도하는 것은 그들의 자유이지만, 말도 되지 않는 소리에 가치를 실어주는 행위는 있을 수 없는 일이다.

이 문제에 대해 이미 많은 비판이 나왔으므로 나는 몇 마디만 덧붙이겠다. 나는 그들의 주장을 반박하기 위하여 문화, 전통, 역사, 민족, 공동체, 사회통합, 삶의 방식, 의사소통에 나라말이 차지하는 중요성에 대하여 말하지 않으려 한다. 영어공용을 위해서라면 그런 것쯤은 무시해도 된다고 생각했음을 알겠기 때문이다.

그래서 나는 단지 그들의 '극단적인 도구적 이성'에서 '극단'을 빼고 '도구적 이성'만을 빌려와 그들 주장의 허구성을 밝히고자 한다. 나의 어설픈 능력과 그들의 도구적 이성만으로도 영어공용 주장이 얼마나 어처구니없는 소리인지 짚어낼 수 있다는 얘기다.

한국은 싱가포르 같은 도시국가가 아니다. 북한은 어차피 그들의 눈에 띄지도 않는 듯하니 논외로 하고 남한 인구만 따져도 비교 대상이 되지 않는다. 또 한국은 다행스럽게도 반세기 동안 미국의 식민지였던 필리핀도 아니고 3세기 동안 영국의 지배를 받았던 인도도 아니다. 지금 우리 나라에서 영어소통이 가능한 사람이 몇 %나 될까? 1%? 2%? 아주 후하게 잡아도 3%겠다. 나머지 97%를 2등국민으로 남겨둘 수는 없다.

요르단은 아랍국가에서 몇 안 되는 영어공용 시행국에 속하는데, '소수의 영어소통 가능자 = 1등국민' '다수의 소통 불가능자 = 2등국민' 의 꼴을 보이고 있다. 한국의 영어공용 주장자들이 설마 이런 상황을 부러워하는 것은 아니라고 믿는다. 오히려 그들은 영어공용을 통하여 불평등한 한국 사회를 평등하게 개선시킬 수 있다는 주장까지 펼치고 있다. 그러니 그런 의심은 하지 않겠는데, 다만 기회 균등한 영어교육을 통해 불평등의 개선을 진정으로 꿈꾼다면 유치원부터 학비 일절을 국비로 해야 한다는 주장이 먼저 나왔어야 했던 게 아닐까?

영어공용 주장은 국민 대다수가 영어소통 능력을 갖게 된다는 확신이 섰을 때나 가능한 것이다. 이 점은 영어 공용론자들도 동의할 것이다. 그런데 그러자면 동원체제를 꼭 필요로 한다. 왜 그럴까? 지금까지 한국에서 영어 교육을 위해 공들여온 노력과 시간을 그 결과와 비교해 보면 금방 알 수 있다.

많은 노력과 시간을 들여왔지만 결과는 우리가 알고 있는 바와 같이 별게 아니었다. 예컨대 복거일 씨도 영어로 소설을 쓰지 못하고 한국어로 쓰고 있다. 지금까지의 영어공부가 '산' 공부가 아니어서 그렇다고, 그래서 더욱 영어 공용어화가 필요하다고 응수하겠지만, '산' 공부가 될 수 없었던 까닭을 먼저 알아야 한다. 실제 살아가면서 사용할 일이 많지 않기 때문이다. 프랑스에서도 영어교육을 하지만 영어소통이 안되는 이유도 똑같다.

그리고 말이란 사용하지 않으면 곧 잊어버린다. 프랑스에서 태어나서 7년 동안 프랑스 말만 사용하던 아이가 한국에 가더니 5개월 만에 다 잊어버렸다고 한다. 그런데 이처럼 어렸을 때 익혔더라도 성장한 다음에 사용하지 않으면 쉽게 잊어버리는 게 말인데, 어렸을 때부터 익히지 않으면 익히기 어려운 게 또한 말이다. 말은 자전거타기나 성행위하곤 다른 것이다.

따라서 영어공용은 국민들의 삶 속에 '계속적으로 영어를 강제하지 않는 한' 그 실현 가능성이 없다. 일본제국주의가 조선인에게 일본어를 강제했던 것처럼 말이다. 현재 지구상에서 영어공용을 하고 있는 나라는, 앵글로색슨계를 빼면, 과거에 영국과 미국의 식민지였던 나라들뿐이라는 사실도 이 점을 보여주는 것이다.

한국어와 일본어 사이가 가깝다는 것과, 한국어와 영어 사이가 멀다는 것을 감안하면, 영어를 강제하기 위해선 일본제국주의보다 더 극심한 동원체제가 필요하다는 것을 알 수 있다. 여기서 그들의 모순이 드러난다. 자칭 자유주의자들이 파시즘 체제에서나 가능한 동원을 요구하고 있지 않은가.

앞으로 태어나는 신생아부터 영어를 가르치면 된다고 말할 수도 있겠다. 그러나 누가? 어디서? 가르칠 것인가? 영어를 못하는 어머니가 아기에게 영어를 모어(母語)로 전달할 수 없다. 신생아들을 탁아소에 집합시켜 '마마' '파파' 부터 가르칠 것인가? 결국 또 동원인데, 이 동원을 받아들인다고 치자. 그 비용은 누가 대고 조직은 어떻게 하는가? 그들을 가르칠 영어교사들은 확보되어 있는가?

백번 양보하여 탁아소도, 교사도, 비용도 해결된다고 치자. 또 국민 모두 영어를 사용하기로 합의했다고 치자. 몇 년이 걸릴까? 강원도에서 제주도까지 "나는 한국말은 잘 못하고 영어를 잘해요"라고 영어로 말할 수 있을 때까지 과연 몇 년이 걸릴까. 50년? 100년? 200년? 교육을 백년지계라 했거늘, 하물며 말을 하나 더하기 위함이랴! 그런 사이에 미국 주도의 세계체제에서 예컨대 중국 주도의 세계체제가 된다면? 그때 중국어 공용을 다시 시작해야 하나? 그땐 중국에서도 영어공용 중일 것이라고? 어림없는 소리다. 중화(中華)에 대해 전혀 모르는 말씀이다.

　이렇게 그들의 도구적 이성으로 판단하더라도, 영어공용 주장이란 자가당착에 빠져 있는 헛소리이며 한낱 공허한 현실추수주의에 지나지 않는다는 것을 알 수 있다.

　나의 도구적 이성은 영어를 보급하기 위한 정열, 시간, 돈이 있다면 그 정열과 시간과 돈을 수학·물리 등 기초과학과 기술교육을 위해 쏟으라고 말한다. 수학은 세계보편적인 기호체계이며 물리 또한 만국공통이다. 그리고 영원하다. 세계체제의 중심부가 미국에서 어디로 이동하든 상관없다. 국가경쟁력이라는 것도 밑바탕을 파고 들어가면 영어능력보다는 수학·물리 그리고 기술이 좌우하는 것이다. 예컨대 실리콘 밸리나 빌 게이츠의 겉은 영어지만, 속은 온통 수학·물리·기술이다. 영어로는 다만 카피를 할 수 있을 뿐이다. 남들이 수학·물리 실력을 쌓고 기술을 익혀 앞으로 나아갈 때, 우리는 영어를 익히며 그들의 뒤나 쫓아다닐 것인가.

　마지막으로 한마디만 덧붙이자. 앞으로 영어공용을 주장하고자 하는 사람들은 그 글을 한국말보다 '영어로' 발표하기 바란다. 영어소통이 비교적 잘되는 스웨덴, 노르웨이, 덴마크 같은 나라에서 그런 주장을 펴고자 하는 사람은 틀림없이 영어로 발표할 것이다. 그만큼 영어 독자가 많다.

　그런데 나는 아직 그 나라들에서 영어공용을 주장한다는 소리가 나온다는 말을 들어 보지 못했다. 스웨덴의 공용어는 스웨덴어뿐이고 노르웨이의 공용어는 노르웨이어뿐이며, 덴마크의 공용어는 덴마크어뿐이다. 그들의 언어는 영어와 아주 가까워서 배우기 쉬운데도 그렇다. 왜 그들은 영어공용을 주장하지 않는지, 아니면 못하는지 한 번 살펴보라.

영어공용을 주장하는 글을 한국말로 써서 발표한다는 그 자체가 이미 모순이다. 영어로 쓸 필자도, 읽을 독자도 없는 곳에서 영어공용을 주장하고 있으니 실로 우습지 아니한가? 부디 영어공용을 주장하고 싶은 사람은 조금 더 기다렸다가 한국인 독자를 위한 〈Litterature and society〉 같은 영문 잡지가 생기면 거기에 발표하라. 그 'Litterature'가 한국문학인지 미국문학인지는 나로선 알 수 없지만 말이다.

말은 지배의 무기

국제사회에서 말은 중대한 지배의 무기다. 문화적 지배를 통하여 정치·경제·사회 등 모든 면에도 지배의 영향력을 키워간다. 프랑스인들은 이 점을 잘 알고 있다. 좌파는 좌파대로, 우파는 우파대로 아주 잘 파악하고 있다. 그래서 좌우파의 속셈은 서로 다를 수 있지만, 프랑스말에 대한 사랑과 그 중요성의 강조라는 길목에서는 항상 함께 만난다. 프랑스가 영어의 영향력에 저항하는 것은 미국 주도의 문화적 획일화에 반대한다는 긍정적 측면도 있지만, 동시에 제3세계 특히 프랑스어권에 대한 영향력을 확대 또는 방어하기 위한 측면도 있다.

과거에 영국의 식민지였던 아프리카나 중동의 나라들이 지금은 모두 미국의 영향 아래 들어갔음을 우리는 잘 알고 있다. 미국이 영어를 사용하는 나라라는 것이 영국에겐 치명적인 불운이었다! 영국은 과거 식민지에 대한 영향력을 고스란히 미국에 넘겨주었을 뿐만 아니라, 그 자신 스스로 미국의 영향 아래로 들어갔다.

국제문제에서 영국은 좌파정권이든 우파정권이든 정책에 하등 차이가 없다. 예컨대 유럽에서 토니 블레어 정부만이 미국과 함께 이라크 폭격에 참여하였다. 국제 문제뿐만 아니라, 국제 경제·사회·문화의 모든 면에서도 미국과 영국은 상당한 유착관계를 맺고 있다. 그 배경에 바로 영어가 있다. 영어가 두 나라를 끈끈하게 붙여주는 '풀'이 되고 있는 것이다.

독일의 철혈재상 비스마르크는 이미 19세기 말에 "미국이 영어를 사용한다는 것이 가장 중요한 역사적 사건"이라고 말했다. 그는 일찍이 언어의 영향력이 얼마나 중대한가를 알고 있었다. 그의 말 속에는 장래에 영어가 중요하게 되리라는 의미도 들어 있지만 영어의 영향력을 잘 간파하라는 가르침도 들어 있다.

이 점에서 드골은 비스마르크의 아주 훌륭한 제자였다. 드골은 후예들에게 또 하나의 유명한 한마디를 남겼다. 그는 영국을 가리켜 미국이 유럽에 보낸 '트로이의 목마'라고 말했다. 이 말 한마디에서 그가 어떤 시각으로 영국과 미국의 관계 그리고 유럽에서 영국의 역할을 보았는지 알 수 있다. 말하자면 드골에게 영국은 미국이 유럽 땅에 띄운 거대한 항공모함이었던 것이다.

실제로 '트로이의 목마'는 드골의 외교정책을 이해하는, 나아가 지금의 프랑스 외교정책까지도 이해할 수 있는 관건이 된다. 드골이 유럽연합의 전신인 유럽경제공동체(EEC)에서 영국을 배제시켰던 것도 이런 맥락에서 이해할 수 있다. 드골은 2차대전의 적국이었던 독일과는 밀월관계를 추진하면서 연합국이었던 영국을 따돌렸다. 영국의 유럽공동체 가입은 드골이 물러난 뒤에나 가능했는데 지금도 유럽통합에서 영국은 한 다리만 걸친 상태에 있다. 다른 한 다리는 말할 필요도 없이 미국에 걸치고 있다. 이 점을 알면, 최근에 한국에서 요란스럽게 환영받았던 앤서니 기든스의 『제3의 길』이 정작 유럽 땅에서는 별 반향을 얻지 못하고 있는 이유를 얼마간 이해할 수 있다. 유럽인들에게, 특히 프랑스인들에게 앤서니 기든스의 '제3의 길'이란 지금까지 영국이 걸어왔던 길, 즉 '미국도 아니고 유럽도 아닌 길'에 속하는 것이다. 따라서 별로 새로운 얘기가 아니다.

이미 말했듯이 과거에 영국의 식민지였던 나라들이 지금은 모두 미국의 영향 아래 들어갔다. 이와 반대로 프랑스의 식민지였던 나라들은 지금도 계속 프랑스의 영향 아래 놓여 있다. 그 나라들의 지배층과 프랑스 사이의 유착관계는 프랑스 말이라는 고리가 없었다면 불가능한 것이다. 프란츠 파농이 '검은 피부, 흰 가면'이라고 했을 때, '검은 피부'가 '흰 가면'을 쓰게 되는 첫걸음이 바로 프랑스 말이다.

지금도 프랑스가 열심히 프랑스어권 국제회의를 주재하고 프랑스 말 보급에 노력하는 까닭은 바로 이 고리와 관련이 있다. 또 베트남, 캄보디아에서 제1외국어의 자리를 영어에 밀려나고 있다고 걱정하는 소리가 나오는 것도 마찬가지다.

이명박 정부가 들어서면서 '영어몰입교육'이라는 말이 신문과 방송에 자주 등장했다. '영어몰입교육'을 영어로 어떻게 말하는지 아는 정책입안자는 별로 없어 보이는데 영어를 영어로 공부하는 정도가 아니라 아예 한국어나 한국사까지도 영어로 공부하라고 요구할 태세다. 이러한 이명박 정부의 영어몰입교육 발상에 비하면, '국민의 정부' 당시 김대중 대통령이 미국에 가서 영어로 연설하고 국무총리가 일본에서 일본어로 연설했던 일은 약과였다. 당시 미국과 일본 두 나라가 한국에 미치는 영향력의 크기와 대통령과 총리의 비중이 서로 잘 맞아 떨어져 쓴웃음을 지었는데, 영어몰입교육과 '오륀지' 해프닝에 이르러선 할 말을 잃었다.

우리는 왜 한국인이며 한국 사회구성원인가? 어느 사람이 어느 나라 사람이며 어느 사회의 구성원인지 정체성을 규정하는 데 가장 중요한 것은 그가 어느 말로 성찰하고 추론하는지에 있다. 다시 말해, 우리가 한국인이며 한국 사회구성원인 것은 무엇보다 '생각하는 존재'로서 다른 말이 아닌 한국어로 성찰하고 추론하는 데 있다는 것이다. 영어몰입교육은 성공할 수 없지만, 설령 성공한다고 하더라도 그것은 한국에서 태어난 사람을 미국인이나 미국 사회구성원으로 만드는 데 성공한 것과 크게 다르지 않다. 따라서 영어몰입교육을 발상한 위정자들은 인문적 소양이 경제동물의 수준에 머문 사람이거나 이미 미국인이 돼버린 사람이거나 둘 중 하나이거나 둘 다이거나다. 그들이 광우병 위험에도 아랑곳하지 않고 미국 쇠고기 수입을 완전 개방한 것은 조금도 놀랄 일이 아니다.

영어를 배우는 것도 중요하지만 영어가 한국어를 깔고 앉아서는 안 된다. 이유는 아주 간단해서, 그런 영어가 주장하는 국가경쟁력이나, 지구촌이나, 세계시민이나 모두 우리와 아무 관계없는 것들이기 때문이다.

국수주의에 가까운 민족주의는 옳지 않다. 그러나 민족과 민족주의는 다르고, 민족은 사라질 수 없고 쉽사리 사라지는 것도 아니다. 그런 면에서, 알퐁스 도데의 "백성이 노예가 되었다고 해도 말을 간직하고 있는 한에는, 감옥의 열쇠를 갖고 있는 것과 같다"라는 말은 우리 모두 깊이 새겨들을 가치가 있다고 생각한다.

외규장각도서 반환문제를 보는 눈

프랑스에서 이 문제를 바라보는 심정은 답답한 것이다. 한국의 여론이 민족감정을 전면에 내세움으로써 최선의 결과를 얻는 것에 오히려 짐이 된다고 보여지기 때문이다. 감정만으로는 바람직한 결과를 기대할 수 없는 것이다.

나도 이 문제가 워낙 예민하다는 것을 알고 있다. 그래서 섣불리 말을 꺼냈다간 "프랑스에 오래 살더니 프랑스 편 드는군"이라는 소리도 나올 수 있다는 것도 잘 알고 있다. 그렇지만 나에겐 프랑스 편을 들 하등의 이유가 없다는 것을 내 자신이 알고 있으므로 괘념치 않겠다.

예전에 대우전자가 톰슨 멀티미디어를 인수하려다 프랑스 노조의 반대로 실패했던 일이 있었다. 대우전자가 '빅 딜'의 대상이 돼버린 과정을 돌이켜보면 참으로 우스운 일이 되었는데, 당시 프랑스 노동자들이 반대했던 것은 한국 기업이어서라기보다 대우재벌로 대변되는 '봉건적 신자유주의' 때문이었다. 한국의 보수언론들은 이 사실을 슬쩍 숨기고 '한국을 무시한 처사'라는 둥, 민족 감정을 앞세워 그릇된 여론을 불러일으켰다. 차원은 다르지만, '외규장각문서' 문제에도 똑같은 잘 못을 저지르고 있지 않은가 걱정된다.

반환협상에서 최선의 결과를 얻으려면 프랑스의 입장에 서 보는 게 필요하다. 무엇보다도 상대를 알아야 하기 때문이다.

우선 이 문제가 어떻게 시작되었는지 돌이켜보자. 프랑스측으로서는 테제베를 팔아먹고 싶은 욕심에 선심(?)을 썼다가 불똥 튀긴 격이다. 한국측의 반환요구가 있었다 하더라도 못 들은 척하고 다른 것으로 대신하거나, 심지어는 뇌물을 잔뜩 주었더라도 대충 넘어갔을 텐데, 쌍방 국민들에게 두루 예민한 '약탈 문화유산'을 건드린 게 탈이었다.

그것은 외규장각문서 반환 얘기가 나오기 전과 나온 뒤의 문서 자체에 대한 한국민의 관심 그리고 그에 따른 반불감정을 비교해보면 알 수 있다. 또 '외규장각문서'에 비해 문화적 가치가 수십 배, 수백 배 되는 우리 문화재들이 일본 땅에 고스란히 남아 있음에도 그 얘기는 거론조차 되지 않고 있는 현실과 비교해보아도 알 수 있다. 프랑스측으로서는 '시치미 뚝 떼기'를 하지 않은 탓에, '긁어 부스럼'을 만든 꼴이다.

프랑스 사람들은 '문화'란 말이 들어간 것에 몹시 예민하고 집착이 강하다. 미테랑 대통령이 총 297도서 가운데 『휘경원소감의궤』 한 권을 빼간 것 때문에 국립도서관 사서들이 사표를 냈고 책임자들이 함께 항의문을 발표했다. 한국에선 그런 일이 일어날 수 없을 것이다. 그들을 분노케 한 것은 정부당국이 문화재를 '테제베 장사'와 연계시킨 것이었다. 한마디로 '문화'를 가볍게 보았다는 것이다. 또 '반환의 선례'를 남겼다는 것이다.

지금 그들에게 "약탈이었다." 또는 "제국주의 침략이었다"의 얘기는 그리 중요하지 않다. 약탈이었고 제국주의 침략이었다고 인정하는 사람들도, 그래서 세계 최대의 박물관이라고 자랑하는 루브르 박물관이 실은 '약탈물 전시장'에 가깝다고 인정하는 사람들까지도 지금은 모두 "탕 피(tant pis! 어쩔 수 없지)!"를 외친다. 현실론을 앞세워 반환불가라는 것이다. 돌려주는 선례를 보였다간 여기저기서 "우리 것도!" 하고 나설 테니 그랬다간 종잡을 수 없는 혼란을 일으키게 된다는 것이다.

그러므로 "약탈품이니 내놓아라!"는 주장은 별 효과를 기대하지 못한다. 도굴꾼과 마찬가지의 행위였다고 특별히 분노하는 일도 그들을 움직이지 못한다. 피라미드의 예를 보아서도 알 수 있듯이, 그들은 원래 도굴 전문가들이었다.

콩코르드 광장 한가운데에 상징물처럼 솟아 있는 '오벨리스크' 탑은 상형문자가 가장 선명하게 남아 있는 세계 최상의 문화재 중의 하나이다. 프랑스인들은 이것을 1830년대에 이집트의 부왕에게서 선물받았다고 말하지만 당시 정황으로 보면 '빼앗아' 온 것과 별 차이가 없다. 그것을 반환하라는 이집트의 요구에 들은 척도 하지 않는다.

영국과 프랑스는 차이점이 많은데 한 가지 한통속인 게 있다. 바로 약탈 문화재 반환불가원칙에서다. 그리스의 문화장관을 지낸 멜리나 메르쿠리의 엘진 마블즈 반환투쟁이 열매를 맺기는 이미 물건너갔다. 이 일은 현실에서 약탈문화재 반환이 얼마나 어려운 일인지 보여주는 좋은 예가 된다. 여기서 그 내용을 잠깐 살펴보면 다음과 같다.

영국이 파르테논 신전의 엘진 마블즈를 온통 뜯어간 일은 약탈 중에서도 금메달감이었다. 당시 그리스는 터키의 지배를 받고 있었다. 영국인 장물아비는 터키의 술탄을 구워삶아 엘진 마블즈의 'any parts'를 뜯어갈 수 있는 허락을 받아냈다. 조금만 뜯어갈 테니 눈감아 달라는 애기였다. 술탄의 사인을 받은 뒤에 장물아비는 문서에서 두 자를 위조하였다. 'any'를 'all'로, 즉 '조금'에서 '모두'로 바꾼 것이다. 당시 고고한 신사들 중에 신사였던 영국의회의 의원들은 이 '사기+약탈' 장물을 비싼 값 주고 샀고 오늘에 이르렀다.

한편 멜리나 메르쿠리는 주로 유럽에서 활동한 육체파 배우였다. 첫 문자를 따서 M. M.이라고 불렸고 마릴린 몬로와 구별하기 위해 '유럽의 M. M.'이라고도 했다. 그리스의 군사정권에 반대하여 망명했던 그녀의 정치적 앙가주망은 그녀의 인기를 더욱 높여주었다. 그래서 유럽의 문화계 인사들 사이에선 여왕처럼 대접받았다.

그리스에서 군사정권이 물러나고 사회당정부가 들어섰을 때 그녀는 첫 문화장관에 영입되었다. 문화장관으로 있으면서 그녀는 특히 엘진 마블즈 반환을 위해 총력을 기울였다. 그녀는 사기죄와 약탈죄로 영국을 맹렬히 추궁했다. 배우로서 누리던 인기까지 총동원하여 여론을 움직이려고 애썼다. 그러나 당시 대처 수상을 비롯, 영국 당국은 꿈쩍도 하지 않았다. 반응은 고작 "지금은 그리스의 유산이 아니라 세계의 유산"이라거나 "그때 우리가 안 가져왔으면 지금은 흔적도 남아 있지 않았을 것"이라는 적반하장이었다. 그나마 당시 야당이었던 노동당의 반환 약속 언질을 받아낸 것은 메르쿠리가 아니었다면 불가능한 일이었다. 그러나 그 뒤 영국에서 노동당이 집권하기까지 10여 년의 세월이 흘렀다. 멜리나 메르쿠리는 사람들에게서 잊혀졌고 토니 블레어는 당의 약속을 헌신짝처럼 버렸다.

약탈문화재 반환문제에 얽힌 오늘의 현실이 이렇다. 우리에겐 실로 억울하기 짝이 없는 '외규장각도서'의 프랑스 소유권을 인정한 채, 똑같은 가치와 수량을 원칙으로 교환하는 방식이 나온 것도 이런 현실이 반영된 것이라 하겠다. 어찌 보면, 메르쿠리의 투쟁을 그 결과와 비교해본다면 그런 정도라도 얻어낼 수 있었던 것이 의외라고 말할 수도 있다. 그만큼 프랑스는 테제베를 팔아먹기 위하여 총력을 기울였다는 말도 되겠다.

사정이 이러한즉, 중요한 것은 감정을 앞세울 게 아니라 프랑스인들의 '문화를 대하는 가치관'의 높이보다 우리들의 '문화를 대하는 가치관'을 더 높여서 만나는 일이다. 비유컨대, "그것은 약탈품이야!"라고 말하기보다는, "문화는 당신들의 독점물이 아니야!"라고 말할 때 더 좋은 결과를 얻을 수 있다는 것이다. 그런 기본 입장에서 출발하여 지혜를 짜내야 한다.

그런 면에서, 우선 문화관광부라는 명패부터 바꾸어야 한다. 협상 테이블에 마주 앉은 프랑스 대표가 그 명함을 보면 슬그머니 웃을 것이다. 도대체 문화관광부가 무엇인가? 문화를 관광상품화하는 일을 관장하는 부처인가. 문화부는 도무지 독립해선 안 되는 부서인지 과거에는 문화공보부더니 '문민정부'에선 문화체육부가 되었고 '국민의 정부' 이후에는 문화관광부란다. 그래도 문화체육부보다는 낫다는 것인가?(이명박 정부가 들어서고는 설상가상 문화체육관광부로 바뀌었다.)

내가 보기엔 오히려 뒷걸음친 것이다. 가뜩이나 한국의 문화가 관광품으로 여겨지는 상황이고 분위기가 아닌가. IMF 관리체제 때문에 문화부를 분리, 독립시키지 못한다는 핑계는 참으로 어설프고 구차한 것이다. 진정 문화부를 독립시키지 못하겠다면 우선 관광으로부터는 해방시켜야 한다.

우리가 하나의 말과 글을 갖고 있는 하나의 민족이라는 게 얼마나 큰 복인지 모르는 한국 사람이 너무 많다. 특히 배우기 쉽고 쓰기 쉬운 한

글은 우리의 복 중에도 가장 소중한 복이다. 자기 것의 소중함을 모르고 자꾸만 남의 것을 쳐다보고 있다. 더구나 문화를 관장하는 사람들, 누구보다도 우리의 말과 글을 아끼고 다듬어야 할 사람들이 거꾸로 우리말과 글을 업신여기고 있는 것이다.

  한 나라의 말과 글이 그 나라 문화의 기둥줄기임을 돌이켜볼 때, 그런 시각을 가진 채 프랑스와 외규장각문서 반환협상을 백번 벌여 봐야 무슨 소용이 있겠는가. 설사 반환에 성공한다고 한들 도대체 그게 무슨 소용이 있을는지 나는 알 수 없다. 얄팍한 민족감정을 쓰다듬기 위한 것이 아니라면 말이다.

서울 평화상

앞에 얘기한 바 있는 프랑스의 '국경 없는 의사'가 1996년에 서울 평화상을 받았다. 나는 이 소식을 듣기 전까지 서울 평화상이라는 게 있는지도 몰랐다. 정작 '국경 없는 의사'도 수상 소식을 전해 듣기까지는 그런 상이 있다는 것을 모르고 있었다. 최근에 서울 평화상을 받은 코피 아난 유엔사무총장의 경우도 마찬가지일 것이다. 주는 쪽이 아닌 받는 쪽을 통하여 그 상의 존재가 알려지길 바란다면 상의 처지가 말씀이 아니다. 그런데 상의 존재를 알리는 일을 상의 존재이유로 아예 결정한 듯이 수상자를 정하고 있다.

'국경 없는 의사'의 수상 소식을 들었을 때 나에게 떠오른 생각은 두 가지였다. 하나는 '아이구, 아까워라!'였고, 다른 하나는, '노벨상을 받을 가능성이 보이지 않으니까 상을 만들어주는 쪽을 택했나 보다'였다.

사마란치나 조지 슐츠에 비한다면, '국경 없는 의사'가 상을 받을 자격은 넘치고도 남는다. 오히려 '국경 없는 의사'가, 미국의 제국주의적

이익에만 충실했던 조지 슐츠나 사마란치 같은 사람들과 동열에 낀 것을 아주 못마땅하게 생각했을 것이다. 미국무장관을 지낸 조지 슐츠에 대해서는 여기서 언급하지 않기로 하고 사마란치가 어떤 사람인지 잠깐 살펴보자.

사마란치는 스페인의 귀족 출신으로 프랑코 총통 밑에서 고급관리를 지낸 사람이다. 한마디로 극우 프랑코주의자였다. 1977년에 프랑코가 죽자, 바르셀로나 지사였던 그는 시민들의 야유 속에서 물러났다. 그러나 그는 곧 국제 스포츠계에 투신, 타고난 로비 능력을 발휘하여 국제 올림픽위원회(IOC) 위원장에 선출되었다. 여기에는 스포츠계에서 프랑스의 영향력을 견제하려는 미국의 입김이 톡톡히 작용했다. 미국이 극우세력에게 힘을 보태준 것은 한국 땅이나 남미만의 일이 아니었고 또 정치·경제·사회계에만 국한된 것도 아니었다.

그는 그 뒤 20년 동안 IOC를 마음껏 주무르면서 국제 스포츠계의 황제로 군림하게 된다. 그 동안 그는 모든 선수들을 프로페셔널로 만들었고 올림픽을 돈과 비즈니스의 성전으로 만들었다. 그래서 지금 쿠베르탱 남작의 "승리하는 데 목적이 있는 게 아니다. 참가하는 데 있다"는 올림픽 정신을 기억하고 있는 사람은 거의 없다. 오늘의 올림픽 정신은 "수단 방법을 가리지 말고 이겨라! 그래야 돈을 벌 수 있다"가 되었다. 이러한 사마란치의 올림픽 정신은 선수들뿐만 아니라, 올림픽 주최권을 따내려는 도시와 해당국가들에게도 그대로 적용된다.

오늘 논란을 빚고 있는 선수들의 촉진제 사용이나, 올림픽 주최국들이 주최권을 따내기 위해 뇌물을 바쳤던 사실은 결코 우연이 아니다. 그런 사실이 오늘에 와서 밝혀진 것이 오히려 이상할 정도인데, 그것도 사마란치의 능력이었을 것이다. 그뿐인가. IOC가 텔레비전 방송중계권을 주무르며 초국적기업과 한통속이 된 것도 그의 치적이다. 오죽했으면 어떤 프랑스인은 사마란치에게 대놓고 이렇게 야유를 했겠는가. "쿠베르탱의 유골은 올림포스에서 쉬고 있는데, 사마란치, 당신의 유골은 월 스트리트에 뿌려질 것이다."

서울은 이런 사람에게 '평화'의 이름으로 상을 바쳤다. 서울이 올림픽 개최권을 따냈을 때 사마란치와 모종의 묵계가 있었던 것일까. 그렇다면 그에게 상을 바친 것은 더욱 부끄러운 일이다.

'국경 없는 의사'의 눈으로 볼 때, 사마란치나 조지 슐츠는 자신들과 거의 정반대의 행동을 한 사람들이었다. 그들의 심기가 편했을 리가 없다. 그래도 '국경 없는 의사' 측은 수상을 거부하진 않았다. 상금 때문이다. 수상 소식을 듣고 자기들끼리 이런 내용의 말을 주고받았을 것이다. 거의 틀림없다는 것을 나는 장담할 수 있다.

"우리 이름 때문에 서울 평화상의 이름이 알려지든, 사마란치 같은 자나 미제국주의의 충실한 일꾼이었던 조지 슐츠가 받은 상이든 우리들로선 옹상푸(On s'en fout! 우리가 알 게 뭐야)!다. 상금만 받으면 되지. 그걸 제3세계 사람들을 위해 사용하면 되는 거지 뭐."

내가 '아이구 아까워라!' 하고 생각한 이유도 바로 상금 때문이었다. 20만 달러는 결코 적은 돈이 아니다. 한국에서 시민운동단체들이 당국의 차가운 눈총과 언론의 무관심 속에서(지금은 좀 나아졌다고 하지만) 경제적으로 무척 어려움을 겪고 있는 실정이다. 상근자들이 봉급도 제대로 못 받고 일하고 있다. 얼마나 아까운 돈인가. '국경 없는 의사'에겐 서울에서 돈을 주지 않아도 기부금을 내는 사람들이 쌔고 쌨다. 그런데 그들에게 거꾸로 돈을 주었다. 도대체 이게 무슨 아이러니인가. 이런 속사정을 알았다면 '국경 없는 의사'는 상금을 받으면서 한국의 시민운동단체들에게 무척 미안했을 것이다.

이 참에 당시 한국 언론의 일부 파리 특파원들이 겪어야 했던 일에 대해 얘기해야겠다. '국경 없는 의사' 수상에 대한 프랑스의 반응을 스케치해서 보내라는 본사의 지시가 있었다. 그런데 도대체 뭐가 있어야 보낼 게 아닌가. 신문, 라디오, 텔레비전에서 단신으로도 취급해주지 않으니 말이다. 고작 당사자인 '국경 없는 의사'의 "돈(상)을 받게 되었다"라는 짤막한 반응이 다였는데 그렇게 써서 보낼 수는 없는 노릇이니 특파원들로선 참으로 난감한 일이었다. 그런데 그런 일을 당한 참에 서울 평화상에 관련해 문제점을 제기한 '용감한(?)' 특파원도 없었던 것 같다.

서울 평화상이 도대체 무엇인가? 세계평화에 기여한 공로자를 골라 서울시의 이름으로 상을 준다는 얘기겠다. 서울은 아직 평화의 이름으로 상을 줄 처지가 못된다. 제 앞가림부터 먼저 해야 하지 않겠는가. 통일이 된 뒤에, 아니면 적어도 휴전협정을 평화협정으로 전환시킨 뒤에 그 일을 기념하여 시작해도 늦지 않다. 사마란치니 조지 슐츠 같은 사람에게 상을 준 것에서도 이미 '서울 평화상'의 태생적 한계가 보인다.

생각들이 너무 단순하고 안일해서, 알맹이 없이 엉성하게 세계니 평화를 말해 비웃음을 사고 있다. 또 이런 일을 할 때는 꼭 실속을 차려야 한다. 제1세계가 제3세계를 도와줄 때도 그 내용을 들여다보면 꼭 실속을 차린다. 달러가 그렇게 남아돈다면, 예컨대 '금속활자상' 같은 것을 제정해서 제3세계에서 출판문화에 공이 큰 사람이나 단체를 골라 상을 주라. 우리에겐 금속활자에 얽힌 억울한 사연이 있다. 우리의 금속활자가 구텐베르크보다 200여 년이나 앞섰지만 별로 인정받지 못하고 있다. 알려지지 않았기 때문이다. '금속활자상'을 통해 그 사실을 홍보하면서 상을 주는 행사를 벌인다면 뜻있고 실속있는 일이 될 것이다.

기왕 시작된 마당에 서울 평화상을 없앨 수 없다면 수상자를 뽑을 때 제발 숨은 공로자나 단체를 찾으라. 결국 제3세계에서 찾아야 할 것이다. 지금까지처럼 제1세계 사람들이나 단체에 주지 말라. 별로 고마워하지도 않고 속으로 비웃는다. 상금을 주면 아주 긴히 사용할 사람이나 단체에게 주어야 할 게 아닌가. 제발 상을 '바치지' 말고 '주라'.

* 윗 글이 서울 평화상 관계자들의 눈에도 닿았기 때문일까, 2000년 이후 수상자 선정은 받아들일 만했다. 5회(2000) 수상자는 오가타 사다코였고, 그 뒤를 이어 6회(2002) 옥스팜(빈민구호단체), 7회(2004) 바츨라프 하벨, 8회(2006) 무하마드 유누스가 받았다.

똘레랑스에 붙인 두 개의 사족

철학교수인 제라르 F. 씨가 『나는 빠리의 택시운전사』에 담겨 있는 가장 중요한 메시지가 무엇이냐고 물었을 때, 나는 똘레랑스라고 대답했다. 그는 고개를 끄덕이면서, "똘레랑스가 실은 데모크라시보다 더 중요한 것"이라고 호응했다. 그에 따르면, 오늘날 데모크라시는 이미 추상화된 이념이 되었는데, 똘레랑스는 여전히 실천적인 함의를 갖고 있다는 것이다. 그의 말은 1989년부터 계속된 유고슬라비아의 사태를 보아도 충분히 수긍할 수 있는 얘기였다. 유고 연방도 데모크라시를 주장하고, 분리 독립된 나라들도 모두 데모크라시를 주장하고 있는데 그 구체적 모습은 우리가 보는 바와 같다.

나는 제라르에게 우리의 전통 속에 중용(中庸)과 외유내강(外柔內剛)이라는, 똘레랑스와 비슷하나 똘레랑스보다 더 훌륭한 개념들이 있다고 주장했다. 나는 그에게 헛된 주장을 했던 게 아니다. 중용은 극단주의를 멀리하고 온유(溫柔)하다는 점에서 똘레랑스와 비슷하면서도 그보다 더 폭넓은 개념이었다. 외유내강은 남에게는 부드러움을, 자신에게는 강직함을 요구한다는 점에서 똘레랑스보다 한 단계 위였다. 우리는 그와 같이 훌륭한 실천적 사상들을 모두 헌신짝 버리듯 버렸다.

똘레랑스는 유럽 땅에서 신구교 간의 종교전쟁이 가져온 잔인성과 처참상에 대한 반성에서 비롯된 개념이다. 16세기 중엽에 가장 치열하게 전개되었던 신구교 간의 갈등은 16세기 말 앙리 4세의 낭트 칙령으로 잠깐 수그러드는 듯하더니 다시 격렬해져 18세기에도 끝나지 않았다. 신교도라는 이유 하나 때문에 칼라스(Calas)라는 사람이 억울하게 살인 누명을 뒤집어쓰고 죽게 되자, 이에 격노한 볼테르가 『똘레랑스론(la Traitè de Tolèrance)』이라는 소책자를 썼던 해가 1763년이었다.

우리가 흔히 18세기 프랑스의 계몽철학자라고 부르는 몽테스키외, 루소, 볼테르는 모두 똘레랑스의 개념을 세우고 발전시켰던 사람들이다. 똘레랑스와 관련하여 세 사람을 굳이 구분한다면, 몽테스키외는 이민족에 대한 똘레랑스를 특히 강조했고 볼테르는 위의 예로 알 수 있듯이 이교도에 대한 똘레랑스를, 그리고 루소는 정치적 이념상의 똘레랑스를 특히 강조하였다.

나는 동족상잔을 일으켰고 적대적 분단상황에 있는 우리에게 똘레랑스는 아주 중요한 개념이 된다고 과거에도 믿었고 지금도 믿고 있고 앞으로도 굳게 믿을 것이다. 그렇지만 똘레랑스로 우리 전통 속에 있었던 중용과 외유내강까지 덮을 수 있다고는 생각지 않는다.

국내에 똘레랑스를 메시지로 보냈던 사람으로서 나는 최근 들어 똘레랑스에 두 개의 사족을 붙이지 않으면 안 된다고 생각하였다. 하나는 오늘날 한국에서 이른바 사회지도층이 보이고 있는 모습과 관련된 '똘레랑스 사족'이고, 또 하나는 극우세력에 대한 '똘레랑스 사족'이다. 사족은 원래 필요없는 것인데 굳이 붙이는 까닭은 똘레랑스에 대한 오해를 피하려는 노파심 때문이다.

첫 번째 똘레랑스 사족은 "똘레랑스의 대상은 남이지 자기 자신이 아니라는 것"이다. 자기 자신을 대상으로 하는 똘레랑스, 즉 시쳇말로 자기 자신을 '봐주는' 똘레랑스는 똘레랑스가 아니라는 얘기다. 오늘날 한국 사회는 외유내강(外柔內剛)의 전통을 잃어버린 대신에 외강내유(外剛內柔)를 하고 있다. 남에게는 엄하지만 자신은 이래도 괜찮고 저래도 괜찮다. 이른바 사회지도층이 이런 풍조에 앞장서고 있으니 심각한 일이라 하지 않을 수 없다.

오늘날 한국의 사회지도층 사이에서는 대필(代筆), 즉 '글을 대신 써주기'가 이상한 일이 아니라 당연한 일이 되었다. 말인즉슨 대필인데 따지고 보면 '남의 글로 자기 이름 광내기'이다. '권위' 있는 의사의 논문은 레지던트가 대신 써주고, 교장이나 교감이 되는 교육을 받는 '스승'의 리포트는 여관집에서 소개해주는 직업적인 대필사가 대신 써주고, 이른바 '사회명사'와 재벌의 자서전은 소설가가 대신 써주고, 사회운동가의 칼럼은 부하 직원이 대신 써주는데 남의 글을 표절하기도 하고, 경영대학원생의 논문은 대학생이 대신 써준다.

이렇게 사회지도층의 글을 대신 써주는 일이 유행하다 보니 자기 글을 자기가 쓰는 사람은 사회지도층이 갖추어야 할 '권위'가 없는 사람이고 남이 써줄 정도의 '권위'가 있어야 사회지도층이 될 자격이 있는 것처럼 되었다.

대역(代譯), 즉 '대신 번역해주기'가 또한 유행이다. 나는 얼마 전에 대학교수 두 사람이 우리말로 옮긴 책의 앞부분에 쓴 '옮긴이의 말'을 읽으면서 내 눈을 의심했다. "대학원 박사과정에 있는 네 사람이 번역 일을 성심껏 도와주었다"고 씌어 있었기 때문이다. 책의 표지에는 교수 두 사람이 번역했다고 분명히 적혀 있는데, 대학원생들이 번역일을 성심껏 도와주었다니?! 나도 번역을 해 보았는데, 번역은 그 분량만큼 솔직하게 시간이 들어가는 단순노동에 가깝다. 그런데 번역과 '번역일을 성심껏 도와주는 것'은 어떻게 다른가?

이 모순을 어떻게 이해해야 할까? 다른 교수들처럼 진짜 번역한 사람을 아예 없었던 사람처럼 뭉개지 않고 이름이나마 밝혀준 게 그래도 양심적인 행동이었으니 찬사를 보내야 하는 걸까, 아니면 '권위' 있는 교수가 되면 제자들이 대역해주는 게 당연한 일이라는 시위쯤으로 받아들여야 하는 걸까? 또 곧 박사가 될 제자들은 이름 하나 적어주는 것만으로도 황송해서 번역일을 성심껏 도와주었다는 얘기인가?

그렇다면 한국의 교수사회는 중세의 직인-도제 사회와 어떻게 다른가? 게다가 번역자 중에 한 사람은 교수일 뿐만 아니라 나라의 '정신문화' 연구를 책임지는 위치에 있는 사람이었다. 정신문화 연구를 책임지고 있는 사람조차 정직하지 않단 말인가? 아니면 그런 게 오늘날 한국 사회의 정직함인가? 도무지 뒤죽박죽, 박죽뒤죽이다.

나로선 도저히 이해할 수 없는 일이어서 이 분야에 대해 잘 알고 있을 듯한 사람에게 국제전화로 물어보기까지 했다. 그의 말인즉, 인문과학 분야는 아직 그렇게까지 되지 않았지만 사회과학 분야의 번역책은 거의 학생들이 대역한 것이고 교수는 이름만 내건다는 것이다. 결국 한두 사람의 작풍이 아니고 모두 그렇다는 얘기였다.

놀라서 자못 흥분까지 했던 나만 이상한 사람이 된 셈인데, 오늘날 인문과학 분야가 대학에서조차 찬밥 신세가 되고 있는 속사정은 혹시 시대에 뒤떨어지게 아직 다른 분야의 예를 따르지 않기 때문은 아닐까?

최근에 나는 〈한겨레〉에서 박사가 되려고 논문심사를 받자면 보통

수백만 원의 돈이 들어간다는 기사를 읽었다. 논문 심사위원들에게 공식적인 심사비말고도 '거마비' 조로 별도의 '봉투'를 건네주어야 하며 교통비, 식사비, 숙박비 등으로 적게는 수백만 원, 많게는 천만 원대까지 부담하게 된다는 얘기였다.

논문의 질이 시원치 않을수록 거마비가 커지는 경향을 보이고 있다고 한다. 돈으로 박사학위를 살 수도 있다는 얘기가 된다. 상아탑이 우골탑이라는 말은 나도 이미 알고 있었고 교수가 되려면 수천만 원에서 억대의 돈을 써야 한다는 소리도 믿기지 않는 대로 들어서 알고 있었지만 교수사회가 이런 지경에까지 이른지는 모르고 있었다.

그리하여 나는 선비가 그립다. 강직함과 인격적 자부심을 갖고 있었던 딸깍발이가 그리운 것이다. 나 역시 시대에 뒤떨어진 것일까? 그렇지만 다시금 말하거니와 똘레랑스는 남을 대상으로 한 것이지 자신을 대상으로 하는 게 아니다. 자신을 '봐주는' 똘레랑스는 똘레랑스가 아니므로 쓰레기통에 던져버리고 부디 외유내강(外柔內剛)을 찾아올 일이다.

똘레랑스에 붙이는 두 번째 사족은 과연 "우리는 한국의 극우세력에게 똘레랑스를 보일 수 있는가?"라는 질문과 관련된다. 미리 답하자면, 한마디로 "아니다!"이다. 극우는 극단주의의 하나이기 때문에 항상 앵똘레랑스(intolèrance, 똘레랑스의 반대말)를 불러온다. 똘레랑스가 앵똘레랑스에 똘레랑스를 보일 수 없는 것은 너무나 당연한 일이다. 그래서 이 질문과 대답은 사족이 되는 것이다. 그 위에 한국의 현실은 더욱 극우세력에게 똘레랑스를 보여선 안 된다고 말하고 있다.

국민의 정부 때 〈조선일보〉가 결국 최장집 교수에게 승리를 거두었던 일이나 합천의 일해공원처럼 시민 휴식 공간인 공원의 이름을 학살자의 호를 붙이는 데서 알 수 있듯이 한국의 극우세력은 여전히 강하다. 지역패권주의와 결합되어 겉으로 드러나고 있는 힘과 영향력도 무척 강할 뿐 아니라 잠재되어 있는 힘과 영향력도 무척 강하다. 예컨대 독일이나 프랑스의 극우세력과는 차원이 다른 것이다.

그러면 독일과 프랑스에서 "극우세력을 어떻게 할 것인가?"라는 질문에 관하여 어떤 입장을 보이고 있는지 잠깐 살펴보자. 그러면 우리가 극우세력을 어떻게 대처해야 할 것인지에 대한 해답의 실마리도 보일 것이다. 독일은 프랑스에 비해 극우세력에 대한 똘레랑스가 없어서 언로(言路)까지 완전히 차단하고 있다. 과거 나치 역사에 대한 교훈이 강하게 작용하기 때문이다. 이에 비해, 프랑스는 극우세력에게 언로를 열어주는 여유를 보이고 있다.

프랑스의 지식인들은 이 차이를 극우세력을 극복하는 데 자신감이 부족한 독일과 달리 프랑스는 자신하고 있는 데서 온 것이라고 설명하고 있다. 언로가 열려 있는 덕으로 프랑스의 극우파 국민전선당은 90년대에는 선거마다 약 15%의 득표율을 보였다. 2002년 대통령 선거 1차 투표에서는 장 마리 르팬이 18%를 획득하여 17%에 머문 사회당의 조스팽 후보를 밀어내고 결선투표에 나가는 이변을 일으켰다. 이때 〈르몽드〉는 '프랑스의 수치'라는 제목의 사설을 실었는데 이 사건은 오히려 프랑스 국민에게 극우파에 대한 경각심을 불러일으키게 하여 그 뒤 국민전선당은 2007년 대선에서 10% 득표로 후퇴했고, 총선에서는 득표율 4%로 의석을 얻지 못했다. 최근 약화의 길을 걷긴 하지만 그래도 독일에 비하면 프랑스의 극우파는 여전히 기승을 부리는 것처럼 보일 수 있다. 그런데 외국인에 대한 극우파들의 테러나 방화 등의 범죄행위는 독일에서 훨씬 더 심하게 발생하고 있다. 언로가 차단되어 있으므로 그들의 욕구불만이 폭력으로 나타난 결과이다.

프랑스에서도 극우의 폭력행위가 아주 없는 것은 아니지만 독일에 비할 게 못 된다. 결국 프랑스는 극우 이념이 폭력행위로 발전되는 것보다는 차라리 득표율을 주는 쪽을 택한 셈이다.

이상과 같은 두 나라의 극우세력과 한국의 극우세력을 비교해보자. 우선 독일·프랑스와 달리 한국의 극우세력은 분단 이래 장장 50여 년 동안 집권세력이었다. 우리는 이 점을 놓쳐선 안 된다. 김대중 정부의 출범으로 권력의 주도권을 처음으로 잃게 되었을 뿐이고 그 전까지는 줄곧 주도권을 쥐고 있었다. 김대중 정부에 이어 노무현 정부가 성립되면서 극우세력이 정치권력 상층부에서는 후퇴했던 것은 사실이다. 그러나 〈조선일보〉 등의 '잃어버린 10년'이라는 말에서 알 수 있듯이 극우세력은 이명박 정부의 등장과 함께 다시 전면에 나설 참이다. 김대중, 노무현 정부를 좌파로 몰아붙인 점이나 국가보안법을 적극 옹호하는 뉴라이트세력이 역사를 바라보는 시각은 그들의 극우적 성격을 보여주는 예다. 박정희, 전두환의 권위주의 군사정권 시절과 달리 시장만능주의 아래 '부드러운 독재'를 펴기 때문에 극우적 성격이 노골적으로 드러나지 않는 것뿐이다. 이 땅의 극우세력은 언로가 차단되어 있기는커녕 군림하고 있으며 진보세력의 언로가 차단되어 있다. 진보정치세력도 아직 취약하며 노동자들의 파업권도 몹시 제한되어 있다. 이런 상황에서 극우세력에 대하여 우리가 똘레랑스 운운할 처지가 아닌 것이다!

이 자리에서 좀 엉뚱하게 들릴 수도 있는 얘기를 한 가지 하고자 한다. 스웨덴에는 세계에서 고문 피해를 받은 사람들을 모아 치료해주는 전문 병원이 있다. 병원측은 고문의 후유증으로 고생하는 여러 나라 사람을 치료하면서 그들에게 공통점이 있다는 놀라운 사실을 발견하였다. 고문을 당한 피학증세가 발전하여 고문자를 존경까지 하는 심리 증세였다. 병원측은 이 증세를 '피고문자증세'라고 이름붙였는데, 나는 오늘날 한국의 극우세력에게 똘레랑스를 말하는 사람도 이 증세와 비슷한 증세를 보이고 있다고 말하고 싶다.

한편 극우세력 자체가 갖고 있는 이념적 불투명성 때문에 혼돈을 일으키는 경우도 많은 것 같다. 지금까지 한국의 극우세력은 스스로 극우라 칭하지 않았고 보수라 칭했다. 그리고 자유민주주의의 신봉자라고 자처했다. 내가 항상 강조하는 바이지만, 극우와 자유민주주의 사이에는 건널 수 없는 강이 흘러야 한다. 그런데 한국의 보수는 제멋대로여서 극우와 자유민주주의 사이를 마음대로 왔다갔다 한다. 그러므로 우리는 보수라고 자처하는 사람들을 극우와 자유민주주의자로 구분해야 할 뿐만 아니라, 보수 한 사람 한 사람의 행동에서도 극우와 자유민주주의를 구분해야 한다. 그래서 자유민주주의에 대해서는 기쁜 마음으로 똘레랑스를 보여주고 극우에 대해서는 강력히 반대해야 하는 것이다.

극우와 광신은 하나의 뿌리에서 자란다. 유신 긴급조치시대의 암울한 공기를 한 웅큼도 숨쉬어 보지 않은 젊은이가 박정희 씨를 숭배하는 것으로도 알 수 있다. 이런 사람을 우리는 어떻게 해야 하는 것일까? 볼테르는 이렇게 말하고 있다.

"광신주의자들의 열성이 수치스러운 것이라면 지혜를 가진 사람이 열성을 보이지 않는 것 또한 수치스러운 일이다. 신중해야 하지만 소극적이어선 안 된다."

제4부

—

남북과 좌우

한강은 서울을 강남과 강북으로 가르며 흐르고, 쎄느강은 파리를 좌안과 우안으로 나누며 흐른다. 한반도는 남북으로 분단된 지 60년을 넘겼고 프랑스는 좌우가 공존하며 균형을 이루고 있다.

사회정의는 질서에 우선한다

"그대에겐 사회정의가 더 중요한가, 아니면 질서(안보)가 더 중요한가?"

이 질문에 독자는 어떤 대답을 할까? '사회정의'라는 말 자체가 낯설게 느껴지는 사람도 있을 것 같다. 귀가 따갑도록 들어온 '안보'라는 말에 반해, '사회정의'라는 말은 잘 말하지도 않고, 따라서 자주 들어보지 못했기 때문이다.

언어는 사회를 그대로 반영한다. 한국에서 '사회정의'나 '연대'라는 말은 듣기 어려운 대신에, '고통분담'이라는 말은 대유행이다. IMF 관리체제 이후 한국에서 실업률이 급등하고 있다. 그래도 아직은 실업률이 12%에 육박하는 프랑스에는 미치지 않고 있다. 그런데 프랑스 사회의 주된 화두는 '사회정의'와 '연대'이고, 한국 사회의 주된 화두는 '고통분담'이다.

한국에서 IMF 이후 어려운 시기였는데도 1년 동안 고위관료의 83%와 국회의원의 62%의 재산이 오히려 늘었다. 국민들이 고통받고 있는 동안에 이른바 국민의 공복(고위 관료)과 국민의 대표는 부(富)를 늘렸던 것이다. 이것이 한국에서 주장하고 있는 '고통분담'의 실상이다.

프랑스에서 '고통분담'이라는 말 따위는 나오지 않는다. 그런 말을 꺼냈다가는 당장 "누구의 고통을 누구에게 분담시키자는 말인가?"라는 반발을 들어야 하기 때문에 위정자가 바보가 아닌 다음에야 애당초 그런 말을 꺼내지 않는다. 반면에 사회정의라는 말은 끊임없이 나온다. 정치인들이 벌이는 토론에서 안보나 질서라는 말은 듣기 어렵지만 사회정의라는 말은 빠지는 일이 없다. 〈르 몽드〉의 도쿄 특파원인 필립 퐁스는 김대중 정부 시절의 '시장경제와 민주주의 병행 발전'에 대하여 이렇게 지적한 바 있다.

"(한국의) 김대중 대통령은 시장경제와 민주주의가 함께 나아가야 한다고 말하고 있다. 그러나 민주주의란 시장경제가 실현시킬 수 없는 사회정의를 전제로 하는 것이다."(〈르 몽드〉 1999. 2. 26)

즉 필립 퐁스에게는 한국의 '민주주의와 시장경제' 속에 사회정의가 빠져 있다는 점이 바로 눈에 띄었던 것이다. 그 눈은 기자의 눈이라기보단 프랑스인의 눈이다. 프랑스인의 눈이 곧바로 "민주주의는 사회정의를 전제로 하는 것"이라고 말하게 하는 것이다.

그런데 프랑스에서 말하고 있는 사회정의에 대한 오해를 피하기 위해 한 가지 분명히 짚고 넘어가야 할 게 있다. 프랑스에서 말하는 사회정의는 한국에서 말하는 사회정의와 달라서 폭넓은 의미를 담고 있다. 예를 들어, 한국의 어느 법학도가 "나는 사회정의를 실현하기 위해 법학을 지망했다"라고 말했을 때의 사회정의는 프랑스에선 거의 논의 대상도 되지 않는 사회정의이다.

한국 법학도의 말이 담고 있는 속뜻은 결국 "나중에 판검사가 되거나 변호사가 되어 허물어진 '법질서'를 바로 세우겠다"에서 그리 먼 얘기가 아니다. 즉 오늘날 한국 사회에 만연된 권력의 부정부패, 정경유착, 권언유착 그리고 법조계를 포함한 사회 각계각층의 비위 등으로 법이 제대로 지켜지지 않고 있다고 보고 그것을 바로 세우겠다는 뜻을 담고 있는 것이다. 한국의 법학도로서는 당연한 포부이다. 그러나 프랑스 사회에서 부정부패, 정경유착, 권언유착, 각계각층의 비위는 한국에 비해 그 정도도 미미하거니와 그런 것들은 사회정의의 문제가 아니라 당연한 법 적용의 대상이 될 뿐이다.

법학도의 말이 한국에선 그럴듯하게 들리지만 프랑스에선 빗나간 얘기가 되는 까닭이 이 차이에서 비롯되는 것이다. 프랑스의 사회정의는 한국의 법학도가 말하는 사회정의의 윗단계에서 출발한다. 그래서 프랑스에서 사회정의의 실현을 자아실현의 계기로 삼고자 하는 젊은이들은 철학, 역사학, 인간학, 정치학, 경제학, 사회학 등을 먼저 선택하고 법학은 맨 나중에 선택한다.

프랑스의 젊은이들에게 법이 담고 있는 의미란 '이미 획득된' 사회정의일 뿐이어서 결국 기존체제를 유지하는 장치가 된다고 파악하고 있다. 한마디로 법은 사회정의의 편이 아니라, 기존 질서의 편인 것이다. 이 점을 이해하면, 젊었을 때 사회정의에 뜻을 품었던 한국의 법학도들이 나중에는 거의 모두 권력의 시녀들로 변해온 까닭을 조금은 이해할 수 있다(물론 동의한다는 뜻이 아니다).

프랑스에서 얘기되는 사회정의는 논의되는 범위가 넓은 만큼 그 개념 규정을 간단히 말하기 어렵다. 나의 능력을 벗어나기도 하거니와 이 글에 적합하지도 않다. 여기서는 다만 "사회 안에서 사유권이 중요하다면 사회구성원들이 인간다운 생활을 할 권리는 더 중요하다"라는 주장이 그 핵심이며 공통분모라는 것만 말하고 넘어가기로 하자.

실제로 '인간다운 생활을 할 권리'는 거의 모든 나라의 헌법에서 '사유권 보장'보다 더 중요하게 취급하고 있다. 대한민국의 헌법도 예외가 아니다. 그렇다면 지금까지 한국의 법률종사자들은 이 헌법 정신조차 제대로 천착하지 않았다는 얘기가 되는 것이다. 어쨌든 다시 처음의 질문, "사회정의가 더 중요한가, 질서(안보)가 더 중요한가?"로 돌아가자.

이 질문은 프랑스인들에게 정치적 성향을 결정케 하는 아주 중요한 단서를 제공한다. 이 질문 앞에서, 각자의 계급적·계층적 입장 차이가 뚜렷이 드러나기 때문이다. 특히 기득권층과 비기득권층 사이의 갈림길은 이 질문으로 갈라진다. 물론 예외가 없는 것은 아니지만.

이미 눈치를 챈 독자도 있겠지만, 한국 사회와 프랑스 사회의 차이점 중에서 단 한 가지만 말하라고 한다면, "프랑스 사회는 사회정의가 질서(안보)에 우선하는데, 한국 사회는 질서(안보)가 사회정의뿐만 아니라 모든 것에 우선한다"고 말할 것이다. 한국 사회나 프랑스 사회나 기득권층과 비기득권층이 있기는 마찬가지이다. 그런데 두 사회가 이처럼 서로 다른 까닭은, 프랑스의 기득권층 중에는 정치적 신념으로 자신의 계급적·계층적 이해관계를 떠나 사회정의를 택하는 사람들이 많은 반면에, 한국에선 거꾸로 비기득권층 중에서 질서(안보)를 택하는 사람이 많기 때문이라고도 말할 수 있다.

이와 같은 산술 역학적 구도에서 보면, 한국의 기득권층이 분단상황을 이용하는 것은 당연한 일이라고 할 수 있다. 안보를 강조함으로써 비기득권층에게 기득권층을 따르도록 하는 것이다. 걸핏하면 불었던 각종 바람(총풍, 북풍, 황풍……)들이 비근한 예에 속한다. 여기서 우리는 사회정의를 이룩하는 데 분단상태가 중대한 걸림돌로 작용하고 있음을 알 수 있다.

한국의 기득권층은 분단상태를 직접적으로 이용할 뿐만 아니라, 분단상태로 확보한 국가안보 이데올로기를 아무 데나, 그리고 아무 때나 끌어와 사회정의의 요구를 막는 방패막이로 활용하고 있다. 김영삼 대통령이 한국통신 노동자들의 활동을 '국가전복기도'라고 비난했던 일이 그런 것이다.

프랑스에서 "사회정의는 질서에 우선한다"라는 화두는 끊임없이 등장한다. 알베르 카뮈가 처음 선언한 뒤로 지금 이 시간에도 예컨대, 〈르몽드 디플로마티크〉의 주필 이냐시오 라모네는 줄기차게 이 화두를 붙잡고 있다. 그 이유는 무엇일까? 기존체제는 기존인 까닭에 질서의 이름으로 사회정의를 무시하려는 관성을 갖고 있다. 그래서 사회정의가 질서에 우선한다는 것을 거듭 강조하고 재확인하지 않으면 민주주의는 정체되거나 퇴행의 길을 걸을 수밖에 없다는 것이다. 1981년에 프랑수아 미테랑이 대통령에 당선되자마자, "사회정의가 없는 곳엔 질서도 안보도 없다"고 말한 것도 이런 사회 분위기를 반영한 것이다.

실제 사회 안에서 사회정의와 질서가 정면으로 부딪치는 곳은 파업 현장이다. 우리가 '파업' 하면 곧 '경찰'을 떠올리게 되는 것으로도 알 수 있다. 노동자들이 사회정의를 요구, 관철시키기 위한 마지막 수단이 파업이라면, 그 파업은 또한 기존질서에 도전하는 행위이기도 하다. 그러므로 파업이란 사회정의를 요구하는 파업노동자들과 질서유지를 원하는 정부 사이에 "사회정의냐, 질서냐"를 놓고 한판 승부를 벌이는 것이라 말할 수 있다. 이때 배심원은 국민이며, 판결은 국민의 여론으로 결정된다. 민주주의 사회라면 그렇다는 것이다. 그러면 90년대 중반에 일어난 프랑스 노동자들의 파업 현장과 2006년 프랑스판 비정규직 법안이라고 부를 만한 최초고용계약법(C.P.E.) 반대 시위 현장을 찾아가 프랑스 사회에서 사회정의와 질서가 어떻게 맞부딪히는지를 살펴보기로 하자.

공공부문 노동자들의 총파업: 95년 11월~12월

파리의 대중교통수단이 완전히 멈춰버린 지 2주를 넘겼다. 그 동안 단 한 차량의 지하철도, 고속전철도, 전차도, 기차도 없었고, 단 한 대의 시내버스도 운행되지 않았다. 시민들은 평소에 대중교통수단의 중요성과 고마움을 느끼지 못한다. 오히려 불평하기 일쑤다. 그러던 파리 시민들이 여간 혼나고 있는 게 아니었고, 그렇게 혼나면서야 대중교통수단의 중요성과 고마움을 피부로 느끼게 되었다.

자동차의 홍수 그리고 또 홍수. 총연장 500킬로미터 이상 막히는 신기록. 평소 출퇴근 합쳐 평균 1시간 30분이면 충분하던 게 5~6시간을 길에서 보내게 되었다. 때아닌 걷기 운동. 때아닌 자동차 함께 타기 운동. 상점에서 완전히 동난 자전거와 롤러 스케이트. 새로이 교통수단으로 등장한 쎄느강 위의 배. 성탄과 연말연시를 앞두고 대목을 기대했던 상인들의 울상과 아우성……. 파업이 장기화되면서 시민들의 불평, 불만의 소리가 높아진 것은 당연했다. 그러나 그 불평, 불만이 꼭 파업노동자들을 향한 것은 아니었다.

"불편하지요. 하지만 나는 파업노동자들을 100% 지지하고 있습니다."

공영방송인 프랑스 제2텔레비전의 화면에 비친 한 중년부인이 웃으며 이렇게 말했다. 그녀의 말, 그녀의 웃는 표정은 파업노동자들에 대한 프랑스 국민들의 연대감을 상징적으로 보여주는 것이었다. 지금 불편하다고 파업에 반대한다면 그 반대의 목소리가 나중에는 자신한테도 돌아온다는 사실을 그들은 알고 있었다.

여론조사는 국민의 과반수가 대중교통수단에 대해 최소한의 서비스를 요구하면서, 동시에 55~65%의 국민이 파업을 지지하는 것으로 나타났다. 합하면 100%를 넘는 두 숫자가 보여주는 모순은 바로 똘레랑스로 설명될 수 있다. 즉 똘레랑스로 불편함에 대한 불평, 불만을 털어내고 파업 노동자들의 사회정의 요구에 연대하는 것이다.

파업은 알랭 쥐페 수상이 사회보장적자 감축안을 의회에 제출하면서 촉발되었다. 총 2,500억 프랑에 이르고 있는 사회보장적자를 줄이기 위한 해결책이라며 자신만만하게 내놓은 '쥐페 안'의 골자는 모든 소득에서 0.5%의 '사회부채 상환세'를 원천 징수한다는 것, 현재 공공부문 노동자들의 '37.5년 근무=연금률 100%'인 것을 사기업과 똑같이 40년으로 늘이는 등 연금체제를 바꾸겠다는 것이었다.

그 중에서 특히 철도원, 지하철노동자, 버스운전사에 적용해왔던 특별 연금체제를 없애겠다는 내용이 관련노동자들을 가장 분노케 했다. 일생 동안 어려운 조건에서 일한다는 것을 무시하는 처사로 보였기 때문이다. 그리고 자본소득에는 거의 손을 대지 않고 노동소득에만 손을 댐으로써 노동자들의 희생만을 강요한다고 판단한 그들은 "사회정의는 어디에!"를 외치기 시작했다.

파업의 불길이 당겨진 곳은 프랑스 국영철도(SNCF)였다. 철도노동자들은 각 사업장 단위로 총회를 열고 '쥐페 안'을 놓고 토론을 벌인 뒤 즉각 파업을 결의했다. 그들은 전광석화처럼 그리고 일사불란하게 움직였다. 노동총동맹(CGT), 프랑스민주노동동맹(CFDT)과 '노동자의 힘(FO)'의 모든 노조가 함께, 그리고 비노조원도 가세하여 거의 만장일치로 파업을 결의했다. 마르세이유에서도, 르망에서도, 파리 동역에서도, 북역에서도, 몽파르나스 역에서도 마찬가지였다. 곧 프랑스 전역에서 열차는 단 하나도 움직이지 않았고 모든 역의 안내판에는 "오늘은 출발열차도 도착열차도 없습니다"라고 표시되었다.

국철이 파업을 시작한 지 나흘 뒤, 파리교통공사(RATP)와 각 지역 교통공사들의 노동자들이 국철 노동자들을 뒤따랐다. 지하철 입구에는 철문이 내려졌고 시내버스 배차장은 문이 닫히거나 파업노동자들의 농성장이 되었다. 우체국의 우편분류소도 하나 둘 파업에 가담하기 시작하여 편지들이 2주씩 분류소에서 잠을 자게 되었고, 쥐페 수상이 시장으로 겸직 중인 보르도 시에서는 청소부들도 파업에 참가하여 '포도주 보르도'는 '쓰레기 보르도'가 되었다.

철도와 지하철노동자들보다는 참가율이 적었지만, 병원 근무자, 교사, 세무 공무원, 사회보장처 직원, 시 직원, 프랑스 전기가스공사(EDF) 노동자, 프랑스통신(France Télécom) 노동자들도 파업에 참가했다.

그리하여 프랑스 사회가 반(半)마비 상태에 빠졌다고 신문과 방송이 말할 정도로, 그리고 1968년 5월 이후 처음 보는 심각한 사태라고 말할 정도로 파업은 공공부문의 거의 전 분야에 확산되었다. 그 중에서 가장 심각한 영향을 미친 부문은 역시 대중교통 부문이었다. 다른 부문이 부분파업에 머물렀던 반면에 100% 완전파업이었고 또 기간도 길었기 때문이다.
　정부도 처음에는 완강했다. 니콜 노타 CFDT 노조위원장은 쥐페 수상 편을 들어 기초사업장 노동자들의 분노를 샀다. 그리고 알랭 투렌, 자크 쥘리아르 등 좌파로 행세했던 지식인을 포함한 일군의 지식인들이 쥐페 안에 찬성한다는 내용의 호소문에 서명하였다.
　이 지지 호소문이 나오자마자 곧 피에르 부르디외, 자크 데리다, 피에르 뷔달 나케, 에티엔 발리바르를 비롯한 다른 일군의 지식인들은 '파업노동자들을 지지하는 지식인들의 호소문'에 서명함으로써 지식인들은 두 진영으로 나누어지게 되었다.
　두 진영의 불꽃 튀기는 논쟁은 좌우정치인 사이의 논쟁보다 더 격렬했다. 쥐페 안 지지파들은 세계화로 기존의 사회보장제는 이미 낡은 것이 되어 성장에 걸림돌이 되었다고 주장한 반면에, 파업 지지파는 쥐페 안이 신자유주의의 관철 형태일 뿐이라고 반박했다.
　이와 같은 상황에서 정부와 파업노동자 사이의 힘겨루기 싸움은 길어질 수밖에 없었다. 파업은 장기화되었다. 그러나 파업노동자들에 대한 국민의 지지여론은 변하지 않았다. 따라서 파업노동자들의 투쟁 열기는 식지 않았다. 각 농성장엔 가족들도 호응하여 함께 어울려 식사를 했고 〈앵테르나시오날(인터내셔널가)〉 등의 노래를 같이 불렀다. 그리고 3주 동안 여섯 번에 걸쳐 '행동의 날'로 정해 거리시위에 나서, 파업의 최정점이었던 12월 12일에는 전국적으로 200만의 노동자들이 거리에 쏟아져 나왔다. 툴루즈에선 학생들이 연대하여 노동자들과 어깨를 나란히 행진하였다.
　파리의 시위에서는 대중교통수단이 없는데도 20만의 시위대가 공화국광장에 운집하였다. 시위대는 바스티유 광장을 거쳐 국민광장까지 행진하였다. 집합 장소인 공화국광장, 통과하는 바스티유 광장 그리고 시위를 마치는 국민광장은 모두 프랑스의 사회투쟁에서 중요한 역사적 의미를 담고 있는 곳이다. 그래서 파리에서 벌어지는 노동자들의 시위는 거의 이 길을 택한다.

시위대의 선두에는 처음 파업을 일으킨 국철 노동자들이 섰다. 루이 비아네 노동총동맹 노조위원장과 마르크 블롱델 '노동자의 힘' 노조위원장이 그 뒤를 이었고 그 다음에 파리교통공사의 노동자들이 뒤따랐다. 교원노조, 병원노조 등의 노동자들 그리고 일부 대학생들이 뒤를 이었다.

"손대지 말라! 우리의 사회보장" "쥐페 안은 가고 사회정의는 오라!" 등의 플래카드를 앞세우고 시위대는 북을 치거나 불꽃연기탄을 터뜨려 기를 올렸고 구호를 외쳤다. 연도의 시민들은 박수를 보내 호응했다. 그 모습은 흡사 어른들이 벌이는 어린이축제처럼 보였다. 12시에 시작된 시위는 날이 저문 6시 이후에도 끝나지 않고 계속되었다.

결국 정부는 양보하지 않을 수 없었다. 국민 과반수가 등을 돌린 것으로 나타났으니 어쩔 도리가 없었다. 사회부채상환세는 그대로 남았지만 연금체제 관련 부문은 쥐페 안에서 사라졌다. 쥐페 수상은 말만으로는 안심하지 못하겠다는 노동자들의 요구에 따라 서면으로 폐기를 약속해야 하는 수모를 겪기도 했다.

이렇게 프랑스의 노동자들은 파업과 거리투쟁으로 당시 의회 의석의 80% 이상을 차지하고 있던 우파 정부를 이겨냈다. 그것은 어떻게 가능했을까? 그리고 3주 동안 일체의 궤도차량과 시내버스를 정지시키고 파업투쟁을 계속할 수 있었던 저력은 과연 어디에 있는 것일까? 그 대답으로 간단히 '노동자들의 단결'과 '국민 과반수의 지지'에 있었다고 말할 수 있겠다. 그러나 이 대답은 프랑스인에겐 통하지만 한국인에겐 불충분한 것이다.

한국 사회에는 노동자들의 단결에서 국민 과반수의 지지에 이르기까지 그것을 막기 위한 숱한 통제와 억압 장치가 있기 때문이다. 그러므로 그 장치들과 연관지어 점검해 볼 필요가 있다.

3주 동안 파업이 계속되고 200만에 이르는 노동자가 거리시위를 벌였는데도 단 한 사람도 체포, 구속, 수배되지 않았고 해고도 징계도 되지 않았다. 공공부문의 노동자들이었는데도 그랬다. 프랑스에서 군인을 뺀 모든 사람에게 노동 3권은 불가침이다.

경찰에게도 쟁의권이 있어서, 파리에선 종종 경찰시위대를 경찰이 막는 기이한 광경을 볼 수 있다. 질서를 지켜야 하는 경찰이 시위를 벌이는 모습은 "사회정의가 질서에 우선한다"는 것을 웅변으로 보여주는 것이다.

사정이 이렇다 보니 파업권을 제한해야 한다는 소리가 당연히 나온다. 사회생활과 국민경제에 중대한 영향을 미치는 부문에 대해서는 최소한의 서비스를 보장하도록 파업권을 제한해야 하지 않느냐는 주장이다. 이번 파업 중에도 같은 주장이 되풀이되었다. 이에 대해 파업노조 측은, "파업권을 줄인다고 불만이 줄어드느냐!" 또는 "환자에게서 온도계를 뗀다고 열이 떨어지느냐!"라고 응수했다. 그래서 프랑스 사람들이 즐기는 '수사학'에서도 노조측은 점수를 얻었다.

한편 프랑스의 어느 신문도 "근로자들은 이성을 되찾아라!" "노동자 파업, 불경기에 부채질" 따위의 사설을 싣지 않았고, 대신에 미리 노조와 협상을 벌이지 않은 쥐페 수상을 비난했다. 또 어느 방송에서도 "파업이 국가경쟁력에 미치는 악영향" 운운하는 전문가의 모습을 볼 수 없었다. 프랑스에서는 사회정의 없는 국가경쟁력은 무의미한 것이다. 서울에서 3주 동안이 아니라 단 하루라도 노동자들의 파업으로 지하철과 시내버스가 운행 정지됐을 때 한국의 언론이 어떤 반응을 보일지 상상해보자. 그것은 나보다 독자들이 더 잘 알고 있을 것이다.

또 자크 시라크 대통령은 3주 동안 침묵을 지켰다. 한국통신 노동자들의 움직임이 '국가전복기도'였다면 이번 파업은 물론, 프랑스의 모든 파업이 국가전복기도의 정도가 아니라 '전복 행위' 그 자체가 될 것이다. 그런데도 시라크는 아무 말이 없었다. 공화국의 대통령이지, 군주가 아니기 때문이다.

이 파업은 프랑스의 사회운동사에서도 중요하게 자리매김될 것이다. 이 파업의 특징은 노동자들이 새로운 요구조건을 내걸고 먼저 시작한 게 아니라, 정부가 신자유주의 정책을 펴고자 함에 대한 방어적 파업이었다는 데 있다. 우파 정부는 기존의 사회보장제도에 신자유주의를 도입하여 칼을 대고자 했다가 국민들의 반대에 부딪혀 후퇴하게 된 것이다. 말하자면 이 파업의 승리는 쥐페 정부에 대한 승리이기도 했지만 동시에 신자유주의의 공격을 물리친 것이기도 했다. 또 1년 남짓 뒤에 좌파가 정권을 잡게 되는 정국 전환점이 되었다.

이 파업이 불러일으킨 지식인들 사이의 논쟁은 파업이 끝난 뒤에도 계속되었다. 특히 피에르 부르디외파는 『프랑스 지식인들의 12월』이라는 소책자를 통해 쥐페 안 지지 지식인들 특히 그 중에서도 기득권 좌파 지식인들을 사회학적으로 분석하여 날카롭게 비판하였다. 그 비판은 워낙 냉혹하고 노골적이어서 상대측한테 '사회학적 테러리스트들'이라는 말까지 들었을 정도다. 신자유주의에 관한 논쟁은 급기야 기득권 좌파에 관련된 논쟁까지 불러왔던 것이다.

프랑스의 지식인들이 기초한 선언문의 한 예로 「파업노동자들을 지지하는 지식인들의 호소문」을 여기에 그대로 옮겨 보고자 한다. 이 호소문은 드레퓌스 사건 이후 프랑스의 지식인운동사에서 하나의 중요한 문건으로 길이 남게 될 것이다. 호소문은 〈르 몽드〉 1995년 12월 5일자에 실렸다. 게재비용 5만 프랑은 단일노조연맹(FSU)이 우선 지불하였는데 호소문에 참여했던 지식인들과 시민들의 수표(기부금)가 답지하여 곧 상환하였고 남은 돈은 파업노동자들에게 전달되었다.

파업노동자들을 지지하는 지식인들의 호소

우리는 현 정부의 공세에 맞서서 지난 몇 주 동안 투쟁에 돌입한 모든 이들에게 전적인 연대감을 표명함으로써 우리의 책무에 임하고자 한다. 우리는 이 운동이 특정 계층의 이익이나 특권을 옹호하는 게 아니라 공화국의 보편적 가치를 수호하는 것이라고 확신하고 있다. 사회적 제권리를 수호하기 위해 파업노동자들이 벌이고 있는 투쟁은 다만 그들만의 투쟁이 아니다. 남녀노소, 실업자와 봉급생활자, 공무원, 공공부문 노동자와 사기업노동자, 이주노동자와 프랑스인 등 만민의 권리와 평등을 위한 투쟁이다.

사회보장과 은퇴자들에 관한 문제를 제기하며 노동자들이 수호하려는 것은 오늘날 단기적인 수익성 추구로 위협받고 있는, 평등과 연대의 보증인 공공서비스인 것이다. 대학생들이 교직원 충원과 추가예산을 요구하면서 수호하고자 하는 것은 모든 사람에게 모든 단계에 열려 있는 공교육, 연대를 보증하며 지식과 고용의 권리를 실제적으로 평등하게 보증해주는 공교육인 것이다.

여성의 제권리에 대한 침해에 맞서 거리투쟁에 나선 모든 이들이 수호하고자 하는 것은 바로 여성의 정치적·사회적 평등이다. 이 모든 것은 과연 우리가 앞으로 어떠한 사회를 건설해야 할 것인가에 대한 문제제기이다. 동시에 어떤 유럽이어야 하는가, 즉 우리가 강요받고 있는 자유주의의 유럽이어야 하는가, 아니면 우리가 바라는 바인 시민들을 위한 복지사회이며 환경친화적인 유럽이어야 하는가에 대한 문제제기인 것이다.

오늘의 운동은 정부정책에게만 위기일 뿐이며 시민들에게는 더 나은 민주주의, 더 나은 평등, 더 나은 연대 그리고 1946년에 제정되고 1958년에 다시 채택된 헌법 전문의 실제적인 적용을 향한 출발점이다. 우리는 모든 시민들에게 이 운동에 동참할 것과 이 운동을 계기로 우리 사회의 앞날에 대한 근본적인 성찰에 임해주길 바란다. 우리는 모든 시민들이 정신적으로 물질적으로 파업노동자들을 지지할 것을 호소하는 바이다

1995년 12월 4일

트럭운전사들의 파업: 96년 11월

1996년 11월 18일 스트라스부르에는 진눈깨비가 내렸다. 스트라스부르는 라인 강을 사이에 두고 독일 땅과 만나는 국경도시이며 유럽의회가 자리잡고 있다. 프랑스와 독일이 유럽연합(EU)의 쌍두마차라는 것은 유럽의회가 이곳 독불 국경도시에 자리잡았다는 것과 라인 강을 건너는 다리의 이름이 '유럽의 다리'인 것으로도 조금은 느낄 수 있다.

그날 한 무리의 트럭운전사들이 각각 몰고 온 트럭으로 유럽의 다리

를 봉쇄하기 시작했다. 프랑스쪽 다리였다. 노조측의 협상과 중재 요구에 사용자측과 정부측이 미온적으로 대응하고 있다는 소식을 전해 들은 트럭운전사들의 실력행사가 시작된 것이다. 승용차만 겨우 지나갈 만한 폭만 남겨두고 트럭으로 바리케이드를 쳤다. 곧 독일과 프랑스를 잇는 유럽의 다리는 사람은 넘나들 수 있지만 화물은 넘나들 수 없는 다리가 되었다.

레마르크의 소설 『개선문』에 나오는 칼바도스는 노르망디 지방의 칼바도스 도(道)에서 생산하는 사과 브랜디이다. 칼바도스 도의 도청소재지 이름은 캉인데 이 도시의 나이 많은 시민들은 미국에 대하여 별로 좋지 않은 감정을 갖고 있다. 노르망디 상륙작전 때 마구 폭격하여 아름다웠던 도시가 90% 이상 파괴되었기 때문이다.

트럭 바리케이드는 이 도시의 주변도로를 모두 막아버렸다. 근처에 있는 정유소도 봉쇄되었다. 차츰차츰 프랑스 곳곳의 주요도로가 막혔다. 프랑스 트럭은 물론 프랑스 땅에 있던 영국·스페인·독일·이탈리아·포르투갈·러시아·폴란드 국적의 트럭도 움직일 수 없게 되었다.

파업에는 노동총동맹(CGT), 프랑스민주노동동맹(CFDT), 노동자의 힘(FO), 프랑스가톨릭 노동동맹(CFTC)과 트럭운전사독립노조 등 관련 노조가 모두 참가했다. 그 중에서 노조원 숫자가 제일 많은 프랑스민주노동동맹은 바리케이드 봉쇄에 따른 행동지침을 마련했는데 다음과 같았다. 첫째, 승용차는 지나가게 한다. 둘째, 술을 마시지 않는다. 셋째, 외국 트럭운전사들을 이해시키도록 한다. 그들은 요구 사항을 각 나라말로 번역하여 알렸고 특히 이번 투쟁이 프랑스뿐만 아니라, 유럽연합 전체 트럭운전사들의 처우와 관련된다는 사실을 주지시키려고 노력했다.

파업이 일주일을 넘기면서 총 바리케이드의 숫자는 240개에 이르렀다. 정유소는 첫째 봉쇄 목표였고 고속도로와 주요 간선도로도 모두 봉쇄했다. 파리의 청과물과 해산물 도매시장도 봉쇄대상에 들어갔다. 결국 프랑스의 화물 육로교통이 완전히 마비되었다. 프랑스의 위치를 보면, 프랑스 육로교통의 마비란 곧 유럽 육로교통의 마비를 뜻한다는 것을 알 수 있다. 스트라스부르의 유럽의 다리가 끊겼듯이 북유럽과 남유럽을 잇는 다리도 끊긴 셈이었다. 영국의 도버 항구는 프랑스로 가거나 프랑스로 돌아올 트럭들이 묶이는 바람에 대단한 혼란에 휩싸였다.

육로교통의 마비가 미친 영향은 대단했다. 리용, 마르세이유, 보르도 시 등에선 주유소에 기름이 한방울도 남지 않아 긴급차량을 위한 징발이 시행되었고 일부 학교는 난방을 할 수 없어 문을 닫아야 했다. 닭 기르는 사람, 돼지 치는 사람들은 사료와 연료 부족을 호소했고 슈퍼마켓에서 우유, 요구르트, 야채, 과일, 생선, 고기류 등을 보기 어렵게 되었다. 제조업 분야에서도 부품 부족에 따른 조업중단 사태가 발생하기 시작했다.

미슐랭은 일부 타이어 생산을 중단했고 퓨조와 르노 자동차공장도 부분생산에 들어가야 했다. 프랑스뿐만 아니라, 이탈리아, 스페인과 포르투갈, 독일의 공장에서도 조업중단 사태가 속출하였다. 영국은 야채와 과일을 스페인에서 비행기로 공수하기도 했다.

"프랑스의 경찰은 도대체 뭐하고 있는가? 우리 나라였다면 바로 첫날에 경찰이 출동했을 것이다."

남의 땅에서 졸지에 발이 묶인 영국인 트럭운전사가 이렇게 불평을 털어놓았다. 어느 독일인 트럭운전사는, "사용자측과의 협상이 끝내 결렬되었을 때 행동에 옮겨야지 지금 협상 중이라면서 이럴 수가 있는가?"라고 따지기도 했다. 둘 다 그 나라 사람다운 반응이었고 항의였다. 그들은 프랑스에서는 '사회정의가 질서에 우선한다'는 것을 알지 못했다. 물론 이 원칙이 있다 하더라도 자크 시라크-알랭 쥐페 정권이 국민의 신임을 얻고 있다면 트럭운전사들의 도로 봉쇄 파업에 대한 국민의 반응은 다르게 나타날 수 있다. 국민의 74%가 파업노동자들에게 연대감을 표시했는데, 당시 시라크 30%와 쥐페 22%의 신임도와 역으로 일치하는 것으로 알 수 있다.

파업노동자들의 요구사항은 55세에 조기 은퇴할 수 있도록 하고 그 자리에 젊은 실업자들을 대신 채용할 것, 임금을 인상할 것 그리고 운전 외 근무시간도 근무시간으로 계산할 것 등이었다. 이 요구에 대하여 국민 87%가 정당한 것이라고 지지했다. 파업노동자들의 요구사항에 대하여 국민들이 이렇게 높은 지지율을 보내게 된 이유를 알자면, 트럭운전사들의 노동조건을 알아야 할 것이다.

프랑스에는 약 3만 5천 개의 운수회사가 있는데, 여기서 일하는 봉급 운전자의 숫자는 20만 명을 조금 넘는다. 두 개의 수치를 통해 짐작할 수 있듯이, 운수회사의 80% 이상은 10명 미만의 운전자를 고용하고 있는 영세한 기업이다. 80년대 말 신자유주의 물결이 들어오면서 느슨해진 기업 규정을 업고 새로운 운수회사들이 우후죽순처럼 늘어났다. 여기에다 최근 불어닥친 불경기로 덤핑가격이 형성되자, 운수회사 사이에서 노동비용을 줄이는 경쟁이 벌어졌다. 그 길만이 살아남는 길이었기 때문이다.

임금을 동결시키는 한편, 화물을 싣고 내리는 시간 등을 근무시간으로 인정하지 않는 방향으로 가게 되었다. 그래서 15시간 일하고도 9시간만 인정받는 게 보통이었다. 주당 60시간씩 일하고도 월급은 수당까지 합쳐 9천 프랑에서 1만 2천 프랑에 지나지 않았다. 트럭운전이라는 격무와 주 60시간 일한다는 것을 고려하면 프랑스의 급여 수준으로 보아 엄청난 박봉이었다. 그래서 과격한 파업임에도 국민들이 높은 지지율을 보였던 것이다.

실상 그들의 파업은 과격했다. 특히 다른 나라의 트럭운전사들까지 볼모로 삼았기 때문이다. 아무리 똘레랑스가 있는 사회라고 해도 지나친 감이 없지 않았다. 영국의 존 메이저 수상은 프랑스 정부에 배상을 요구하겠다고 선언했고 독일에서도 같은 요구가 나왔다. 그런데 프랑스 국민은 이렇듯 과격한 파업방식에 대해서도 59%가 동의했다. 국민 과반수의 동의를 얻고 있으니 정부는 함부로 경찰을 동원할 수 없었다.

국민의 지지를 얻자 파업노동자들은 추위도 잊었다. 각 봉쇄 바리케이드 근처에 있는 카페들은 파업노동자들의 토론으로 활기가 넘쳤다. 지역사회에서는 샤워장을 마련해주었고 지역노조는 열심히 음식을 날라다 주었다. "돈이 떨어진 스페인 운전사가 있으니 도와줍시다"라는 말에 지나가던 승용차 운전자들은 선뜻 10프랑, 50프랑씩을 내주었고 어느 수줍은 부인은 파업노동자들에게 빵을 한아름 안겨주고는 슬그머니 가버리기도 했다.

노사 간의 협상이 지지부진하여 파업이 길어지자, 급해진 것은 정부였다. 정부가 가장 두려워한 것은 경제에 미치는 악영향이 아니라 사회 폭발이었다. 〈르 몽드 디플로마티크〉의 이냐시오 라모네 주필은 이미 가을 문턱에 사회 폭발의 가능성에 대하여 경고한 바 있었다. 그는 '붉은 9월'이라는 제목의 칼럼에서, 12.6%에 이르는 실업률, 그 중에서도 22%에 이르고 있는 젊은 층의 실업률, '시장전체주의'인 신자유주의로 더욱 심해지고 있는 빈익빈 부익부 현상, 부랑자와 집없는 사람들의 확산 그리고 권력층의 부패상 등으로 이미 '국민적 항거'라는 폭탄은 항시 존재하고 있으며 다만 도화선이 될 계기가 필요할 뿐이라고 주장했다. 그는 사회 폭발 가능성의 근거로 '프랑스 공화주의의 프랑스적 예외'를 거듭 강조하였다. 즉 '사회불의보다는 차라리 무질서를 택한다'는.

실제로 정부는 노심초사하는 모습을 보였다. 파업이 다른 부문으로 확산되는 것을 막기 위해 CFDT의 니콜 노타 위원장, FO의 마르크 블롱델 위원장 등과 수시로 연락을 취해 점검했다. 그리고 파업을 빨리 종결시키기 위해 사용자측에 양보하라고 압력을 넣었고 정부도 조기은퇴 요구를 받아들인다는 단안을 내렸다. 55세 퇴직에 따른 연금추가비용의 대부분을 정부가 책임지며 운전 외 근무시간에 대하여 100% 임금을 지급하도록 법령으로 정하겠다고 약속한 것이다.

파업노조는 세 가지 요구 사항 중에서 55세 은퇴를 획득했고, 임금인상 부분은 미흡하지만 그 대신에 운전 외 근무시간에 대한 임금을 확보했으므로 결국 같은 성과를 얻었다고 보고 12일 간의 바리케이드 파업을 끝냈다.

이와 같은 프랑스 정부의 굴복에 대해 앵글로색슨계의 신자유주의 신문들은 한결같이 비판적인 논설을 실었다. 뉴욕의 〈월 스트리트 저널〉은 "그것은 큰 희생을 치러야 하는 노조의 승리일 뿐이다. 경쟁력과 고용 부문에서 앞으로 오랫동안 부정적인 결과를 느끼게 될 것이다"라고 썼고, 런던의 〈파이낸셜 타임스〉는 "영국은 이웃 프랑스에 교훈을 줄 게 있다. 70년대 노조의 거친 파업이 영국을 무정부상태로 몰아넣었을 때 정부는 무능력 자체였다. 그러다가 대처가 수상이 된 1979년부터, 단호한 법과 정치로 누구도 상상할 수 없었던 일을 해냈다. 1995년의 연파업 일수는 1979년에 비해 85%가 줄었다"고 썼다.

두 신문은 결국 경찰력을 동원해서라도 파업을 깨부수지 않은 프랑스 정부가 못마땅하다는 논조를 보인 것이다. 신자유주의를 표방하는 신문들의 당연한 반응이었는데 그들이 모르고 있는 게 있다. 바로 '프랑스적 예외'이다. 또 "현재 미국과 영국 두 나라의 사회적 불평등은 30년대의 불황 이후 가장 극심한 지경에 이르렀다"고 쓴, 같은 자유주의 계열이지만 세련된 〈이코노미스트〉지의 경고도 무시하고 있다. 대처 집권을 전후한 20년 사이에 영국의 궁핍생활자 수가 500만에서 1,400만으로 늘어난 것도 신자유주의 논자들에게는 별로 중요하지 않은 것 같다. 이번 파업을 통해서도 알 수 있듯이, 프랑스 땅에는 대처가 서 있을 자리는 없다. 그 차이로 프랑스인은 시민(Citoyen)이고 영국인은 아직 신민(Subject)인지도 모른다.

1995년 노동자들의 대파업과 1996년 트럭노동자들의 파업의 여파로 1997년 총선에서 좌파가 승리하여 조스팽 정부가 탄생했다. 우파 시라크 대통령과 좌우동거 정부가 성립된 것이다. 그러나 좌파 정부 아래 '프랑스적 예외'는 신자유주의 세계화의 영향력 앞에서 흔들릴 수밖에 없었다. 좌파 지식인에 속하며 프랑스 녹색당의 이론가인 알랭 리피에츠는 조스팽 정권을 "어쩔 수 없이 세계에서 가장 왼쪽에 있는 정권"이라고 말했는데 이미 현실사회주의권이 무너진 상황에서 이 정권을 왼쪽으로 견인하는 힘은 미약했던 반면 유럽연합은 이 정권을 오른쪽으로 견인하는 실질적인 힘으로 작용했다. 좌파 지식인들과 노조활동가들 중엔 유럽연합을 '신자유주의 관철을 위한 도구'라고 규정하기도 했다. 기득권 좌파와 구분하여 '좌파의 좌파'라고 불리는 그들은 조스팽 정부가 동의하고 밀어붙인 유로화 통합에 대해서도 비판적이었다.

이런 인식은 나중에 프랑스가 유럽연합 헌법 비준 국민투표를 부결시킨 배경의 하나가 되었다.

유로화 통합은 프랑스의 좌파를 분열시키는 촉매제가 되었고 신자유주의 세계화의 흐름 속에서 프랑스 사회의 우경화는 천천히, 그러나 꾸준히 진행되었다. 2002년 대선과 총선에서 우파가 승리한 뒤 다시 2007년 대선에서 니콜라 사르코지가 당선되고 총선에서도 우파가 승리하였다. 우경화에 가장 강력하게 작용한 것은 미디어이다. 거칠게 말해, 이탈리아에서는 미디어 재벌인 실비오 베를루스코니가 직접 정치 일선에 나서 수장이 되었다면 프랑스에서는 미디어 재벌들이 니콜라 사르코지를 대리인으로 내세운 차이가 있다고 말할 수 있다.

프랑스의 사회안전망은 우파 정권의 공격 대상이 되었다. 공기업 노동자들의 '37.5년=100% 연금율'은 결국 무너져 사기업과 마찬가지로 '40년=100% 연금율'로 연장되었다. 2008년 들어서 사르코지 정부는 이를 다시 41년으로 1년 더 연장하려는 정책을 추진하고 있다. 이처럼 프랑스의 노조와 좌파가 수세에 놓인 상황에서 우파 정권이 추진했던 것 중에 '프랑스판 비정규직 법안'이라고 할 수 있는 최초고용계약법(C.P.E.)이 있다.

프랑스의 최초고용계약법(C.P.E.) 반대 시위

"우리는 계속 싸울 것이다. 우리 부모가 68운동 때 했던 것처럼……"
"법안에 서명해놓고 시행하지 말라고 요청하는 이런 바보 같은 짓은 듣도 보도 못했다."

한국의 신문은 프랑스의 현지 상황을 이렇게 전했다. 2006년 4월 4일에 프랑스의 거리는 뜨거웠다. 파리에서만 70만이, 전국에서 300만에 이르는 시민들이 거리를 메웠다. 그들은 최초고용계약법의 완화나 수정을 바라지 않았다. 그들의 시위를 멈출 수 있는 것은 오직 법안의 완전 철회뿐이다. 이미 의회를 통과하고 대통령이 서명한 법안이지만 국민의 의사에 반한 것을 수용할 수 없다. 각종 여론 조사는 60% 이상의 프랑스 시민이 법안 철회에 찬성하는 것으로 나타났다.

당시 시위를 가리켜 1968년 이후 가장 큰 규모라고 말한다. 그런데 '68년 학생혁명'은 일자리가 보장된 젊은 세대들이 새로운 사회에 대한 열망으로 혁명적 국면이 형성되었다면, 이 시위는 고용 불안에 처한 젊은 세대들의 불안이 그 원동력이 되고 있다는 차이가 있다. 68년 혁명이 "사회를 바꾸자!"라는 구호에 있었다면, 이 시위는 "사회 안으로!"의 성격을 갖고 있다는 것이다. 그만큼 신자유주의는 전 세계에서 절망과 불안을 낳고 있다. 2005년 11월에 있었던 이주노동자 2세들의 소요 사태가 주변부로 밀려난 계층의 '절망'에 이른 사회적 불만이 표출된 것이라면, 이 시위는 중간계층이 주변부로 밀려나지 않을 것인가라는 '불안'이 작용한 것이다.

따라서 2006년 시위는 68년 혁명보다는 1995년 11월~12월에 있었던 노동자 대파업을 돌아보게 한다. 1995년이나 이번이나 집권 우파세력이 신자유주의를 수용하는 법안을 관철하려 했다는 점에서 같기 때문이다.

최초고용계약법에서 가장 문제된 것은 26세 미만의 노동자를 최초로 고용하는 경우 2년 이내에는 특별한 이유 없이도 해고할 수 있다는 조항이다. 25세 미만의 실업률이 24%에 달하고 있는 청년실업문제의 극복 방안이라며 집권우파세력이 노동유연성 법안을 통과시킨 것이다. 그러나 법안을 밀어붙이려던 우파정권은 궁지에 몰렸다. 2년 계약 기간 중 특별한 사유 없이 해고할 수 있는 기간을 1년으로 줄이는 등 일부 조항을 완화해 파국을 빗겨가려던 자크 시라크 대통령의 기대도 완전히 빗나갔다. 결국 그는 법안을 철회하였다.

프랑스의 대규모 시위를 접하면서 우리의 현실, 특히 비정규직의 현실을 돌아보지 않을 수 없다. 우리나라의 비정규법안은 2년 계약 기간 동안에는 사용자 임의로 노동자를 해고할 수 있는 유연성을 허용하고 있다. 이 점은 프랑스와 같다. 다른 점은 우리나라에선 26세 미만의 노동자를 최초 고용할 때뿐만 아니라 아무 때나 2년 고용 계약을 할 수 있고 그 기간 안에는 아무 때나 해고할 수 있다는 점이다. 이 중대한 차이가 있음에도 대규모 반대 시위를 벌인 곳은 한국이 아니라 프랑스다. 비정규직 법안이 국회에서 통과될 때에도 일부 노동자들의 반대 투쟁은 확산되지 않고 대학생들은 앞으로 자신을 옥죌 법안임에도 노학연대를 보여주기는커녕 문제의식조차 갖고 있지 못하다. 한국은 이미 비정규직이 60%에 이르고 있다. 프랑스의 비정규직은 20%대에 지나지 않으며 그 대부분은 자발적이거나 최대 13개월까지 허용되는 시험기간에 속하는 사람들이다.

그렇다면 프랑스와 한국의 차이는 어디에서 비롯될까? 그것은 무엇보다 의식의 차이에서 온다. 시민의식과 노동자의식의 차이에서 온다. 우리에겐 부족한 시민의식과 노동자의식을 프랑스 사회구성원들은 갖고 있기 때문이다. 가령 프랑스에서 노동자들이 파업을 벌일 때마다 "시민의 발을 볼모로……"를 앵무새처럼 써대는 신문이 주류가 될 수 없는 것은 그런 신문을 찾는 시민이 없기 때문이다. 〈르 몽드〉가 법안을 철회하거나 유보할 것을 강력히 권하는 사설을 실은 것 또한 프랑스 시민의식의 반영이다. 신자유주의의 공세를 고시공부, 토익공부, 학점공부 등 '나만의 계층상승'으로 돌파하려는 생각보다 "우리는 사회불의보다는 차라리 무질서를 택한다"라는 근대 공화국의 시민의식으로 무장하고 있기 때문이다.

노동자의식의 차이는 어떨까? 한국 노동자들의 대부분은 자신이 노동자라는 인식조차 제대로 하고 있지 않다. 지금 누리는 8시간 노동제가 얼마나 많은 선배 노동자들의 피와 투쟁의 결과인지를 배운 적이 없다. 정규직 또한 얼마나 많은 피와 투쟁의 소산물인지 배운 적이 없다. 이 제도가 지금 한국에서 무너지고 있다. 그러나 한국 사회는 무덤덤하다. 사회구성원들에게 올바른 노동자 의식이 형성되지 못했기 때문이다.

"당신들의 사회에 진입하기 위해 공부하고 싶지 않아요. 그래서 지금 싸우는 것입니다."

최초고용계약법안에 대한 텔레비전 토론에 패널로 참석한 프랑스 고등학생 대표가 찬성 쪽 패널로 참석한 교육장관을 향해 던진 말이다. '당신들의 사회에 진입하기 위해 공부할 의사가 없다'라는 17세 여고생의 발언으로 알 수 있는 사회에 대한 비판의식과 노동자의식은 어떻게 형성되었을까?

가령 초등학교 고학년 교실에서 '가치'와 '값'을 예로 놓고 괄호 넣기를 한다. '가치'와 '값'의 차이에 대한 인식 능력을 갖도록 하기 위함이다. 그러한 인식 능력은 왜 필요할까? 민주, 공화국, 자유, 연대, 똘레랑스 등과 함께 노동의 가치를 인식하기 위함일 터. 그러나 우리나라에선 주로 반공이나 안보, 국익, 국가경쟁력 등 지배세력의 이데올로기만 강조해왔다. 초등학교 교실에서 노동의 가치를 제대로 인식하지 못하며 중학교 교실에서 노동소설을 함께 읽고 토론을 벌일 기회가 없다. 고1 교실에서 '노동운동이 민주주의 발전에 미치는 영향'이란 주제를 놓고 토론을 벌이는 '시민교육' 교과가 없는 대신, 충성과 예절을 주로 강조하는 국민윤리나 도덕 교과가 있다. 이런 학교에서, 그리고 자본이 장악하고 있는 대중매체를 통하여 일관되게 행해지는 반노동자적 의식화로 한국 사회구성원의 의식세계 안에는 '노동은 하지 않을수록 좋은 것'으로 자리 잡는다. 그리하여 노동자들이 '기업하기 좋은 나라'라는 구호에 맞서 '일하기 좋은 나라'를 제기할 줄 모르는 '존재를 배반하는 의식'은 완성되고 비정규직 법안에 무덤덤하게 된다.

한국의 비정규직 법안

2007년 7월 1일 비정규직 법안이 통과되면서 사회에 그 모습을 드러낸 이랜드 뉴코아 노동자들의 현실은 한국의 비정규직 노동자들이 처한 상황을 상징적으로 보여주었다. 하루 8시간 동안 화장실도 가지 못한 채 꼬박 서서 일하여 한 달에 버는 돈이 80만 원. 그럼에도 사용자는 2년의 근무 기간이 지나면 정규직으로 전환하도록 한 법안을 피하려고 노동자들과 맺은 계약을 해지하고 업무를 외주화시켰다. 일자리를 빼앗긴 노동자들은 파업 농성으로 맞섰고 비정규직 법안 이전에 불법 파견에 맞서 싸운 KTX 여승무원들과 함께 비정규직 투쟁의 최전선에 있다. 800만이 넘는 비정규 노동자들에게 피눈물을 흩뿌리게 하는 자본과 권력에 맞선 힘겨운 투쟁이다.

자본과 권력, 그리고 그들의 충실한 마름인 주류언론은 걸핏하면 "강성 노조 때문에 투자를 기피하고 그래서 일자리 창출이 어렵다"고 어깃장을 놓고, 민주노총 역시 "이랜드 그룹과의 투쟁에서 이기지 못한다면 민주노총 깃발을 내리겠다"던 위원장의 말을 무색하게 만들고 있다. 강성 노조로 지목되는 민주노총의 총역량으로 이랜드 그룹이라는 단 하나의 자본을 이기지 못하고 있는 것이다. 이미 노사관계의 불균형이 극에 이르렀는데 이명박 정부는 '비즈니스 프렌들리'만을 외치고 있다.

흔히 자본은 인간의 얼굴을 하지 않았다고 말하지만 차라리 잔인한 인간의 얼굴을 하고 있다고 말해야 할지 모른다. 가장 잔인한 게 인간이기 때문이다. 우리를 더욱 슬프게 하는 것은 그 잔인함 때문만이 아니다. 그 잔인함에 맞서는 대신 자발적으로 굴종하는 너와 나, 이랜드 뉴코아 노동자들의 이웃인 노동자, 시민들의 모습이다. 적극적 연대까지는 바라지도 않는다. 이랜드 뉴코아 불매운동에 동참해달라는 간절한 호소에도 모른 척 등 돌리는 무관심한 너와 나라는 이웃. 그것이 이 땅을 함께 사는 동시대인들의 모습이다. 이명박 정부와 함께 열린 것은 보수의 시대가 아니다. 반동의 시대다. 지금 한국의 비정규직 노동자들은 우리가 반동의 시대를 살고 있음을 여실히 증명한다.

가령 1830년대 프랑스 리용 지역의 견직노동자들은 18시간(새벽 5시부터 밤 11시까지!) 노동을 강요당했다. 그래야 겨우 입에 풀칠할 수 있었다. 인간답게 살고 싶었던 그들은 마침내 폭동을 일으켰다. 잔인하게 진압되었고 수백 명이 죽음을 당했다. 그들의 투쟁과 희생이 있은 뒤, 후배 견직노동자들의 노동시간은 14시간으로 줄었다. 자본이 스스로 노동조건을 개선시켜준 적은 없다. 노동자들의 투쟁과 희생의 대가로

얻은 것일 뿐이다. 우리가 5월 1일을 메이데이로 기념하는 것도 1886년 5월 1일 미국의 시카고 노동자들이 하루 8시간 노동제를 요구하며 파업을 벌였던 역사에서 비롯되었다. 오늘 우리가 주 7일, 하루 14시간 일하지 않고 주 5일, 하루 8시간 노동을 기본으로 노사고용계약을 맺을 수 있게 된 데에는 자본주의 아래 끊임없이 지속된 선배 노동자들의 눈물과 투쟁과 희생이 담겨 있는 것이다.

정규직도 마찬가지다. 19세기 노사계약관계의 기본 형태는 비정규직이었다. 사용자와 노동자가 똑같이 시민이라는 주장, 똑같이 시민적 권리를 갖는다는 주장 아래, 고용된 노동자가 내일이라도 다른 일자리를 찾아갈 권리를 가지듯이 사용자도 항상 다른 노동자로 대체하거나 노동자를 해고할 권리가 주어져야 한다는 주장이 관철된 것이다. 노동자는 노예가 아니다. 그래서 일터를 떠날 권리를 가진다. 그렇다면 사용자도 똑같은 권리를 가져야 한다. 곧 노동자를 마음대로 해고할 수 있는 권리다. 이것이 "모든 시민은 평등하다"는 시민권 차원에서 관철된 노사계약 형태였다. 그러나 자본이 절대적 우위를 차지하는 자본주의 사회에서 '모든 시민은 평등하다' 는 주장은 수사일 뿐 실제에서 사회적 약자들인 노동자들은 구조화된 불평등 앞에서 피눈물을 흘려야 했다. 상시적 고용 불안에 처했던 노동자들의 삶이 어떠했는지를 우리는 굳이 디킨스나 졸라의 19세기 소설을 읽지 않아도 짐작할 수 있다. 그리하여 선배노동자들이 투쟁을 통하여 하루 노동 시간을 18시간에서 14시간, 12시간, 10시간, 8시간으로 줄였고 사회적 약자로서 노동자들이 누리는 사회권으로서 노동3권을 획득했듯이 비정규직에서 정규직을 획득했던 것이다. 그렇게 획득한 정규직이 지금 이 땅에서 간단히 허물어지고 있는 것이다. 그 기나긴 투쟁을 통해 획득한 열매를 순식간에 잃어버리게 된 것이다. 프랑스판 비정규직 법안을 프랑스의 고등학생, 대학생들이 직접행동으로 물리칠 수 있었던 것은 무엇보다 그들이 노사관계의 변화, 노동운동의 역사를 알고 있기 때문이다. 정규직에서 비정규직으로 돌아가는 것 자체가 역사의 반동임을 알기 때문이다.

알아야 한다. 지금 설령 정규직이라 할지라도 반동의 칼이 언제 나에게 다가올지 알 수 없다는 점을. 오늘의 굴종이 내일 나를 향한 칼날을 가는 행위가 된다는 점을. 지금 비정규직에 연대하지 않는다는 것은 바로 내 자식에게 피눈물 흘리게 하는 내일을 물려주게 된다는 점을. 우리가 비정규직 노동자들과 연대해야 하는 까닭은 자명하다. 노동자들에겐 돈도 없고 권력도 없다. 단결과 연대 이외엔 무기가 없다. 단결과 연대는 나 자신을 위해, 내 자식을 위해, 우리 사회를 위해 노동자들이 가진 유일무이한 무기인 것이다.

사회주의에 대하여

예전에 어느 신문에서 이해찬 당시 교육부장관의 인터뷰 기사를 읽은 적이 있다. 그는 인터뷰에서 젊었을 때부터 이미 사회주의에 이끌리지 않았다고 말했다. 사회주의가 한국의 현실에 맞지 않는다는 것을 일찍부터 알았기 때문이라고 했다. 20세기 말 '국민의 정부'의 교육부장관에게 '정치적으로 잘 맞는(politiquement correct)' 인터뷰였다. 나중에 그는 노무현 정권에서 총리가 되었다.

내 기억이 틀리지 않는다면, 이해찬 씨는 나와 서울 문리대 주변에서 몇 차례 스친 적이 있는 대학후배이다. 민청학련 세대의 막내뻘로서 민청학련 사건에 관련되어 옥고를 치르기도 했던 것으로 알고 있다. 그가 인터뷰에서 '젊었을 때'라고 말한 시기가 바로 그때를 말한 것처럼 생각되었고, 그래서 나는 더욱 그의 인터뷰 기사를 흥미롭게 읽었다.

그는 이미 당시부터 사회주의가 한국의 현실에 맞지 않는다는 것을 알았을 만큼 사회주의에 대하여 잘 알고 있었던가 보다. 사회주의가 무엇인지도 모르고 사회주의에 이끌렸던 나와 사뭇 달랐다. 내가 그렇게 된 데에는 전태일 열사의 영향이 컸다.

그 뒤 4반세기 이상이 지났다. 나는 지금도 스스로 사회주의자라고 느끼고 있다. 나는 지금 "느끼고 있다"라고 썼다. 그러니까 나는 이론적인 밑바탕이 부족한, 다만 느낌으로서의 사회주의자, 즉 감성적인 사회주의자에 지나지 않는다. 20대에 마르크스주의자가 아닌 사람도, 또 40대가 되어서도 계속 마르크스주의자로 남아 있는 사람도 바보 멍청이라는 말이 있는데, 나는 그런 바보 멍청이 축에도 끼지 못하는 최상의 바보 멍청이임에 틀림없다. '세상에 나가기(출세하기)'도 애당초 글러먹은 일이다. 오늘과 같은 시기에 스스로 감성적이나마 "사회주의자요" 하고 떠들고 있으니 말이다.

사회는 수영장과 같다. 헤엄을 잘 치고 다이빙을 즐기는 사람이 있는가 하면 나처럼 헤엄을 못 치는 사람도 있다. 사회에 권력과 돈을 가진 사람이 있고 돈도 권력도 없는 사람이 있는 것과 같다.

헤엄을 잘 치고 다이빙을 즐기는 사람이 바라는 수영장과 헤엄을 못 치는 사람이 바라는 수영장은 서로 다를 수밖에 없다. 전자는 높은 데서부터 다이빙을 즐길 수 있게끔 물이 깊은 수영장을 원하지만, 후자는 그렇지 않다. 물이 깊은 수영장에서 그는 빠져 죽기 십상이다. 그런데 '사회'라는 수영장은 단 하나밖에 없다. 그래서 수영장을 어떻게 만들 것인지에 관하여 전자와 후자 사이에 갈등이 생기고 쟁투가 벌어진다.

헤엄을 잘 치고 다이빙을 즐기는 사람들은 헤엄을 못 치는 사람들에게, "너희들은 수영장을 설계할 자격이 없어!"라고 말했다. 그리고 실제로 아주 오랫동안 그들은 수영장 설계를 독점해왔다. 그들에게 권력과 돈이 있었기 때문이다. 그리하여 헤엄을 못 치는 사람은 수영장 밖에 머물러 소외되거나 수영장에 뛰어들어 죽기살기로 헤엄을 쳐 보는 수밖에 다른 도리가 없었다. 당연히 빠져 죽는 사람들이 생겼다. 그렇지만 일부 헤엄치기에 성공하고 다이빙을 즐기기까지 이른 사람도 있었다. 어떤 사람은 이를 두고 '자유주의'의 선물이라고 말했다.

한편 빠져 죽는 사람들이 생기는 것에 견딜 수 없어 한 사람들이 있었다. 그들은 빠져 죽는 사람이 생기지 않는 수영장을 꿈꾸었다. 드디어 그들은 헤엄을 못 치는 사람들과 함께 궐기하여 수영장 설계권을 쟁탈하기도 했다. 그리고 빠져 죽는 사람이 생기지 않는 수영장을 만들었다. 이 수영장의 이름을 사람들은 '공산주의 사회'라고 말했다.

그러나 불행하게도 인간은 욕망의 동물이었다. 모든 사람이 스스로 빠져 죽지 않기를 바라지만 또한 누구나 다이빙을 즐기고 싶어했다. 아무도 '땅 짚고 헤엄치기' 식 삶에 만족하지 않았다. 땅 짚고 헤엄치기는 곧 권태를 불러온다. 그래서 다른 사람이 아닌 땅 짚고 헤엄치는 수영장을 기획하고 만들었던 바로 그 사람들이 다이빙을 즐길 수 있는 수영장을 따로 만들어 즐기는 일이 벌어졌다. 그들은 "하나의 사회는 하나의 수영장뿐"이라는 원칙을 배반한 것이다.

이렇게 나는 사회를 수영장에 빗대어 생각해보곤 한다. 한국 사회라는 이름의 수영장은 어떤 모습을 하고 있을까.

영국에서 벌어진 일이다. 기찻길에서 자살한 사람을 10시간이나 그대로 방치한 채 기차들이 계속 오고갔다. 대처리즘 이후 사기업이 된 영국의 철도회사에게 시신을 수습하는 것보다 기차시각을 맞추는 게 더 중요했던 것이다.

성장과 경쟁 그리고 효율을 모토로 하는 신자유주의는 이렇게 인간성을 좀먹어 들어가고 있다. 그래도 영국 사회란 수영장엔 사회안전망이 있다. 비록 신자유주의의 공격으로 타격을 받았다고 하지만 그래도 아직 남아 있다. 프랑스에서 사회안전망이 정착되었던 1930년대와 2차 대전 직후 프랑스의 국민소득에 비해 오늘 한국의 국민소득이 훨씬 높다. 그러나 한국 사회라는 수영장에서는 오랜 동안 사회안전망 구축을 아주 등한시해왔다.

안전망이 허술한 수영장에서 빠져 죽는 사람들이 나오는 것은 당연한 일이다. 그리고 언제 빠져 죽을지 모른다는 강박관념 때문에 항상 불안한 마음으로 살아갈 수밖에 없다.

얼마 전 나는 레옹 블룸(Leon Blum : 1872~1950)이라는 프랑스 사회주의자의 목소리를 들었다. 한 장의 시디에 담긴 〈사회주의 목소리 모음집〉에서, 레옹 블룸은 "사회주의는 무엇에서 태어났는가?"라는 질문을 스스로 던지고 이렇게 대답하고 있다.

"사회주의는 인간 영혼의 가장 고귀한 감정의 항거에서 태어난 것이다. …… 사회주의는 비참함, 실업, 추위, 배고픔과 같은 견딜 수 없는 광경이 성실한 가슴들에 타오르게 하는 연민과 분노에서 태어난 것이다. …… 한쪽엔 호화, 사치가 있는가 하면 다른 쪽엔 궁핍이, 또 한쪽엔 견딜 수 없는 노동이 있는가 하면 다른 쪽엔 거만한 게으름이 있는, 이 터무니없고도 서글픈 대비(對比)에서 사회주의는 태어난 것이다. 사회주의는 사람들이 흔히 말하듯, 가장 천한 인간의 동기인 시샘의 산물이 아니라, 정의의 산물이며 가난한 자에 대한 동정의 산물인 것이다."

레옹 블룸에 따르면 사회주의는 하늘에서 떨어진 것도 아니고, 사려

깊은 연구에서 비롯된 것도 아니다. 그가 사용한 언어들, 즉 감정의 항거, 성실한 가슴, 연민, 분노, 정의, 동정……에서 알 수 있듯이, 인간의 가슴에서 태어난 것이다.

레옹 블룸은 누구인가? 20세기 프랑스 사회의 현대화와 사회정의 건설에 공헌한 국가적 인물 중의 하나로 꼽히는 유대인 출신이다. 고등사범(노르말리앵)에서 공부한 뒤, 일찍이 드레퓌스파로 활동했으며 프랑스 사회주의의 큰 별인 장 조레스의 제자이기도 했다.

1930년대 프랑스 국내외에서 극우파가 기승을 부릴 때, 이에 반대한 인민전선(Front populaire) 정부의 수반이 되기도 했다. 바야흐로 독일엔 히틀러의 나치가, 이탈리아엔 무솔리니의 파쇼가 권력을 장악했고, 스페인에선 프랑코가 쿠데타를 일으켰을 때다.

그는 주저 끝에 스페인의 공화국정부를 적극적으로 지원하기를 꺼려 좌파들의 거센 비판을 받기도 했다. 그러나 그는 곧 감옥에 갇히는 신세가 된다. 2차대전이 터지자마자 패주한 프랑스에 나치독일의 비호 아래 들어선 극우 비쉬 정권이 과거의 정적(政敵)에게 복수의 칼을 댔던 것이다.

그의 불행은 거기서 끝나지 않았다. 아내와 함께 악명 높은 뷔헨발트 수용소로 끌려갔다. 유대인인 까닭이다. 드디어 나치가 궤멸하자, 기적처럼 죽음을 면할 수 있었던 그는 다시 프랑스 땅을 밟는다. 그 뒤 1950년 심장 질환으로 사망할 때까지 사회주의자의 길을 걸어 스탈린주의와 드골주의를 함께 반대했고 인도차이나에 대한 재식민 여론에 강력히 반대하여 탈식민을 역설하였다. 유네스코(유엔 교육과학문화기구) 창설위원회 의장에 선출되기도 했던 그는 지금까지도 많은 프랑스인들에게 '양심'의 사표로 기억되고 있다. 그가 감옥에 갇혀 있는 동안에 썼던 『인간의 단계』 중에 나오는 다음 문구는 특히 유명하다.

"인간은 두 개의 서로 다른 정신을 갖고 있는 게 아니다. 하나는 노래하고 탐구하기 위한 것이며, 다른 하나는 행동하기 위한 것이다. 하나는 아름다움을 느끼고 진리를 이해하기 위한 것이며, 다른 하나는 형제애를 느끼고 정의를 이해하기 위한 것이다. 이처럼 전망하는 사람은 누구나 스러질 수 없는 희망이 타오름을 느끼게 된다."

감옥에서, 그리고 곧 뷔헨발트 수용소에 끌려갈 운명을 앞에 둔 시점에서도 그는 '스러질 수 없는 희망'을 말하고 있다. 인간에 대한 그의 가없는 신뢰는, 그의 스승 장 조레스를 상기시킨다. 프랑스 사회주의의 아버지라 불리는 장 조레스는 1903년에 고등학생들 앞에서 다음과 같이 말했다.

"우리들의 모든 불행과 우리들이 저질렀거나 또는 겪었던 불의를 관통하여 진실로 남아 있는 것은 인간성에 폭넓은 신뢰를 가져야 한다는 것입니다. 인간의 위대함에 대한 느낌 그리고 이루 형용할 수 없는 거룩한 운명에 대한 예감이 없다면 그것은 스스로 인간을 이해하려는 의지가 없기 때문입니다."

프랑스의 대표적인 사회주의자인 장 조레스와 레옹 블룸이 인간성에 대해 폭넓은 신뢰를 가졌다는 것은 우리에게 무엇을 시사하고 있을까? 사회주의가 고귀한 인간성을 낳는 것은 아니라고 말할 수 있다. 그러나 고귀한 인간성이 사회주의를 낳았다는 것은 부정할 수 없다. 그 점이 한국 땅에서 사회주의가 무시되거나 차단되어서는 안 되는 이유 중의 하나라고 나는 믿고 있다. 교육의 현장에선 더욱 그러하다. 교육이 인간성의 가치를 높이기 위한 것이라면.

쎄느강은 파리를 좌우로 나눈다

프랑수아 미테랑과 자크 시라크

"부르주아 집안에서 태어나 어려움 없이 자랐고 또 그땐 아주 젊었던 때라……."

프랑수아 미테랑 전 대통령은 극우 경향의 청년회에 어울렸던 자신의 과거를 이렇게 회고했다. 젊었을 때 극우파에 가까웠던 그는 스스로 좌선회하여 결국 사회당 출신 대통령에 이르게 되었다. 여기에는 그의 부인 다니엘 미테랑의 영향도 컸다고 한다.

자크 시라크 대통령은 미테랑과 정반대의 예를 보여준다. 우파인 '공화국연합(RPR)'의 대통령 후보로 출마하여 당선된 그는 젊었을 때 사람들에게 프랑스 공산당 청년회의 유인물을 나누어주었던 전력을 갖고 있다. 즉 나중엔 우파로 돌아섰지만 젊었을 땐 공산주의에 경도되었던 사람이다.

프랑스의 두 전직 대통령의 이와 같은 과거 전력은 한국인의 눈으로 보면 참으로 희한한 일이라 하지 않을 수 없다. 아직 젊은 청년들인 한총련 학생들을 여지없이 단죄하고 있고, 알지도 듣지도 못한 〈한국논단〉이라는 데서 대선 후보자들에 대한 '사상검증 토론회'라는 게 이루어졌고 이를 텔레비전 3사가 다투어 생중계했던 한국, 그리고 최장집 교수를 사상검증하겠다고 덤벼들었던 한국에선 상상도 할 수 없는 일이다. 그러나 프랑스인들은 희한해 하지도, 놀라지도 않았다. 그와 같은 과거 사실을 아는지 모르는지 괘념하지 않았다. 따라서 변절자라느니 색깔이 어떻다느니 하는 소리도 나오지 않았다. 그리고 차례대로 대통령으로 뽑았다.

한국의 정치 현실로 보면 둘 다 대통령이 되기는커녕 후보가 될 꿈도 꾸지 못할 사람들이다. 좌파인 미테랑은 말할 것도 없거니와, 우파인 시라크도 공산주의에 이끌렸던 젊은 날의 전력을 죽을 때까지 지고 가야 할 것이기 때문이다.

프랑스에서 미테랑이나 시라크 또는 조스팽 수상 같은 인물을 가리켜 '국가적인 인물(Homme d'Etat)'이라고 말하고 있다. 한국의 정치 현실은 '국가적 인물'이 될 수 있는 사람들을 크기도 전에 죽이고 있음을 알 수 있다. 국가적 인물에만 한정되는 게 아니다. 정계·법조계·교육계·언론계 등 사회의 각 분야에서 똑같은 현상이 일어나고 있다. 그리하여 각 분야에서 활력을 불어넣어 줄 인물들을 미리 도태시킴으로써, 오늘날 우리가 잘 알고 있는 바와 같이, 보신주의, 현실추수주의, 순응주의, 무사고주의, 복지부동 등이 주류를 이루게 된 것이다.

'바보 멍청이'와 '보잘것없는'

위에서 말한 한국과 프랑스 사이의 우울한 차이들을 우리는 분단에서 비롯된 것이라고 간단히 말할 수도 있을 것이다. 그러나 분단 때문에 우리 모두가 '바보 멍청이'나 '보잘것없는' 사람이 되어야 하는 것은 아닐 터이다. 나는 자주 프랑스인들이 우리들에게 손가락질하며 '바보 멍청이' '보잘것없는'이라고 외치는 듯한 환청에 시달리곤 한다.

프랑스인들이 가장 듣기 싫어하는 말 중에 '메디오크르'말고 '앵베실(imbécile)'이라는 게 있다. 메디오크르는 이미 설명한 대로 '보잘것없는'이란 뜻이고 앵베실은 '바보 멍청이'란 뜻이다. 프랑수아 미테랑이 초지일관하여 계속 극우파로 남았다면 '앵베실'이 되었을 것이고, 자크 시라크가 끝까지 공산주의자로 남았다면 '메디오크르'가 되었을 것이다.

물론 정치적인 생각을 꼭 바꿔야 바보 멍청이나 보잘것없는 사람이 되지 않는다는 얘기가 아니다. 대중심리에 휩쓸리지 않을 수 있는, 그리고 대중 조작에 놀아나지 않을 수 있는 줏대와 자기주장이 있어야 한다는 뜻이다. 또한 자라난 환경의 지배적인 분위기나 제약에서 스스로 벗어날 수 있는 판단력과 자기검증이 있어야 한다는 뜻이다.

대화와 토론의 장이 열려 있는 프랑스 땅에서 각자의 정치적인 생각을 결정하는 것은 의식화보다는 '개성'과 '직분'이다. 좌에서 우로, 또 우에서 좌로 마음껏 헤엄치는 의식들이 대화와 토론을 통해 서로 부딪치고 만나면서 자신이 설 자리를 선택하게 되는데, 이때 가장 중요하게 작용하는 것이 개성과 직분이다. 정치적인 생각이나 행동을 정하는 것도 결국 '어떻게 살 것인가'라는 '삶의 선택'이며, 이 선택은 주로 개성과 직분으로 규정되게 마련이다. 요컨대 의식의 날개가 좌우로 자유롭게 날아다니면서 형성된 정치적 생각은 자기(개성과 직분)의 검증 과정을 거쳐 확인되는 것이다.

극우에 가까웠던 미테랑이 사회주의 쪽으로 옮겨간 것도, 공산주의에 가까웠던 시라크가 우파로 방향을 바꾼 것도 각자의 개성·직분과 교감하여 스스로 수정하여 자리잡았다고 볼 수 있다. 이러한 점은 한국의 간쓸이(간에 붙었다 쓸개에 붙었다 하는 사람)들과 분명히 구분되는 점이다. 간쓸이들에겐 자신이 들러붙을 간과 쓸개만 중요하지 자신의 개성과 직분은 아무런 의미가 없기 때문이다.

의식의 한쪽 날개가 애당초 찢겨 있고 대화와 토론의 장이 닫혀 있는 한국 땅에서 대중심리, 대중조작, 대중선동 그리고 지배적인 환경과 분위기에 멋모르고 휩쓸리는 '바보 멍청이'들이 양산된 게 사실이다.

한편 이와 같은 현실에 대한 반응으로 의식화가 지나치게 강조된 것도 사실이다. 의식화만 강조되고 각자의 개성과 직분이 무시되면서 생겨난 것이 바로 '보잘것없는' 의식들이 아닐까 싶다. 이른바 운동권에서 지금까지 대대로 후배들이 선배들의 훼절을 지켜보아야 했던 사실을 비추어 한번쯤 곱씹어 생각해볼 필요가 있다. 우리들에게 찢겨진 의식의 한쪽 날개를 복원하는 일도 중요하지만, 이와 함께 각자가 품고 있는 정치적 생각이 실은 '보잘것없는' 것이 아닌지 자신의 개성과 직분과 끊임없이 교감하면서 세련되도록 해야 한다는 게 나의 생각이다.

실제로 우리에게 정치 이념의 '세련성'은 대단히 중요한 과제로 제기되고 있다. 그것은 우선 똘레랑스 정신을 넓히는 데서 시작될 것이다. 그런데 똘레랑스는 미테랑과 시라크의 예에서 보여지듯이, 스스로 좌우를 넘나들며 자기검증과 고민을 했던 경험이 중요한 밑거름이 되는 게 아닐까? 다시 말해 자유라는 가치와 평등이라는 가치 사이, 이기와 이타 사이의 갈등 그리고 자아실현과 생존 사이의 고민을 통하여, 보수와 진보로 갈라졌으되 세련된 보수이며 세련된 진보로 갈라졌다는 것이다.

문제는 한국에 세련된 보수가 없다는 사실이다. 그렇지만 그렇다고 하여 진보세력이 스스로 세련될 수 없다고 해선 안 된다. 이유는 간단하다. 바로 진보이기 때문이다. 진보는 스스로 세련됨으로써 세련되지 않은 보수가 파놓은 함정에 빠지지 않으면서 세련된 보수, 즉 극우와 선을 분명히 긋는 보수를 이끌어내야 할 것이다.

제5부

—

그대에게로 가는 길을
나는 안다

프랑스 사회는 프랑스 사회의 구성원들을 위한 것이다. 남을 위한 것이 아니라, 자기들을 위한 것이다. 우리는 흔히 이 알기 쉬운 진실조차 쉽게 놓쳐 버리곤 한다. 나는 프랑스인들을 아주 철저한 '프랑스 사회 중심주의자'들이라고 이름붙이고자 한다. 새로운 세기를 맞이하여 우리도 '중심주의자'들이 되자. '한반도 중심주의자'들이 되자.

슬픈 대륙의 발라드*

1961년 가을, 파리

1961년 10월 17일 아마르는 시위에 참가할 것인지 말 것인지 한참 동안 망설였다.

독일에 본부를 두고 있는 '민족해방전선 프랑스 연맹'은 파리 지역의 모든 알제리 출신에게 시위에 참가하라고 촉구했다. 그러나 파리의 분위기가 워낙 심상치 않았다. 프랑스 경찰은 테러리스트들의 목표물이 되고 있었고 그 중에 사망자까지 발생했다.

경찰의 신경은 너욱 날카로워졌고 포악성과 잔인성을 보이는 경찰도 많았다. 그들은 워낙 프랑스의 다른 계층들보다 훨씬 더 심한 인종 편견을 갖고 있는 집단이었다. 알제리 땅에선 독립전쟁이 계속되고 있었고 테러에 희생된 동료의 모습까지 목격하게 되자, 경찰들이 알제리

---

*여기 등장하는 아마르, 하산, 아킴의 증언은 〈르 몽드〉에서 참조한 것임을 밝혀둔다.

출신들에 대해 품고 있었던 인종 편견은 증오의 감정으로 발전하고 있었다.

　이미 아마르는 극장 구경을 다녀오다가 알제리 출신이라는 이유 하나 때문에 체포되어 조사를 받아야 했고 뱅센느에 있는 차가운 창고에서 주말을 보내야 했다. 알제리 출신들은 아르키(harki, 식민지 출신 부역자)가 되지 않으면 항상 '제5열'이란 의혹의 눈길에서 벗어날 수 없었다. 레만 호숫가 에비앙에서 진행되고 있던 민족해방전선과 프랑스 사이에 종전 협상은 교착 상태에 빠져 있었다. 알제리 체류 프랑스인들에 대한 처리 문제로 프랑스와 민족해방전선이 서로 팽팽하게 맞서고 있었다.

　이와 같은 상황에서, 경찰은 알제리 출신들에게 통행금지령을 내렸고, 민족해방전선은 이 명령에 반대하는 '평화적 시위'를 벌이도록 촉구했다. 아마르는 망설일 수밖에 없었다. 시위가 '평화'를 내걸긴 했지만 경찰에 대한 도전으로 받아들일 게 뻔했다.

　아마르는 25세였다. 파리의 북쪽 교외 생 드니에 있는 소화기 공장의 노동자로 일했다. 신분증명서의 공식 국적명은 '알제리 출신 회교도 프랑스인'이었다. 프랑스인이되 북아프리카 식민지 출신이며 회교도임을 밝히고 있었다. 말하자면 3등국민이었다. 프랑스 출신 프랑스인이 1등국민이라면, 그 다음에 폴란드·이탈리아·스페인 등의 유럽 출신 프랑스인이 2등국민이었고 아마르는 흑인들, 튀니지인, 모로코인 등과 함께 3등국민에 속했다.

　전쟁 상태에 있는 알제리 땅에서도 민족해방전선이냐, 프랑스냐? 둘 중 하나뿐이었지만, 식민 모국 프랑스 땅에 있는 아마르에게도 민족해방전선이냐, 프랑스냐의 둘 중 하나뿐이었다. 또는 아르키냐, 5열이냐?

둘 중 하나뿐이었다. 그 사이에는 아무 선택의 여지가 없었다. 결국 그는 시위에 참가하기로 했다. 알제리 출신들만 모여 사는 동네에서 배반자로 찍히고 싶지 않았기 때문이다.

그날 한국 땅에서 쿠데타가 있던 해의 가을날, 파리엔 비가 내렸다. 아마르는 사촌과 함께 지하철을 탔다. 집결지는 개선문 광장이었다. 경찰은 알제리 출신들의 모든 움직임을 빤히 알고 있었다. 지하철에서 내리자마자 사촌은 바로 붙잡혔다. 그는 사촌과 함께 붙잡히지 않았는데, 옷을 잘 입고 있었고 또 "알제리인들은 두 손을 번쩍 들라"는 요구에 응하지 않았기 때문이다.

경찰은 지하철 층계 위의 통로를 두 개로 구분해 놓았다. 오른쪽은 알제리 출신용이었고, 왼쪽은 기타 사람들 용이었다. 그는 알제리 출신용으로 갔다. 자기를 속일 수 없는 아랍인의 긍지 때문이었다. 그러나 그 긍지는 그를 악몽과 같은 날들로 이끌었다. 일생 동안 잊을 수 없는 악몽의 날로.

그는 다른 알제리 출신들과 함께 경찰의 몽둥이질과 발길질에 짐승 몰이를 당해가며 출구로 올라왔다. 개선문 광장 위로 올라오자, 그들은 곧바로 깡통 속의 정어리들처럼 차곡차곡 밀어붙여졌다. 몽둥이들이 머리 위로 날아다녔다. 머리가 깨져 피를 흘리는 사람, 눈알이 튕겨 나온 사람……. 그러나 그들은 치료를 요구할 엄두도 못냈다. 험악한 분위기에서 무리에서 빠져나왔다간 또 무슨 일을 당할지 알 수 없었다.

잠시 후 10여 명씩 버스에 태워졌고 베르사이유 관문에 있는 체육관으로 옮겨졌다. 복도에는 두 줄로 선 경찰이 기다리고 있었다. 다시 또 몽둥이질로 짐승몰이를 당하며 체육관 안으로 밀려 들어갔다. 체육관 안은 어두웠다. 그곳에서 악몽의 시간들이 3일 반 동안 이어졌다. 잠깐 수 없었고 화장실에도 갈 수 없었다. 세 시간씩 줄을 세우곤 했는데 조금이라도 벗어나면 피투성이가 되어야 했다.

아마르는 착란 증세를 보이기 시작했다. 이따금 경찰은 이름을 불러 몇 사람씩 끌고 나갔다. 그들은 다시 돌아오지 않았다. 아마르는 그 사람들을 쎄느강에 던져서 익사시킨다는 소리를 듣고 공포에 떨었다. 그런데 그 소리는 유언비어가 아니었다.

파리의 다리 밑

아름다운 파리의 아름다운 다리 밑. 개선문 광장으로 가는 1번 지하철의 종점 뇌이으 다리 밑. 그리고 파리의 한복판 시테 섬에 있는 파리 경시청과 가까운 투르넬 다리 밑. 몽둥이로 린치 당하고 때로는 총상까지 입은 알제리 출신들이 강물에 내던져졌다. 그때의 짧은 시나리오.

"야, 비코!(bicot, 프랑스인들이 북아프리카 아랍인을 경멸하여 부르는 말. 일본인들의 '조센징!'에 해당) 너, 헤엄칠 줄 알아?"

"아니오, 전혀 못하는데요."

"그래? 그럼 아주 잘됐어."

'풍덩!'

경찰 발표: 총 체포자수 11,538명, 사망자 3명/민족해방전선측 주장: 사망자수 200~300명.

어느 쪽이 진실인가? 어느 쪽이 진실에 가까운가? 10년이 가고 20년이 가도 그 진실은 밝혀지지 않았다. 1961년 프랑스 파리에서 일어난 일이었다. 민주주의의 나라, 인권의 나라라는 곳에서. 그것도 파리에서 일어난 일이었는데 진실은 계속 입을 다물고 있었다. 프랑스인 장-뤽 에노디는 이해할 수 없었다. 진실을 밝히고 싶었다. 증언자를 찾아다녔고, 서류를 뒤졌다.

그런데 이상한 일이었다. 중요한 관계 경찰 서류가 없어진 것이다. 특히 쎄느강안(江岸) 경찰 서류는 통째로 없어졌다. 또 어떤 서류는 경찰 문서 보관소에서 열람 불가라고 했다. 그러나 그는 포기하지 않았다. 당시 경찰들을 찾아다녔고 경찰조합의 서류를 뒤졌다. 파리지역 묘지 관리소의 서류들도 뒤졌다. 그 당시에 평소보다 알제리인들의 매장 건수가 많았다는 것을 알아냈다. 알제리 출신들은 물론 알제리로 돌아간 사람들에게서도 증언을 들었다. 그는 드디어 사건 30주년이 되는 1991년에 『파리의 전투』라는 책을 내놓았다. 그는 책에서 이렇게 주장했다.

"그날 프랑스 경찰은 인간 사냥을 했고 희생자는 200명이 넘는다."

그러나 그의 책은 별로 큰 반향을 얻지 못했다. 그는 다시 1998년에 〈르 몽드〉에 기고하여, "1961년 가을 파리에서 모리스 파퐁의 지시 아래 경찰들이 학살 행위를 저질렀다"고 주장했다.

모리스 파퐁은 누구인가? 당시 파리 경찰청장이었다. 그리고 그는 다른 사람 아닌 최근에 인류반역죄의 공범으로 10년 징역형을 선고받은 바로 그 인물이다. 그는 비쉬 정권 당시 지롱드 도(道)의 총서기로 있으면서 유대인들을 수용소로 보내는 일에 나치에 협조한 혐의로 법정에 서야 했다. 실로 55년 만의 일이었다.

비쉬 정권의 관리였던 그는 2차대전이 끝나자 인간관계를 교묘히 이용하여 레지스탕스로 위장할 수 있었다. 그리고 드골 휘하에 들어가 출세 가도를 달렸다. 알제리인 학살 당시에 파리 경찰청장이었고 나중에는 장관에까지 올랐다. 감추어진 역사의 이면에 수수께끼 같은 인물이 있었던 것이다.

학살 책임자로 지목되자, 모리스 파퐁은 발끈하여 장-뤽 에노디를 공직자 명예 훼손죄로 고소했다. 그것은 오히려 장-뤽 에노디가 바라던 일이었다. 재판정의 심의를 통해서라도 프랑스 사회에 진실을 알리고 싶었다. 피고석에서 에노디는, "학살을 지시했다는 증거는 없다. 그러나 경찰들의 행위를 방관하는 것만으로 충분했다. 바로 거기에 모리스 파퐁의 책임이 있는 것이다. 당시 파리 감독관이 살육을 중지하라고 요구했을 때에도 그는 등을 돌렸다." 그리고 "그가 파리 경찰청장으로서 저지른 행위는 40년대에 지롱드 도의 총서기로서 저질렀던 행위의 연장선상에 있는 것이다"라고 주장했다. 모리스 파퐁은 "당시 경찰은 해야 할 일을 했을 뿐이다"라고 반박했다.

프랑스의 재판정은 학살 행위가 저질러졌던 사실을 인정했다. 그러나 모리스 파퐁의 책임론에 대해서는 알쏭달쏭한 결정을 내렸다. 장-뤽 에노디는 판정승을 거두었다. 그러나 완벽한 승리는 아니었다. 재판정의 '학살' 인정은 큰 수확이었지만, 그러나 그 학살은 에노디가 바라는 바인 '인류반역죄' 성립으로 연결되지는 않았다.

역사학자 벤자맹 스토라는 이 사건에 대하여 "19세기에 노동자들에게 총을 발사한 이후로는 가장 심한 탄압이었다"고 말했다. 그렇게 19세기 이후로는 아주 보기 드문 살육 행위가 파리 한복판에서 벌어졌는데, 그때 기자들은 어디에 있었나? 왜 당시 신문에 크게 보도되지 않았는가? 이 질문에 대하여, 장-뤽 에노디는 아주 간단하게 대답한다. "당시 알제리인의 가치는 프랑스인의 가치에 비교할 바 못되었다. 북아프리카 아랍인들의 생명에는 관심이 없었다"라고.

에노디는 이 말을 '과거형'으로 했다. 그렇다면 지금은 달라졌다는 애기인가? 지금은 알제리인의 가치와 프랑스인의 가치가 비슷해졌다는 애기인가? 지금은 아랍인들의 생명에 관심이 많아졌다는 애기인가?

그 동안 달라지긴 했을 것이다. 인종 편견은 많이 약화되었고 아랍계들의 인권도 많이 신장되었을 것이다. 그것은 특히 1968년 5월 혁명의 사회적 폭발이 가져다준 열매이기도 했다. 그러나 식민지 출신들에 대한 차별은 아직도 프랑스 사회 속에 뿌리 깊게 남아 있다.

이 사실을 알기 위해서는 멀리 갈 필요도 없다. 바로 이 재판이 보여준 아이러니에서도 그대로 드러난다. 인류반역죄로 기소되어 10년 징역형을 받은 사람이 원고였고, 그의 책임 아래 저질러진 학살 행위를 밝힌 에노디가 피고였다. 여기서 우리는 인류반역죄라는 게 실은 강대국의 위선에서 나온 것임을 알 수 있다. 인류반역죄라는 말 중의 '인류'에 알제리인은 포함되지 않는 것이다.

인류반역죄?

인류반역죄는 '인류(humanitè)'라는 말이 있는 만큼, 앞으로도 우리에게 중요한 화두의 하나로 등장할 것이다. 그런데 그것은 강대국 또는 승자의 논리에 지나지 않으며 희생자가 백인일 때만 적용된다. 인류반역죄에서 '인류'는 백인뿐이라는 것이다.

모리스 파퐁의 예가 보여주듯이, 같은 사람의 행위인데 유대인이 희생자였던 경우에는 인류반역죄가 적용되지만 알제리인이 희생자일 때는 적용되지 않는다. 한 번은 비쉬 정권의 관리로서의 행위였고 또 한 번은 프랑스 정권의 관리로서의 행위였다. 여기서 우리는 인류반역죄가 성립되기 위한 두 번째 조건과 만난다. 즉 가해자가 패자일 때만 성립된다는 것이다. 즉 인류반역죄는 피해자가 백인일 때 그리고 가해자가 패자일 때에만 성립되는 것이다.

실제로는 모리스 파퐁이 알제리인들에게 저지른 죄가 유대인들에게 저지른 것보다 더 엄중한 것이었다. 뿐만 아니라 인류반역죄가 생긴 것은 2차대전 이후였다. 즉 유대인과 관련된 죄는 법이 생기기 전의 일이었고 알제리인 관련 범죄는 법이 생긴 뒤의 일이었다. 따라서 유대인 관련 범죄는 법 적용상 하자(瑕疵)가 있었다. 알제리인 관련 범죄는 법 적용상 하자가 없다. 그런데도 적용되지 않는다.

인류반역죄가 백인 강대국의 위선이라는 점을 날카롭게 지적한 사람은 자크 베르제스 변호사였다. 프랑스의 변호사 중에서 가장 유명한 인물 가운데 하나인 그는 어머니가 베트남인이고, 아버지가 프랑스인인 혼혈아이다. 17세 때부터 레지스탕스에 직접 가담하여 활동했고 2차대전 종료 후에는 파리에서 법률공부를 하는 한편, 국제공산당 청년회에서 직책을 맡기도 했다.

자크 베르제스는 어머니가 피식민지인이었던 탓에 피식민지인들의 고통과 소외에 대하여 잘 알고 있었다. 그는 프랑스의 제국주의를 맹렬히 비난했다. 알제리 독립전쟁 때에는 알제리 독립전사들을 위한 전문변호인으로 나서 프랑스 법조계에 물의를 일으키기도 했다. 1970년대에는 극좌 테러리스트 그룹인 직접행동대(Action Directe)를 도맡아 변호했다. 그는 지금도 인권이니, 민주주의니, 하고 자랑하는 프랑스 사회에 대하여, 그것은 다만 위선에 지나지 않는다고 독설을 퍼붓고 있다.

이와 같은 행적으로 그는 이미 유명했는데 더욱 그를 유명하게 만든 사건이 있었다. 1987년에 리용 지역 게슈타포 책임자였던 클라우스 바르비를 재판할 때 그를 변호하겠다고 나선 것이다. 극좌파를 변호하던 좌파 변호인이 극우 나치를 변호한다? 사람들은 놀라지 않을 수 없었다. 그러나 곧 사람들은 그의 속셈을 알아차렸고, 장 지오노는 "그대는 역시 나의 영원한 친구"라는 내용의 편지를 보냈다.

나치 독일의 클라우스 바르비 중위는 1943년에 리용 지역 게슈타포의 책임자였다. 그는 프랑스 레지스탕스의 전설적인 인물인 장 물랭을 체포했던 장본인이기도 했다. 나치가 패망하자마자, 프랑스는 당연히 레지스탕스의 영웅 장 물랭을 죽게 한 클라우스 바르비를 체포하기 위해 심혈을 기울였다.

그런 그가 어떻게 1987년까지 무사했을까? 여기서 우리는 미국의 전후 정책과 만나게 된다. 그 시기 한반도에서 벌인 미군정 정책은 동떨어진 게 아니었다. 독일에 진주한 미군 방첩대는 클라우스 바르비를 고용했고 보호했다. 미국에게 나치는 이미 끝났고 반공(反共), 반소(反蘇)가 우선이었다. 냉전은 이미 시작되었고 클라우스 바르비에게는 이용 가치가 많았다.

미국은 프랑스측의 강력한 인도 요구를 철저히 무시했다. 그리고 그의 이용 가치가 끝났을 때에는 국제 적십자사의 난민 증명서를 발급해주어 남미로 도망칠 수 있도록 도와주었다. 클라우스 바르비는 볼리비아에서 사업에 성공했고 정부 요인들과도 두터운 친분을 유지했다.

프랑스는 볼리비아 정부에 인도 요청을 했지만 무위로 끝났다. 남미는 오랫동안 미국의 비호와 영향력 아래 극우 군사파쇼정권들의 소굴이 되어 있었고 볼리비아 역시 마찬가지였다. 그들이 나치의 잔재들을 감싸고 있었던 것은 당연한 일이기도 했다. 프랑스는 볼리비아에 민주화 바람이 불 때까지 기다리지 않을 수 없었고 드디어 40여 년이 지난

1987년에야 그를 법정에 세울 수 있었던 것이다. 그를 기소할 수 있는 죄는 공소시효가 없는 '인류반역죄' 뿐이었다.

프랑스에서 과연 누가 프랑스 레지스탕스의 영웅 장 물랭을 죽인 게슈타포 장교 클라우스 바르비를 변호하겠다고 나서겠는가? 식민지와 피식민지의 황백혼혈아 자크 베르제스가 나섰다. 그의 목적은 '인류반역죄'의 위선을 파헤치자는 것이었다. 특히 프랑스의 위선을. 그는 동료 변호사로 알제리인과 서아프리카 흑인을 선택했다. 제국주의 백인 프랑스를 향해 황인, 흑인, 북아프리카 아랍인으로 이루어진 피식민지의 진용을 꾸민 것이다.

법정에서 그들이 펼쳤던 주장은 이런 것이었다. 인류반역죄의 이름으로 클라우스 바르비를 재판하면 그것으로 그만인가? 이젠 나이 들어 노인이 된 클라우스 바르비를 재판하여 감옥에 보내 죽이면 프랑스의 양심이 편해지는가? 그렇다면 제국주의 프랑스의 인류반역죄는 누가 단죄했나? 공소 시효가 없다면서, 또 법 제정 이전의 행위에 대하여 기소할 수 있다면서 왜 아프리카의 흑인 노예선에 대해서는 재판을 벌이지 않는가? 세계 곳곳 플랜테이션의 노예 학대 행위에 대해서는 왜 기소하지 않는가? 마다가스카르의 학살은? 아프리카에서 벌인 온갖 착취 행위는?

그뿐인가? 2차대전 이후에, 즉 인류반역죄법을 제정한 이후에 프랑스가 알제리에서 벌인 학살과 체계적이고 일상적이었던 고문 행위는 왜 단죄하지 않는가? 우리는 지금 유대인이 희생된 것에 대하여 재판을 벌이고 있다. 그러면 이제는 가해자로 변한 이스라엘은? 사브라와 샤틸라 수용소의 팔레스타인 난민들을 학살한 것은 인류반역죄가 아닌가? 미국의 베트남인 학살은 인류반역죄가 아닌가?

물론 리용 법정에서 그들의 주장은 대꾸없는 선언으로 끝났다. 클라우스 바르비는 종신 징역을 선고받았고 몇 년 뒤에 눈을 감았다. 베르제스 변호사의 주장대로 그의 죽음으로 인류반역죄에 대한 단죄가 끝난 것은 아닌 게 분명하다.

여기서 우리는 '통석의 념'이니 어쩌니 하면서 '사죄'라는 말조차 몹시 인색한 일본을 생각하지 않을 수 없다. 일본군 위안부, 생체 실험을 했던 731부대(이시이부대), 동경대지진 때의 조선인 학살, 제암리 학살, 징병, 징용, 36년 간의 학대, 착취……. 그러나 그들은 인류반역죄로 기소되기는커녕 사죄라는 말조차 하지 않으려 한다. 조선인은 백인이 아니므로.

1961년 10월 17일. 파리에서 프랑스 경찰은 알제리인들을 학살했다. 그러나 단 한 사람도 기소되지 않았고 단 한 사람도 처벌받지 않았다. 희생자들이 백인이 아니므로. 그리고 가해자가 프랑스이므로.

그러나 하나의 가정을 해보자. 당시의 알제리와 프랑스의 관계를 조선과 일본의 관계로 옮겨, 조선 땅에서 조선인들이 일본 제국주의를 몰아내려는 독립전쟁을 일으켰다고 가정해보자. 일본에 있던 조선인들은 어떻게 되었을까? 동경대지진 때의 학살을 돌이켜보고 그 상황과 견주어보면 실로 무섭지 않은가?

1961년 10월 17일의 증언을 전한 〈르 몽드〉의 기자는 이렇게 적고 있다.

"프랑스를 사랑한다는 것, 그 정체성을 쓰다듬는다는 것, 그 미래를 건설한다는 것이 다만 잃어버린 위대한 과거를 돌이키는 것이 아니다. 그 이름으로 저질렀을 수도 있는 잘못을 기억하는 것이다."

우리는 예컨대 〈아사히신문〉에서 이런 글을 읽은 적이 있는가?

아마르는 지금도 프랑스 땅에 살고 있다. 그날로부터 40년이 넘는 세월이 지났다. 이젠 은퇴하여 고된 노동에서도 떠났다. 그러나 그날을 잊지는 못한다. 그는 프랑스인인 아내에게 그날에 대해 한마디도 꺼내지 않았다. 조금이라도 자책감을 느끼게 하고 싶지 않았다. 자식들에게도 말하지 않았다. 그 참혹함을 그들에게 얘기한다고 무슨 소용이 있겠나 싶었다. 그는 그날에는 어쨌든 신분상으로 프랑스인이었는데 지금은 알제리인이다. 불편함이 많지만 프랑스 국적 신청을 끝내 거부했다. 그는 이렇게 말한다. "나에게 '비코'라고 부를 때마다 나는 알제리인임을 느낀다."

오늘 아마르는 지중해 건너편 알제리를 바라볼 때마다 가슴이 답답할 것이다. 이슬람 근본주의자들과 부패한 권력 사이에 내분이 끝나지 않고 살육과 테러 행위들이 계속되고 있기 때문이다. 특히 모리스 파퐁이 1961년 가을에 사상자가 많이 생긴 것을 알제리인들 사이의 주도권 투쟁 때문이었다고 주장하며, "알제리인들이 어떤 행위를 하는지 지금도 보이지 않느냐!"고 떠들 때는 분노의 감정도 치솟았지만 가슴이 저려왔을 것이다. 아마르의 슬픈 감정은 현해탄 건너편 두 쪽 난 한반도를 바라보며 가슴 아파하는 재일 한국인, 재일 조선인들의 그것과 같은 것이 아닐까.

1998년 겨울, 프랑스

전화선 저쪽에서 절망적인 목소리가 들려왔다. 목소리의 주인공은 하산이었다.

"나를 알제리로 추방한다는 거예요! 어떻게 이런 일이 있을 수가! 나는 모로코 사람이요, 모로코! 알제리에 도착하면 무슨 일을 당할지 몰라요. 제발 나를 도와주세요!"

하산의 절망적인 목소리에는 울음이 뒤섞여 나왔다. 그는 마지막에 이렇게 울부짖었다.

"내가 무슨 일을 저지를지 나도 모르겠어요!"

타레크 지야드 선(船). 마르세이유에서 지중해를 건너 알제리의 수도 알제를 연결하는 정기선. 이 배는 하산 같은 사람에게는 돌아올 수 없는 추방선이다. 그래서 이 배에는 수많은 북아프리카 출신들의 슬픔과 눈물과 절망과 탄식이 배어 있다.

연락을 받고 시마드(Cimade, 이주노동자를 돕는 프랑스 시민단체) 회원들이 달려갔을 때는 이미 일은 벌어진 뒤였다. 하산은 작은 숟가락과 면도날을 삼켰다. 마르세이유 병원으로 옮겨지기 위해 들것에 실리면서 하산은 시마드 회원들에게 고통스러운 미소를 던졌다. 그는 어쨌든 그날의 추방은 면할 수 있었다.

'상 파피에(Sans papier)'

상 파피에는 종이가 없는 사람을 말한다. 여기서 '종이'란 체류허가 증명서를 가리킨다. 따라서 '종이 없는 사람'이란 체류허가 증명서가 없는 사람이다. 한국의 기자들은 이들을 가리켜 '불법체류자'라고 옮겨 쓰지만, 프랑스의 대부분의 기자들은 '불법'이란 용어를 사용하기를 꺼린다. 특히 시마드나 '드루아 드방(Droits devant! 권리 앞으로)'

같은 비정부기구에선 절대로 '불법'이란 용어를 사용치 않는다. 내무부나 법무부에게는 불법체류자이지만, 시민단체회원들과 대부분의 기자들에겐 다만 종이가 없는 사람들일 뿐이다.

하산에겐 종이가 없다. 그의 나이 28세. 열 살 때 몰래 프랑스에 숨어 들어왔다. 파리 북쪽 바르베스 지구에서 이런저런 잡일을 하다가 피갈에서 '종이' 검문에 적발되었다. 재판이 있기 직전에 그는 병이 들었고 병원에서 뺑소니를 쳤다. 두 번째 잡혔을 때 3개월 동안 감옥에 갇혔다. 종이가 없다는 이유 그리고 병원에서 뺑소니를 쳤다는 잘못뿐이었다. 그러나 징벌은 3개월의 감옥 생활로 끝나지 않았다. 감옥 문을 나서자마자 "프랑스 땅에 발을 못 붙이게 하라"는 판결이 실행에 옮겨졌다. 시민단체들이 강력하게 비난하고 있는 '2중 징벌'을 받게 된 것이다. 결국 '종이' 없다는 잘못 하나 때문에.

'2중 징벌'의 비인간성은 알제리인 아킴의 경우를 보면 쉽게 알 수 있다. 그의 나이 39세. 프랑스에서 아내와 함께 20년 동안 살았다. 그에게는 종이도 있었다. 그는 작은 범죄를 저질렀고 재판관은 징역형과 함께 '프랑스 땅 체류 불가'라는 또 하나의 징벌을 덧붙였다. 그가 알제리인인 것은 사실이나, 정작 알제리에는 아는 사람이 없다. 아랍어도 할 줄 모른다. 가족과 떨어져서 아무도 없는 땅, 말도 통하지 않는 곳으로 추방하라는 명령을 내리는 것이다. 그는 시마드의 활동에 엷은 희망을 품고 있다.

시마드를 비롯한 프랑스의 시민운동단체들과 노동조합은 종이 없는 사람들의 강제추방에 반대하는 활동을 벌이고 있다. 하산이 샤를르 드골 공항에 붙어 있는 루아시 역에서 기차를 탔을 때도 100여 명의 추방반대 직접행동대가 출동했다. 열차가 플랫폼으로 들어오자 역 주위에서 서성대던 SUD(연대단일민주노조) 소속의 공항노조원, 철도노조원과 우편노조원들 그리고 드루아 드방! 회원들이 불꽃 연기탄의 신호에 따라 우르르 열차 선로에 뛰어들었다. 일부는 선로 위에서 연좌 농성에 들어갔고 일부는 열차 안으로 뛰어들어 추방 반대를 주장하는 유인물을 여객들에게 나누어주었다.

경찰들이 급거 출동했고 행동대와 경찰 사이에 격렬한 몸싸움이 벌어졌다. 결국 수가 많아진 경찰들에 행동대는 밀려났고 마르세이유행 테제베 열차는 예정보다 1시간 늦게 출발하였다. 수갑에 채인 채 두 명의 경찰에게 인계된 하산에게 얼굴도 모르는 그들은 실로 고마운 존재들이었다. 차창 밖으로 경찰과 몸싸움을 벌이는 그들을 보며 하산의 눈시울이 붉어졌던가. 그러나 그들의 힘은 아직 약했다. 열차가 멀리 사라지자, 한편으로 분하고 한편으로 맥이 빠진 행동대원인 SUD 공항노조원이 이렇게 외쳤다.

"보시오! 이 역에는 사람이 하나도 없어요! 내무장관이 아주 잘 알고 있지요. 작년 봄까지만 해도 리용 역(주: 파리의 리용 역을 말함. 항상 사람들로 붐비는 역임)에서 추방자 인도가 행해졌어요. 이젠 몰래 해치우겠다는 거지요."

프랑스의 관문, 샤를르 드골 공항에서 가까운 루아시 역. 옷 잘 입고 여유 있고 잘난 사람들이 세계 각지에서 오고가는 샤를르 드골 공항. 역과 공항, 둘 사이의 거리는 불과 수백 미터에 지나지 않는다. 그러나 두 장소가 보여주는 세상은 아주 멀고도 먼 것이었다.

좌파 연합정권인 리오넬 조스팽 정부가 들어섰을 때 종이 없는 사람들은 기대에 부풀었다. 리오넬 조스팽은 이전 정권인 우파 쥐페 정권의 종이 없는 사람들에 대한 정책을 비인간적이라고 비난했었다. 특히 종이 없는 사람들이 종이를 달라며 농성하고 있던 생 베르나르 성당의 문을 경찰들이 도끼로 부수고 쳐들어갔을 때에는 좌파들이 모두 들고일어나 정부의 만행을 규탄했다. 당시 여배우 엠마뉘엘 베아르는 흑인 아이를 안고 나오면서 울부짖었다.

좌파 연합정권이 들어서자 곧 조스팽 수상은 종이 없는 사람들에 대해 전향적인 정책을 펴겠다고 발표했다. 그리고 비인간적이라는 비난을 듣고 있었던 추방용 전세 비행기를 없애겠다고 약속했다. 쥐페 정권의 샤를르 파스쿠아 내무장관은 특히 서아프리카 흑인들을 추방할 때 전세 비행기를 자주 이용하도록 했다. 쫓겨나는 흑인들이 마지막 몸부림을 치면 입에는 방성구를 채웠고 손에는 수갑을 채웠고 족쇄까지 채워 의자에 연결하였다. 나는 그 족쇄에서 역사가 토해내는 무서운 살기(殺氣)마저 느낀다.

슬픈 대륙의 발라드

슬픈 대륙, 아프리카 대륙에 얽힌 역사의 장난은 신(神)의 장난일까? 과거에 그들은 족쇄로 연결되어 배에 실렸고 배 안에서도 족쇄에 묶인 채 고향을 떠나야 했다. 8세기부터 중동에 가역노예로 팔려갔던 역사를 제외하더라도, 자본주의의 역사와 함께 유럽의 백인들에 의해 고강도 노동 노예로 팔려간 역사만 쳐도 장장 5세기 동안이었다. 독일인 베르너 좀바르트는, "우리가 부유하게 된 것은 아프리카의 모든 종족이 우리를 위해 죽었기 때문이다. 우리를 위해 대륙 전체에서 사람들이 줄어들었다"고 말했다.

신구교를 막론하고 그리스도교는 학살할 권리냐, 복음화냐의 사이에서 결국은 '학살할 권리' 편을 들었다. 우리가 영화 〈미션(Mission)〉에서 보았던 바와 같이, 복음화를 주장하고 실천에 옮겼던 예수교회는 힘이 약했고 끝내는 교황청에 완전히 굴복하고 말았다. "하느님은 새나 파충류와 함께 흑인을 만들었다." 이것이 그리스도교의 공식 주장이었다. 즉 흑인은 인간이 아니었다. 철학적·윤리적 중요성은 경제적 중요성 앞에서 완전히 백기를 들었던 것이다.

그리하여 이름조차 노예 해안인 기네, 세네갈, 앙골라, 콩고 등에서 족쇄에 채워져 배를 타고 대서양을 건너 플랜테이션과 광산으로 떠나야 했던 사람이 얼마나 되는지 정확한 숫자는 알 수 없다. 대략 3천만 명이 되리라고 말하고 있을 뿐이다. 슬픈 대륙에서 흑인들이 족쇄에 채워져 팔려가는 동안, 해군이 강했던 덕으로 노예무역권을 쥐고 있던 영국은 매년 경제성장의 적어도 10%를 노예무역의 결과로 획득하였다. 10% 성장률은 노예무역이 가장 심했던 17~18세기의 200년 동안만 계산해도 실로 엄청난 것이었으니 독일인 좀바르트의 말은 전혀 과장이 아닌 것이다.

1848년 프랑스에서 2월혁명이 일어났다. 빅토르 셸셰르 등이 열렬하게 노예제 폐지를 주장하여 그 해 3월(미국보다 10여 년 앞서) 수세기에 걸친 노예제는 프랑스 땅에서 종말을 고했다. 그러나 슬픈 대륙 전체가 이미 식민지라는 노예의 땅이 되어 있었다. 빅토르 셸셰르의 노예제 폐지 주장이 관철될 수 있었던 것은 백인들이 새삼스레 흑인들의 처지에 똘레랑스를 보였기 때문이 아니라 제국주의가 시작되면서 노예제가 필요없어졌기 때문이라는 게 더 정확한 역사의 가르침이다.

식민지가 된 슬픈 대륙은 그 뒤에도 1세기를 넘는 동안 끊임없이 착취당했다. 2차대전 이후 독립을 이루었지만 신제국주의에의 종속으로 이어져 착취는 계속되었고 오늘에 이르고 있다. 신제국주의 세력과 손잡은 토착매판세력을 제외한 대중은 살기 어려워 그들의 선조가 수세기 동안 피 흘리고 땀 흘리고 죽으면서 살찌게 해준 유럽 땅에 찾아오지만 그들에겐 '종이'가 없다. 그리하여 그들의 선조가 족쇄에 채워져 배를 타고 떠났던 길을 역시 족쇄에 채워져 돌아가는 것이다. 배로 떠난 곳을 비행기로 돌아가게 되었으니 그래서 역사는 진보한다는 것인가?

조스팽 수상의 현실주의

그래도 우파보다는 좌파 연합정권이 조금은 더 인간적이었다. 일률적으로 족쇄를 채워 추방하는 전세 비행기를 없앴으니까. 그렇지만 추방을 멈춘 것은 물론 아니었다. 에어 아프리카나 에어 프랑스의 일반노선을 이용하여 수명씩 추방을 강행하고 있는데 이때에도 방성구, 수갑, 족쇄는 계속 사용하고 있다. SUD의 공항노조원 등은 이를 그냥 보고 있을 수 없었다. 승무원들과 여객들에게 추방자와의 동승을 거부하라고 호소했고, 그들이 동조하여 몇 차례 추방을 지연시키는 데 성공하기도 했다. 그래서 루아시 역에서 벌어졌던 경찰과 비정부기구회원 사이의 몸싸움은 공항에서도 자주 벌어지고 있다.

애당초 조스팽 정권이 종이 없는 사람들을 구제해주겠다고 시행안을 발표하였을 때 총 14만 5천 명이 이에 호응하여 자진 신고했다. 그러나 실제로 종이를 받을 수 있었던 사람은 8만여 명에 지나지 않았다. 나머지 종이를 받지 못한 6만 2천여 명의 대부분은 독신자들이었다. 그들은

7년 이상 프랑스에 살았다는 증거를 제시할 수 없었다. 그 동안 가정을 이루어 아이를 낳은 사람은 증거 제시가 용이했다. 아이가 바로 증거가 되기 때문이다.

독신자들은 무슨 방법으로 7년 동안 살았다는 증거를 제시할 것인가. 바로 그 종이가 없어서 그 동안 숨어 살아야 했는데. 집주인은 임대차계약을 체결할 때 종이를 제시하라고 꼭 요구한다. 또한 종이가 없다는 악조건을 악용하여 저임금으로 착취하는 기업주들이 봉급명세표를 만들어줄 리가 없다. 그것은 아예 불가능한 일이다. 이러한 악순환은 간혹 한국 출신의 유학생들이 종이를 얻고자 할 때 겪는 악순환과 비슷하다. 도청에서 종이를 얻자면 학생증이 필수적인데 어떤 학교에선 등록할 때 종이를 요구하는 것이다. 종이를 신청했다가 거부당한 독신자들의 대부분은 이러한 악순환의 피해자라고 할 수 있다.

거부당하고 마지막 희망까지 잃은 사람들은 단식농성을 벌였다. 1998년에는 11명의 종이 없는 사람들이 60여 일 동안 단식농성을 벌이기도 했다. 인류학 교수이며 63세의 프랑스인 엠마뉘엘 테레도 단식농성에 참여했다. 피에르 신부, 가이요 주교를 비롯한 가톨릭계의 인사들, 피에르 부르디외를 비롯한 지식인들, 영화 연극인들, SUD와 CGT 등의 노동조합들, 각 시민단체들은 절망에 빠진 그들에게 박애를 보이라고 조스팽 정권에 촉구하였다. 뿐만 아니라, 좌파연정에 참여하고 있는 공산당과 녹색당 그리고 사회당 좌파도 그들에게 종이를 주라고 조스팽에게 압력을 넣었다. 그러나 내무장관 장 피에르 슈벤느망과 함께 조스팽 수상은 받아들일 기색을 보이지 않았다.

이런 상황에서 마시모 달레마가 이끌고 있는 이탈리아의 좌파정권은 자진신고한 30만 명 중에서 25만 명에게 종이를 주기로 결정했다. 프랑스보다 훨씬 더 전향적이고 훨씬 더 관대했다. 〈르 몽드〉는 사설에서 이탈리아를 배우라고 조스팽 정권을 은근히 비난했다. 그런데 이탈리아 정부가 우파의 반대에도 관대한 정책을 편 배경에는 이탈리아 여성들이 아이를 낳지 않아 인구가 줄고 있는 현상도 중요하게 차지하였다. 프랑스 여성들은 근래 들어 아이를 열심히 잘 낳아 이탈리아처럼 걱정할 상황은 아닌 것이다. 이처럼 종이 정책은 자국민의 고용 상황뿐만 아니라 인구 문제와도 밀접하게 연관된다는 것을 알 수 있다.

종이가 과연 무엇인가. 1998년에 50주년을 맞았다고 요란하게 기념했던 세계인권선언문에도 "누구나 원하는 땅에서 살 수 있다"고 분명히 씌어 있다. 그러나 그것은 순 거짓말이다. 셍겐 조약을 맺어 EU 안에서는 국경조차 없애더니 바깥 세계와의 경계에는 오히려 높은 벽을 쌓아 올렸다.

유럽 땅에서 종이에 따른 애환은 끊이지 않는다. 예컨대 파리 지역의 중국촌 관할 경찰서에는 사망신고가 들어오지 않는다. 프랑스 경찰은 그래서 중국촌의 식당에는 가지 않는다고 한다. 『수호지』에 나오는 이상한 일이 벌어지고 있다는 유언비어가 그들 사이에 돌고 있기 때문이다. 물론 그 얘기는 근거없는 것이다. 그렇지만 중국계 사람들이 진시황의 영약을 복용한 것도 아닐 터이다. 중국계 마피아들이 사망한 사람들을 어디엔가 은밀히 매장하고 그들의 종이를 비싸게 팔고 있다는 소문도 있다. 종이의 원래 주인이 젊을수록 종이값이 비싼 것은 당연한 일이겠다.

실제로 종이 없는 중국인들이 부쩍 늘어나고 있다. 중국에서 사람들이 쏟아져 들어오기 때문이다. 그 중에는 연변 교포들도 있다. 나도 파리의 중국촌에서 막 도착한 지 사흘밖에 안 된 중국 교포 여섯 사람을 만난 적이 있었다. 우리말을 유창하게 했고 여성이 둘, 남성이 넷이었는데 모두 중년에 이른 사람들이었다. 사정이 딱했다. 하르빈 근처에 살았다고 하는데 빚을 내서(중국에서 3~5년 동안 벌어야 하는 금액이라고 한다) 단기 비자를 얻어 왔다고 했다. 나에게는 그들을 도울 방도가 없었다. 그래도 독일로 가는 편이 더 나을 거라고 했고 전화번호 한두 개를 준 게 다였다. 2년쯤 뒤에 독일에서 잘 있다는 전화연락을 받고 무척 반가웠다. 그때 나의 첫 질문은 "종이를 얻었는가?"였다. 상대방은 대답을 얼버무렸다.

우리들의 하산은 추방을 거부한 죄로 6개월 징역형을 선고받았다. 그는 앞으로 어떻게 될 것인가? 그는 이렇게 말한다.

"이렇게 불안과 두려움 속에서 살아야 한다는 게 이제는 정말 지긋지긋하다. 나는 사막 한복판에 혼자 있고 싶다. 그리고 '나는 자유인이야'라고 외치면서 숨을 들이마시고 싶다."

슬픈 대륙인들이 진정으로 해방될 때까지 우리는 함부로 세계화를 말할 수 없고 지구촌을 말할 수 없고 세계시민을 말할 수 없다. 아마 그때는 여성이 해방되고 자연이 인간의 착취에서 해방될 때나 올 것이다.

젊은 벗, 그대에게로 가는 길을 나는 안다*

후기를 대신하여

1.

젊은 벗,
그대에게로 가는 길을 나는 안다.
대륙의 이쪽 끝 대서양에서 저쪽 끝 태평양까지,
유라시아를 횡단하는 두 개의 평행선은,
파리에서 부산까지, 부산에서 헤이그까지,
그리고 함부르크에서 부산까지 이어져 있었다, 백년 전부터.
일찍부터 그렇게,
아메리카 대륙의 종선(縱線)과 멋진 대칭을 이루며……
벗, 그대에게로 가는 길을 나는 안다.
그 길은 철길이다.

*최영미 시인의 「너에게로 가는 길을 나는 모른다」에서 따왔다.

파리 북역에서 기차에 오른다. 프랑스 북녘과 벨기에의 들을 달린다. 독일 땅에 들어서 쾰른, 뒤셀도르프를 거쳐 루르 지방을 지나 베를린에 도착한다. 열차는 계속 달린다. 폴란드의 수도 바르샤바와 벨로루시의 민스크를 거쳐 드디어 중간 도착지이며 기차를 갈아타야 할 모스크바에 도착한다. 파리 북역에서 모스크바까지 40여 시간, 만 이틀도 걸리지 않는다.

모스크바에서 고려인을 만날 수 있을까. 밤 깊은 줄 모르게 대륙의 전설을 들을 수 있다면.

다시 기차에 오른다. 시베리아 횡단열차에 오른다. 동으로, 동으로, 우랄 산맥을 넘는 열차의 기적소리가 아득하게 들린다. 산을 넘고 강을 건너고 터널을 지나 들을 달려 열차는 카자흐스탄의 북쪽 경계에서 멀지 않은 옴스크를 지나 드디어 이르쿠츠크에 도착한다. 이르쿠츠크에서도 고려인을 만날 수 있겠지. 바이칼 호수를 바라본다. 바이칼, 세상에서 가장 깊은 호수. 벌은 넓고 물은 깊다.

이르쿠츠크를 떠난 기차가 바이칼 호수 남쪽을 휘돌고 나면 바로 울란우데, 첫 번째 삼거리가 나온다. 첫 번째 설렘과 망설임이 교차한다. 울란우데에서 시베리아 철도를 떠나 남쪽으로 방향을 돌리면 몽골의 수도 울란바토르와 중국의 베이징을 지나는 길이다. 방향을 바꾸지 않고 시베리아 철도를 계속 달리면 곧 시타, 두 번째 삼거리가 나온다. 두 번째 설렘과 망설임이 교차한다. 연해주로 갈 것인가, 만주로 갈 것인가.

시베리아 철도는 시베리아 벌판을 내리 달려 중러 국경인 아무르강 북쪽을 돌고 연해주를 지나 블라디보스토크에 도착, 시베리아 횡단을 마감한다. 블라디보스토크에서 조금만 남하하면 두만강이고 강을 건너면 바로 나진 선봉이다.

만주벌을 펑펑 달릴 수도 있다. 대륙의 두 번째 삼거리, 시타에서 시베리아 철도와 헤어져 남동쪽으로 방향을 돌리면 곧 만주철도와 만난다. 시베리아벌에서 만주벌로 바뀌는 것이다. 열차는 하얼빈과 창춘 그리고 선양을 지나 신의주 맞은편인 단둥에 이른다.

철길은 이렇게 세 개나 있다. 하나는 몽골의 평원을 지나고 베이징을 거치는 길, 또 하나는 만주 벌판을 마냥 달리는 길, 나머지 하나는 시베리아 철도를 완주하는 길이다. 앞의 둘은 압록강을 건너고 마지막 길은 두만강을 건넌다. 그러나 두만강이면 어떻고 압록강인들 어떤가. 이미 반도가 대륙과 만났음에랴. 반도의 끝, 부산 땅까지.

2.

내가 이렇게 철길로 벗들에게 돌아가겠다는 꿈을 품기 시작한 것은 80년대 중반부터였다. 아직 소련과 동구권을 현실사회주의국가라고 부르던 때였다. 그때 프랑스 땅에는 첫 좌우 동거 정부가 들어섰고, 한반도에선 금강산댐 소동이 있었다. 파리의 어느 날 저녁, 나는 한 불가리아 사람과 만났다. 그 만남이 나에게 철길로 돌아갈 꿈을 품게 한 중대한 계기가 되었다. 파리 북역에서 모스크바행 열차시각표를 넋놓고 바라본 것도 그 즈음의 일이었다. 그때부터 나는 조금씩 유라시아 대륙의 이쪽 끝에서 저쪽 끝까지 열차로 돌아가겠다는 꿈을 키워 나갔다. 그때 불가리아 사람과 만나게 된 사연은 다음과 같은 것이었다.

11월도 끝날 무렵이었다. 빅토르 위고는 『레미제라블』에서, "파리는 언제나 이〔齒〕를 드러내고 있다. 투덜거리지 않으면 웃는다"고 썼다.

투덜거리지 않으면 웃는 도시. 사회적 불만을 그대로 표출하여 사회가 들끓거나, 그렇지 않으면 즐거운 도시. 사회정의가 사회통합뿐만 아니라, 개인들의 행복을 위한 첫 번째 조건이라는 사실을 일찍이 알아챘고 또 그에 따라 행동에 옮기기도 했던 도시. 그러나 20세기 말의 파리는 빅토르 위고가 본 19세기의 파리에 비해 생동감을 잃어버린 게 분명했다. 오직 시장(市場)만이 더욱 이빨을 크게 드러내고 있는 듯, 잿빛 하늘로 뒤덮인 파리의 거리에선 소비(消費)를 부르는 크리스마스 노래만 요란하게 들리기 시작했다.

파리는 그 생동감을 시장에 빼앗겼지만 그 대신에 들어선 게 있었다. 프랑스 제5공화국 처음으로 등장한 좌우 동거 정부가 그것이다. 좌우 정당의 수반이 각각 국가수반과 정부수반을 나누어 가졌다. 프랑스인들은 동거하기 어려운 프랑수아 미테랑과 자크 시라크에게 동거할 것을 요구했고 그 동거에서 비롯되는 암투와 갈등, 그 속의 위태위태한 균형 그리고 파국까지도 즐기고 있었다.

프랑스인들이 또 잠시 동안 즐긴 게 있었다. '메이드 인 코리아'의 가상화면이었다. 한강물은 그래픽으로 그려져 있었는데, 박진감 넘치게 여의도 국회의사당을 삼키고 있었다. 이웃에 사는 노바크 씨는 아파트의 승강기 안에서, 대학원생인 크리스토프는 라탱 구역에 있는 한 카페에서 내게 그 얘기를 꺼냈다. 히죽거리는 미소와 함께.

뭐라고 응수할 것인가. 북쪽 사람들이 그렇게 지독하다고 할 것인가. 아니면 남쪽 사람들이 그런 기상천외한 생각을 궁리해낼 만큼 영리하다고 할 것인가. 한국 정부가 해외 홍보에 특히 힘쓴 결과였는지, 아니면 워낙 흥미있는 뉴스거리인 탓이었는지 알 수 없다. 아마 둘 다였을 것이다. 구약성서에 나옴직한 얘기가 수천 년을 뛰어넘어 현실감있게 비쳤으니까. 한반도 모습에 인색한 프랑스의 텔레비전 화면에 비친 것을 보면 전 세계의 화면에 두루 비쳤을 게 틀림없다.

제기랄!

나는 죄없는 쎄느강에 대고 울분을 토했다. 서울에 한강이 흐르듯, 파리엔 쎄느강이 흐른다. 둘 다 해 뜨는 쪽에서 해 지는 쪽으로 흘러, 한강은 서해로 빠지고 쎄느강은 영불해협 쪽 대서양으로 흘러 들어간다. 그런데 한강은 서울을 강남과 강북으로 나누는데 쎄느강은 파리를 좌안(左岸)과 우안(右岸)으로 나눈다. 제기랄! 강물까지 하나는 남북으로 가르는데 다른 하나는 좌우로 가르네! 하면서.

우리가 흔히 사용하는 좌우라는 정치적 용어는 프랑스대혁명 당시 입헌군주파가 의회에서 오른쪽에 자리 잡고 공화파가 왼쪽에 자리 잡은 데서 비롯되었다고 전해진다. 1791년에는 아직 우파가 다수여서 입헌군주국이 되었던 프랑스는 1792년에 좌우세력관계가 바뀌어 공화국이 되었고 '루이 카페'라는 평민의 이름을 갖게 된 루이 16세는 이듬해인 1793년 1월에 단두대의 이슬로 사라지게 된다. 그러니 쎄느강이 파리를 좌우안으로 나눈 것은 정치적 좌우 개념과 아무 상관이 있을 수 없고 또 프랑스의 좌우 동거 정부하고도 아무런 상관이 있을 수 없다. 그런데도 좌우안으로 가른 쎄느강변에선 어쨌거나 좌우 동거를 하고 있는데, 남북으로 가른 한강물은 국회의사당을 삼키고 있었던 것이다.

북만주와 같은 위도상에 있는 파리의 땅거미는 일찍 졌다. 쎄느강가에서 흑인 셋이 북, 젬베를 두드리고 있었다. 프티 퐁(작은 다리) 바로 밑이었다. 구경꾼은 하나도 없었고 노트르담 대성당 조명등만 그들을 비춰주고 있었다. 그들은 빠른 박자로 북을 두드려댔다. 세 사람 모두 반쪽짜리 강 건너편 노트르담 쪽을 향하고 있었는데 입을 굳게 다물어 백인보다 더 하얀 이를 드러내지 않고 있었다. 그들은 언제 어디에서 온 흑인들일까? 또 그들은 으스름 저녁 때, 아무도 없는 강가에서 차가운 얼굴로 노트르담을 향해 북을 두드리며 누구의 한을 풀고자 하는 것일까? 나는 잠깐 동안 무수한 혼령들이 북소리에 맞추어 춤을 추고 있는 듯한 환각에 빠져들었다.

영국인이든 프랑스인이든 원주민정책에는 공통되는 제일의 원칙이 있었다. 원주민들을 분열시키는 것이다. 그 방법보다 더 효과적인 게 없다는 것을 백인들은 일찍부터 알아차렸다. 15세기부터 19세기까지, 장장 5세기 동안 계속된 백인들의 흑인 노예장사에서도 이 원칙은 그대로 적용되었다. 흑인들을 붙잡아 백인에게 넘긴 사람들의 대부분은 백인이 아닌 흑인이었다. 그 흔적은 지금까지 남아 오늘도 흑인들을 분열시키고 흑인들의 대륙을 절망으로 몰아넣고 있다. 금강산댐은 한반도 역시 그 속의 기(氣)란 기가 온통 휴전선을 향한 살기(殺氣)가 되어 서로 부딪치고 있음을 보여주고 있었다. 반세기를 넘는 동안 우리들의 기는 그렇게 속절없이 허공으로 날아가 버렸다. 어제도, 오늘도, 내일도……. 나는 갑자기 요기를 느껴 애꿎은 쎄느강에 대고 배설행위를 했다. 답답함이 가셔지는 것은 물론 아니었다.

강바람이 제법 찼다. 갑자기 허기가 느껴졌다. 뜨거운 국물을 마시고 싶었다. 서울 저녁거리의 포장마차집이 눈에 어른거렸다. 눈앞에서 그리고 코앞에서 홍합국물과 오뎅국물이 설설 끓었다. 파리에 포장마차집이 있을 리 없었다. 한국식당을 찾아가 볼까, 하는 생각도 들었으나 비싸기도 했고 또 아는 한국식당이 가깝지도 않았다. 그리하여 생 자크 길을 걷던 나는 생 세브랭 교회 앞에 있는 미려화주가(美麗華酒家)에 들어섰던 것이다. 인상이 무뚝뚝한 중국인에게 22프랑짜리, 국수가 들어 있는 만두국을 주문했다. 바로 그때였다. 파리에서 가장 자주 들었던 소리가 내 바로 앞의 옆자리에서 들려왔다.

"당신은 어느 나라에서 왔소?"

이런, 제기랄! 나는 또 이렇게 속으로 외쳤다. 평소보다 더 예민하게 반응했던 것은 틀림없이 그 빌어먹을 텔레비전 화면 때문이었다. 보통 때도 뒤따라 나오는 질문, "북이냐, 남이냐?"에 "그냥 코레요"로 넘어가기 쉽지 않았는데 상황이 더욱 복잡해진 것이다. 밉살스러웠던 그는, 그러나 후덕하게 웃고 있었다. 턱수염을 길렀고 나이가 오십쯤 돼보였다. 그의 부드러운 눈길에 나는 맥이 풀렸고 "코레요"라는 소리가 입에서 힘없이 빠져나왔다. 그런데 뒤이어 나온 그의 말은 나의 예상을 완전히 빗나간 것이었다.

"아, 그래요? 그렇다면 우리는 이웃이군요. 나는 불가리아 사람이오."

나는 잠시 어안이 벙벙했다. 코레와 불가리아가 이웃이라니? 아주 잠깐 동안 그가 나를 북조선 사람으로 지레 짚어버린 게 아닌가, 하는 생각이 스쳤다. 같은 사회주의나라 사람끼리 이웃이라고 할 수도 있겠기 때문이다. 그러나 그의 다음 말은 이랬다.

"일본 사람하곤 이웃이라 하기 어렵지만 당신네하곤 한 대륙사람이니 이웃이라 할 수 있잖소?"

그는 대륙을 말하고 있었다. 왜였을까? 나는 신이 나서 맞장구를 쳤다.

"그래요. 당신 말이 맞아요. 우린 이웃이오."

비현실적인 대화였다. 나는 잠깐 동안 한반도의 소란과 아주 동떨어진 세상에 있었다.

파리의 이방인들. 이름없는 이방인들. 그들에겐 어떤, 예컨대 허풍과도 비슷한, 정신적 기둥이 필요한지 모른다. 오랜 기간 망명생활을 했던 빅토르 위고는 "망명이란 물질적인 것이기보다는 정신적인 것"이라고 했지만 나같은 이름없는 이방인에겐 정신적인 것보단 물질적인 게 항상 앞서 있었다. 정신적인 것을 생각할 여유조차 없는 그런 생존이었다. 그러나 그렇기 때문에 오히려 더 "물질은 가난하지만 정신은 가난하지 않다"고 주장하고 싶은 것인지도 모른다. 그런 두 이방인이 파리에 있는 어느 싸구려 대중식당에서 만나 어줍잖게 대륙을 들먹였던 것일까.

나는 한술 더 떠서 그에게 "우리는 일본과 이웃이니 결국 당신하고도 일본 사람은 이웃인 셈이요"라고 말해 그의 동의를 끌어냈다. 헤어질 때까지, 그는 나에게 "노르 우 쉬드(북이냐, 남이냐)?"를 묻지 않았고 나는 그에게 "사회주의자인가, 아닌가?"를 묻지 않았다. 그 이유가 서로 이웃으로 남아 있기 위한 것이었는지도 모르겠다. 아니 틀림없이 그랬다. 온갖 주의주장 너머, 이데올로기 너머, 대륙의 이웃으로 남아 있고 싶었던 것임에 틀림없다.

그 이웃과 헤어진 지 얼마 후였다. 파리 북역으로 독일에서 오는 사람을 마중나갔다가 기차가 연착하는 바람에 역 건물에서 서성대며 시간을 보낸 적이 있었다. 무심코 이쪽 저쪽을 두리번거리던 나는 열차의 출발시각 표지판의 한 지점을 바라보며 그대로 정지되고 말았다. 목적지 중에 모스크바가 있었다. 모스크바에선 틀림없이 시베리아 횡단 열차가 있을 터였다. 그때 나는 파리에서 부산까지 철길이 이어져 있음을 설레는 가슴으로 확인한 것이다. 어쩌면 아주 당연한 일이었는데, 그리고 그 철길은 오래전부터 그렇게 이어져 있었는데 무슨 대단하고 새로운 사실이나 발견한 양, 왜 그렇게까지 신기해 했는지, 그리고 감동스러워했는지 나는 지금도 설명할 길이 없다.

　그렇게 품기 시작한 꿈이었다. 파리에서 서울로 돌아가는 나의 꿈길은 눈덮인 시베리아와 끝없이 펼쳐진 만주 벌판을 달리는 철길로 되어 있었다. 오랫동안 그 열차는 미래를 향해 달리지 못하고 1920년대를 달리곤 하였다. 열차가 가로지르는 시베리아와 만주 벌판이 자꾸만 1920년대를 붙잡고 있기 때문이었을까? 최근 들어 내 열차의 과거행은 미래형으로 바뀌고 있다. 금강산댐이 금강산관광으로 바뀐 것과 무관하지 않은 게 분명하다.

3.

벗,

　"우리는 서로 이웃이다"라고 했던 그 불가리아 사람의 말이 과장이었을까? 그것이 이름없는 작은 새들과 같은 처지의 이방인들이 쓰다듬는 정신적 허풍에서 온 과장이었을까? 그렇다면 유라시아 대륙의 이쪽 끝에서 저쪽 끝까지, 그것도 이미 백년 전부터 이어져 있는 철길은 우리에게 무엇인가? 우리에게 그것은 무엇을 말해주고 있는가?

　쎄느강이 파리를 좌우안으로 가르는 이유는 바로 쎄느강에서 찾아진다. 쎄느강은 파리를 벗어나자마자, 흡사 뱀이 급하게 나아갈 때처럼 'S'자나 'ㄹ'자를 그리며 흐른다. 따라서 남쪽이었던 좌안이 북쪽이 되기도 하고 북쪽이었던 우안이 남쪽이 되기도 한다. 강남과 강북으로 나눌 수 없었던 이유란 그렇게 간단한 것이었다. 여기서도 인문보다 지리가 앞서야 하는 까닭을 읽을 수 있다. 프랑스의 아날(역사)학파들, 그 중에서도 페르낭 브로델에 대한 나의 짧은 독서가 일깨워준 것도 그것이었다. 세계체제론자인 이매뉴얼 월러스틴에게도 적지 않은 영향을 미친 페르낭 브로델이 도시나 국가의 번영과 쇠락을 연구하며 특히 강조했던 게 다름아닌 각 도시와 국가의 지정학적 조건이었다. 요컨대 각 주민들이 어떻게 지정학적 조건에 적응하는가가 번영과 쇠락을 결정하는 요체가 된다는 것이다.

반도는 대륙과 바다로 뻗어나갈 수도 있고 거꾸로 대륙과 바다로부터 위협을 받을 수도 있다. 한반도의 분단은 말할 것도 없이 반도가 가질 수 있는 최악의 모습이다.

한반도의 분단은 이념의 차이보다 대륙세력과 바다세력의 분할에서 온 것이다. 대륙세력이란 러시아와 중국을 말하고, 바다세력이란 미국과 일본을 말한다. 청일전쟁도, 러일전쟁도, 또 러일전쟁이 있기 전에 러시아와 일본이 한반도를 38도선이나 39도선으로 갈라 나누어 가지려고 했던 역사적 사실도, 2차대전 이후 패전국인 일본이 분단되지 않고 피해자인 한반도가 분단되었던 것도, 또 사회주의권이 허물어진 뒤 독일은 통일되었으나 한반도 통일과는 별로 큰 관계가 없는 것도 모두 한반도의 분단이 이념의 차이보다 반도라는 지정학적 조건이 결정적으로 작용하고 있음을 웅변으로 말해주고 있다.

분단된 지 반세기를 넘겼다. 이제 우리들은 생각의 대전환을 요구받고 있다. 우리에게 매겨진 지정학적 조건을 피동에서 능동으로 전환시켜야 한다는 것이다. 남북을 잇고, 유라시아 대륙을 잇는 철길의 의미가 바로 이것이다.

새로운 세기를 맞고 있다. 비록 21세기라는 말이 다만 우연한 숫자

놀음이라 하더라도 우리는 의미를 부여하도록 하자. 대륙과 바다를 공유한 반도가 수동에서 능동으로 전환하는 분기점이라는 의미를.

벗,

실로 남북을 잇고, 유라시아 대륙을 잇는 철길은 시급하다. 서울과 평양을 잇는 '늦봄열차'가 꿈으로 남아서는 안 된다. 사람들이 서로 왕래하며 상호 적대감정을 차츰차츰, 그리고 꾸준히 씻어내야 한다. 물건들도 당장 직접 오가게 해서 물류비용을 줄여야 한다. 그 길은 빤히 보이는 우리의 살 길이며 번영의 길이며, 21세기의 길이다.

동아시아와 유럽이 바다를 통하여 서로 만나듯, 대륙을 통해서도 서로 만나야 한다. 함부르크까지 바다로는 40여 일이 걸리지만 철도로는 열흘이면 닿는다. "테제베가 한반도에서 대륙을 달리게 될 때, 일본은 시모노세키에서 부산까지 해저철도를 놓지 않을 수 없을 것이다"라고 했던, 한국에서 오래 일한 어느 일본 기업인의 말은 과장된 게 아니다. 1998년에 일본의 하시모토 수상과 러시아의 옐친 사이에 시베리아 횡단철도 이용에 관해 협의했던 데서도 충분히 짐작할 수 있다. 일본은 대륙과 연결되어 있는 한반도가 부러운 것이다.

벗,

부디 잠시만이라도 한반도에서 눈을 밖으로 돌려 아메리카 대륙과 유라시아 대륙을 비교, 관찰하기 바란다. 잠시만이라도 지구본을 살펴보기 바란다. 아메리카 제국이 바라보는 세계경영의 구도, 즉 아메리카 대륙을 기점으로 대서양과 태평양을 향해 나아가는(아펙이 바로 그런 구도에서 나온 것이다.) 해양적 구도와, 동아시아와 유럽을 잇는 대륙적 구도가 서로 대칭하며 균형을 이루고 있다고 생각되지 않는가. 그 대칭과 균형은 유럽의 단일 통화, 유로와 달러 사이의 그것보다 훨씬 더 자연

적이면서 멋진 것이다.

벗,

그리하여 반도와 대륙은 만나야 한다. 대륙과 만나는 철길은 무엇보다도 우리들에게 홍익인간, 대승성, 기개와 같은 말들을 되돌려줄 것이다. 그 동안 섬보다 더 지독한 섬이었다. 대륙과 끊어지면서 대륙적인 기질을 잃어버리고 사람들의 그릇이 작아졌다. 관대함과 중용을 잃어버렸고 얕은 꾀와 보신주의 그리고 천민성만 늘어났다. '잘산다'는 말은 '올바르게 산다'에서 벗어나 '수단 방법을 가리지 않고 편하게 산다'가 되었다. 권력욕은 어느 시대에나 있었지만 금강산을 욕되게 하고 한강물을 더럽히는 행위까지 마다하지 않은 자는 일찍이 없었다. 사람들은 수치조차 모를 만큼 추해지고 있다.

아아, 우리 함께 대륙의 바람과 눈보라를 맞으며 우뚝 서야 하지 않겠는가, 젊은 벗이여.

쎄느강은 좌우를 나누고
한강은 남북을 가른다
ⓒ 홍세화 1999

초판　**1쇄 발행** 1999년 5월 31일
　　　　43쇄 발행 2007년 7월 31일
개정판 1쇄 발행 2008년 5월 31일
　　　　11쇄 발행 2024년 5월 2일

지은이 홍세화
펴낸이 이상훈
인문사회팀 최진우 김지하
마케팅 김한성 조재성 박신영 김효진 김애린 오민정

펴낸곳 (주)한겨레엔 www.hanibook.co.kr
주소 서울시 마포구 창전로 70(신수동) 화수목빌딩 5층
전화 02-6383-1602~3
팩스 02-6383-1610
대표메일 book@hanien.co.kr

ISBN 978-89-8431-265-4 03810

• 값은 뒤표지에 있습니다.
• 파본은 구입하신 서점에서 바꾸어 드립니다.
• 이 책의 일부 또는 전부를 재사용하려면 반드시 저작권자와 (주)한겨레엔 양측의 동의를 얻어야 합니다.